| 国 | 研 | 文 | 库 |

心理育人案例赏析

——以积极心理学为视角

丛建伟　张忠宇 —— 主编

光明日报出版社

图书在版编目（CIP）数据

心理育人案例赏析：以积极心理学为视角 / 丛建伟，张忠宇主编．--北京：光明日报出版社，2021.6

ISBN 978-7-5194-6159-1

Ⅰ.①心… Ⅱ.①丛… ②张… Ⅲ.①大学生—心理健康—健康教育—案例 Ⅳ.①G444

中国版本图书馆 CIP 数据核字（2021）第 111897 号

心理育人案例赏析：以积极心理学为视角

XINLI YUREN ANLI SHANGXI：YI JIJI XINLIXUE WEI SHIJIAO

主　　编：丛建伟　张忠宇

责任编辑：郭思齐　　责任校对：陈永娟

封面设计：中联华文　　责任印制：曹　净

出版发行：光明日报出版社

地　　址：北京市西城区永安路 106 号，100050

电　　话：010-63169890（咨询），63131930（邮购）

传　　真：010-63131930

网　　址：http：//book.gmw.cn

E - mail：guosiqi@gmw.cn

法律顾问：北京德恒律师事务所龚柳方律师

印　　刷：三河市华东印刷有限公司

装　　订：三河市华东印刷有限公司

本书如有破损、缺页、装订错误，请与本社联系调换，电话：010-63131930

开　　本：170mm×240mm

字　　数：338 千字　　印　　张：19

版　　次：2021 年 6 月第 1 版　　印　　次：2021 年 6 月第 1 次印刷

书　　号：ISBN 978-7-5194-6159-1

定　　价：98.00 元

序　言

哈尔滨工程大学前身是创建于1953年的中国人民解放军军事工程学院，现隶属于工业和信息化部，入选首批国家“211工程”建设、进入国家“985工程优势学科创新平台”项目建设，并设有研究生院的全国重点大学，是我国船舶工业、海军装备、海洋工程、核能应用领域重要的人才培养和科学研究基地。学校以精英教育为目标，全面实施“创新推动、打造品牌”战略，构建了理论教学、实验实践教学、学生创新创业“三位一体”育人格局，着力培养高素质的创新型人才，打造一流的工程师、行业领军人才和科学家，教育教学水平和人才培养质量不断提高。

2018年，《高等学校学生心理健康教育指导纲要》（教党〔2018〕41号）出台，文件进一步明确：把立德树人的成效作为检验学校一切工作的根本标准；坚持育心与育德相统一，加强人文关怀和心理疏导；培育学生自尊自信、理性平和、积极向上的健康心态，促进学生心理健康素质与思想道德素质、科学文化素质协调发展。加强和改进大学生心理健康教育是促进大学生健康成长、培养造就拔尖创新人才的重要途径，是全面贯彻党的教育方针、建设人力资源强国的重要举措，是推动高等教育改革、加强和改进大学生思想政治教育的重要任务。教育对象不是抽象的人而是现实的人，正如习近平总书记在文艺工作座谈会上说的：“人民不是抽象的符号，而是一个一个具体的人，有血有肉，有情感，有爱恨，有梦想，也有内心的冲突与挣扎。”① 时代在发展，环境在变化，教育对象到了哪里，我们就应该到哪里。

---

① 习近平．在文艺工作座谈会上的讲话（2014年10月15日）［N］．人民日报，2015－10－15（02）．

几年来，我校按照纲要要求，进一步加强心理健康教育工作的组织管理、队伍建设、教育教学、咨询服务、危机干预、科研宣传等方面建设，结合大学生思想政治教育，开展了一系列有特色和有亮点的工作。为此，我们精选了学校心理健康教育工作中的优秀成果，编写了这本《心理育人案例赏析：以积极心理学为视角》。本书作者全部为长期从事育人一线的学校辅导员和心理老师，案例和方案源自长期工作实践。亲其师，信其道。教育者的人格素质对教育对象的人格养成和德育内化过程具有重要的作用。正如著名教育心理学家乌申斯基指出："教育者个人不直接作用于受教育者，就不可能有真正渗入性格的教育。只有个性才能作用于个性的发展和形成，只有性格才能养成性格。"

本书的编撰由我校学生工作部牵头，同时得到了各院系学生工作干部的密切配合和大力支持。在此要感谢教育部相关单位和出版社对本书的大力支持，由于选编时间、编者水平等因素限制，本书在内容体系安排上尚有不足，在有些方面也难免存在问题和错误，在此希望兄弟院校同人批评指正。

编　者

2020 年 12 月 30 日

目　录

CONTENTS

第一篇 01

组织与文化

社团、班级、寝室等学生组织作为大学校园文化建设的基本单元，具有培育和创建优良校风、学风、寝风的重要功能，发挥着以文化人、以文育人的积极作用，是构建新时期高校全方位育人的有效载体。本篇内容把积极心理学理念与校风、学风、寝风等组织文化相结合，从方案和案例两个方面提供积极组织与文化构建的经验示范，方案和案例的经验总结与结果呈现相呼应，依托学生组织，将实践育人、文化育人与心理育人相结合，揭示培养学生积极心理与提升学生的思想道德素质、科学文化素质、专业素质和心理素质之间的关系，为培养具有积极人格的人才培养模式提供有价值的参考和借鉴。

第一章 组织与文化方案

基于积极心理学视角下的学风建设方案*

内容摘要

优良学风是一所高校应具备的一个重要因素，是大学精神的集中体现，良好的学风不仅能够直接影响高校的教学质量，也能影响当今社会对素质型人才的需求。但现阶段高校人才培养过程中，仍存在很多问题阻碍优良学风建设。本方案主张在学风建设中通过使用积极、心理学理念，通过积极认知学习特征、体会学习乐趣、塑造学习品质、培养学习行为等环节加强学风建设。

一、指导思想

积极心理学认为人类具有积极的心理潜能，向上的成长能力，它以积极心理学为指导思想，从积极角度对学生的心理活动进行探讨和分析；以学生的积极心理品质为对象，关注学生的品质、健康、生活和幸福。区别于传统的消极心理学模式，积极心理学更加注重学生内在的潜力和主动性，从精神层面进行人文关怀，挖掘人的潜在力量，遵循大学生心理过程的形成规律，运用积极心理学的理念，通过积极认知学习、积极体验学习、积极学习品质塑造、积极学习行为培养等环节加强学风建设。

---

* 本文作者：贲浩然，哈尔滨工程大学动力与能源工程学院辅导员，讲师。

二、教育内容

（一）利用积极心理学的知识，引导学生参与积极认知学习、建立学习自信

通过调查发现，目前，绝大多数学生（其中也不乏一些知名高校学生）均存在学业困惑，而且会将自己的大学学业成绩与高中学业成绩进行对比。这种对比可以来自自身，也可以来自父母，而对比中产生过多的负面评价使学生逐渐丧失自我认同感和学习信心。此时，若高校教师一味地打击学生，会让学生的自我价值体现进一步丧失，学习差这个观念进入死循环。

针对上述问题，积极心理学认为，人类诸多问题均来自自我认知的偏差，主张个体要改变原有的自我认识，建立一种关注自身积极美德与力量的自我认知。更多的鼓励和善意的评价会让学生更好地发现自身闪光点，帮助学生提高自我认同感，进一步提高学习动力。高校教师应该转变传统的教育理念，鼓励学生、引导学生发现自身长处，帮助学生建立好完善的自我认知体系，用学生擅长的方面和领域带动他们的学习热情，建立学习自信。当学生出现学习问题时，不能用以偏概全、全盘否定的形式指责斥骂学生，应当帮助学生以正确的方式思考、分析和解决学习中出现的困难和问题。对出现的问题进行反思和解决，对未出现的问题加以避免，准确了解学生的思想动态，确保学生以积极的心态对待学习，对学生进行最大化的“潜力的开发”。

（二）利用积极心理学的知识，引导学生体会学习乐趣、树立正确学习目标

积极心理学认为，人们的幸福感不完全取决于客观事件，在一定程度上取决于选择性情绪体验。积极的情绪体验可以有效提高人们的抗压能力，也可以提升面对挫折时的自信和勇气。在高校学风建设中，有很多同学由于基础过差、落下课程较多，出现了一定的消极情绪。面对这样的问题，教育者要引导学生逐渐走出过去产生挫败感的阴霾，以积极的心态面对即将到来的困难和挑战，同时帮助学生树立信心，将很难实现的大目标化解为一些可以实现、容易实现又具有挑战性的小目标，增强学生积极情绪获得感，逐步引导学生以乐观的情绪面对未来发生的困难和挑战。

（三）利用积极心理学的知识，引导学生塑造正确的学习品质，增强学习主动性

积极心理学将积极美德分为智慧、勇气、正义、自制、卓越、仁慈等六类，这六类美德又由 24 种积极人格特质组成。智慧美德是和学习关系最为紧密的一种，对智慧美德有影响的可以是对事物的好奇心、求知欲、喜爱程度、创造性等。

在高校的学风建设中，教育者不应该只对学生的学习方法、学习态度、学习状态等问题进行指导，同时也要致力于对学生的思想品质、道德情操、综合素质等进行全方位的培养。不仅要让学生看到自身的不足，也要让学生看到自身的优点、闪光点，逐步发掘自身潜能，充分调动学生学习和工作的热情，最大限度激发学生学习的主动性，由被动学习变为主动学习，实现学生的全面发展。

（四）利用积极心理学的知识，引导学生培养良好的学习行为，展示自我特长

良好的学习行为是指学生在积极的学习认知引导下，在积极人格的形成过程中，坚持符合道德标准的、具有正向性的学习行为。因此，在高校良好学风培养中，教育者要通过多渠道、多方法引导学生培养良好的学习行为习惯，帮助学生树立终身学习的观念，学习的东西可以是学习自己的专业知识，也可以是掌握自己一项不擅长的技能，甚至是一次从未有过的经历等，这都会让学生受益匪浅。同时，教育者要在学风建设过程中投入精力让学生对所学知识有所应用，无论是科技创新比赛还是暑期社会时间活动、志愿服务活动等都可以使学生大展身手，展示个性和特长，努力帮学生挖掘自身潜能，获得自我认同感。

三、形式与举措

第一，建设一支掌握积极心理学的教师队伍或辅导员队伍，采用积极心理学的方式，用平等、积极的心态去看待每一位学生所拥有的潜能与潜在发展能力，使学生能发现自身的长处与优势，并以取长补短的方式推动自身的发展。

第二，教育者在课堂教学中，应充分调动学生学习的积极性，改善教学环境并恰当烘托教学氛围，使课堂效果达到最佳。包括利用一些有教育意义的游戏，一些活跃课堂氛围的话语，利用各种多媒体载体如音频、视频、典故等给学生创造轻松愉快的学习氛围。

第三，“大多数人类行为是通过对榜样的观察而获得的。”通过挖掘学生身边的典型事例，通过组织学习经验座谈会、新老生交流会、新生报告会等向学生分享学习经验，同时通过朋辈辅导、学习小组、兴趣小组等形式与实施结对帮扶，培养学生的自主学习能力。

第四，推动校园文化建设的开展，将教育活动和社团活动进行有机结合。通过组织头脑风暴大赛、学科知识竞赛、英语演讲比赛、校史知识大赛等将学业与日常活动有机结合，组织学生积极参与其中，让学生从这些活动中感受学习乐趣。

第五，增加科技创新比赛普及，鼓励学生参加科创与队友一起头脑风暴，体会团队协作乐趣。通过科技创新科普带动学习专业知识，从科技创新回归课堂学业，从实践返回理论，让学生了解自己在课堂所学知识能在实际生活中有哪些应用，培养学生学习行为。

第六，充分利用好第二课堂，通过组织丰富社会实践活动和志愿者服务活动，努力帮助学生挖掘自身潜力，展示学生个性和特长，培养学生良好学习行为，让学生通过志愿活动体会奉献精神，增强学习动力。

第七，对出现网瘾、手机依赖等现象的问题学生，利用谈心谈话等方式了解他们心中所想，找出这类学生的重点问题，通过一些有意义的活动，如科创比赛、社会实践等让他们从虚拟世界中走出来，重寻大学目标。

四、效果评价

实际工作中，教育者应当侧重对学生内心的真正关怀，给予其适当的心理引导与帮助，让学生能够真正做到德智体美劳全面发展，帮助学生发现自身优点、长处。借助各式各样的文体活动，让学生在展现自我特长的同时树立良好的自信心；在体育活动和比赛中，实现强健体魄以及抗打击心理能力培养的目标；在实践和志愿服务活动中，实现培养学生良好品格的目标；在引导学生进行科技创新活动的过程中，实现提高学生主观能动性的目标；通过榜样的树立，实现学生目标的设立和学习行为的养成，让学生能在充分的实践中对自身的行为习惯、思想观念等进行思考，培养与锻炼学生的自主性、独立性以及学习能力，继而塑造具有优秀品格与素质的学生，推动优良学风的积极建设。

积极心理学下的学生党支部政治理论学习计划实施方案*

内容摘要

各院系分党委、党总支要深刻认识新形势下进一步加强和改进学生党支部政治理论学习的重要意义，把政治理论学习作为学生党员加强党性修养、坚定理想信念、提高精神境界的重要手段，作为获取知识、提升能力、增长本领的重要途径，作为推进学习型党组织建设的首要任务。合理安排学生党支部的理论学习计划，严格落实学校政治理论学习要求，突出政治理论学习的政治性、思想性和科学性，将积极心理学理论应用于学生党建工作的具体实践，以科学化为方向构建学生党建工作的创新模式，积极探索激发学生党员积极情绪体验、塑造学生党员积极人格、构建学生党员政治理论学习生态系统，确保学生党支部学习有目的、有提高，研讨有思考、有见地，不断提高学生党支部的政治意识、强化理论思维。

一、指导思想

高举中国特色社会主义伟大旗帜，深入学习宣传贯彻党的十九大精神、全国高校思想政治工作会议、哈尔滨工程大学第四次党代会精神，以中央重要工作部署为基础任务，以学习习近平总书记关于青年学生创新、理想、学习、价值观、笃实以及东北振兴、在庆祝中华人民共和国成立70周年大会上的重要讲话精神、党的十九届四中全会精神等作为重要任务，结合在全党开展的“不忘初心、牢记使命”主题教育，以“三会一课”为基本制度，以“两学一做”为基本内容，构建学生党支部政治理论学习，推进以个体学习为基础、以党支部学习为主体、以“学习强国”等学习平台为载体的常态化学习机制。通过学懂弄通做实习近平新时代中国特色社会主义思想，不断增强学生党员“四个意识”，坚定“四个自信”，做到“两个维护”，引导学生党员做“勤学、修德、明辨、笃实”的表率，不断提升其在思想政治工作中的引导力和战斗力。

* 本文作者：金棱，哈尔滨工程大学学生工作处综合办公室主任，助理研究员。

二、基本内容

学生党支部要围绕学思用贯通，不断改进学习方式方法，坚持党支部委员带头学，坚持党支部成员集中学习与个人自学相结合、学习研讨与专题辅导相结合、理论学习与调查研究相结合、“走出去”和“请进来”学习相结合。充分利用“学习强国”学习平台、工学网“时文时事”栏目等载体开展学习，不断提升政治理论学习的吸引力和实效性。

（一）学习领会中央重要工作部署

深入学习习近平总书记在全国“两会”期间的重要讲话精神，对标《中共中央关于加强党的政治建设的意见》和《中国共产党支部工作条例（试行）》等文件精神，引导学生党支部准确把握新时代党的建设总要求，切实把抓好党支部作为党的组织体系建设的基本内容、管党治党的基本任务、检验党建工作成效的基本标准。引导学生党员坚定政治立场，提高政治站位，自觉在思想上政治上行动上同党中央保持高度一致。

（二）学习领会习近平总书记关于青年学生创新、理想、学习、价值观、笃实的重要论述

深入学习习近平总书记在纪念五四运动100周年大会上的讲话、全国教育大会上的讲话、北京大学师生座谈会上的两次讲话、知识分子、劳动模范、青年代表座谈会上的讲话等重要讲话精神，引导学生党员夯实理想信念，练就过硬本领，敢于有梦、勤于追梦、勇于圆梦，勇做走在时代前列的奋进者、开拓者、奉献者。

（三）学习领会习近平总书记关于东北振兴的重要论述

依托解放思想推动高质量发展大讨论，以习近平总书记在深入推进东北振兴座谈会上的重要讲话和在我省考察时的重要指示精神为学习重点，深刻认识习近平总书记对东北地区寄予的深情厚望，深刻认识开展解放思想推动高质量发展大讨论的重大意义。引导学生党员深刻理解东北抗联精神、北大荒精神、大庆精神、铁人精神等精神的丰富内涵，激励学生党员不忘初心、传承创新，为实现中华民族伟大复兴的中国梦不懈奋斗。

（四）学习领会习近平总书记在庆祝中华人民共和国成立70周年大会上的重要讲话精神

深刻领会习近平总书记重要讲话的重大意义和深刻内涵，回顾党的光辉历史和中华人民共和国光辉历程，总结70年辉煌成就和宝贵经验，以斗志昂扬的精神风貌迎接中华人民共和国70周年华诞、奋力走好新时代的长征路。围绕庆

祝中华人民共和国成立70周年系列活动，进一步加强学生党支部党史、国史、社会主义发展史的学习，更好总结和运用党的历史经验，更好认识和把握历史发展规律，激发学生党员爱国热情，凝聚奋进力量。

（五）学习领会党的十九届四中全会精神

原原本本、全面准确学习领会习近平总书记在党的十九届四中全会上的重要讲话精神，认真研读党的十九届四中全会文件，深刻理解党的十九届四中全会提出的一系列重大理论观点、重大工作部署，自觉把思想和行动统一到讲话精神和全会决策部署上来。

三、形式和措施

学习内容以《党章》《十九大报告》《习近平谈治国理政》（第一、二卷）、《习近平新时代中国特色社会主义思想三十讲》《习近平新时代中国特色社会主义思想学习纲要》等为基础，根据选题、结合实际开展学习，内容如下。

（一）第一季度重点是习近平总书记关于“两会”的重要论述

1. 学习专题：全国“两会”精神专题

2. 学习时间：3月

3. 学习重点：习近平总书记关于“两会”的重要论述

4. 学习参考：（1）习近平总书记在全国“两会”期间的重要讲话（2019年3月，“学习强国”学习平台）；（2）《政府工作报告》等（2019年3月，“学习强国”学习平台、工学网“时文时事”栏目等）。

5. 负责单位：各院系

积极心理学原理：激发积极情绪体验。主观层面的积极情绪体验研究是积极心理学研究的一个重要方面。所谓积极体验，是指个体满意地回忆过去，幸福和从容不迫地感受现在并对未来充满希望的一种心理状态，主要包括快乐、兴趣、满足、自豪等情绪，它与消极的情绪相对。通过积极的情绪体验，个体可以挖掘自身的潜能，获得个人的发展，高校党建工作也应从激发学生积极的情绪体验入手，提高教育水平。

（二）第二季度重点是习近平总书记关于青年理想、青年学习、青年价值观的重要论述

1. 青年理想专题

（1）学习专题：青年理想专题

（2）学习时间：4月

（3）学习重点：习近平总书记关于青年理想的重要论述

（4）学习参考：①习近平总书记在知识分子、劳动模范、青年代表座谈会上的讲话（2016 年 4 月 26 日，“学习强国”学习平台）；②习近平总书记在北京大学师生座谈会上的讲话（2014 年 5 月 4 日，“学习强国”学习平台）；③习近平总书记在北京大学师生座谈会上的讲话（2018 年 5 月 2 日，“学习强国”学习平台）；④习近平总书记在全国教育大会上的讲话（2018 年 9 月 10 日，“学习强国”学习平台、工学网“时文时事”栏目等）；⑤习近平总书记在纪念五四运动 100 周年大会上的重要讲话（2019 年 5 月 4 日，“学习强国”学习平台、工学网“时文时事”栏目等）。

（5）负责单位：各院系

2. 青年学习专题

（1）学习专题：青年学习专题

（2）学习时间：5 月

（3）学习重点：习近平总书记关于青年学习的重要论述

（4）学习参考：①习近平总书记同各界优秀青年代表座谈时的讲话（2013 年 5 月 4 日，“学习强国”学习平台）；②习近平总书记在知识分子、劳动模范、青年代表座谈会上的讲话（2016 年 4 月 26 日，“学习强国”学习平台）；③习近平总书记在中国政法大学考察时的讲话（2017 年 5 月 3 日，“学习强国”学习平台）；④习近平总书记在北京大学师生座谈会上的讲话（2014 年 5 月 4 日，“学习强国”学习平台）；⑤习近平总书记在北京大学师生座谈会上的讲话（2018 年 5 月 2 日，“学习强国”学习平台）；⑥习近平总书记在全国教育大会上的讲话（2018 年 9 月 10 日，“学习强国”学习平台、工学网“时文时事”栏目等）；⑦2019 年全国教育工作会议和新时代全国高校本科教育工作会议（工学周报“时文时事”“大家荐读”栏目）；⑧习近平总书记关于制造强国、网络强国、海洋强国的系列重要讲话精神等（“学习强国”学习平台）；⑨习近平总书记在纪念五四运动 100 周年大会上的重要讲话（2019 年 5 月 4 日，“学习强国”学习平台、工学网“时文时事”栏目等）。

（5）负责单位：各院系

3. 青年价值观专题

（1）学习专题：青年价值观专题

（2）学习时间：6 月

（3）学习重点：习近平总书记关于青年价值观的重要论述

（4）学习参考：①习近平总书记同各界优秀青年代表座谈时的讲话（2013 年 5 月 4 日，“学习强国”学习平台）；②习近平总书记在知识分子、劳动模范、青年代表座谈会上的讲话（2016年4月26日，“学习强国”学习平台）；③习近平总书记在北京大学师生座谈会上的讲话（2014年5月4日，“学习强国”学习平台）；④习近平总书记在北京大学师生座谈会上的讲话（2018年5月2日，“学习强国”学习平台）；⑤习近平总书记在全国教育大会上的讲话（2018年9月10日，“学习强国”学习平台、工学网“时文时事”栏目等）；⑥习近平总书记在纪念五四运动100周年大会上的重要讲话（2019年5月4日，“学习强国”学习平台、工学网“时文时事”栏目等）。

（5）负责单位：各院系

积极心理学原理：树立积极正确的价值观。积极人格特质是积极心理学得以建立的基础，因为积极心理学是以人类的自我管理、自我导向和有适应性的整体为前提理论假设的。积极心理学家认为，积极人格特质主要是通过对个体各种现实能力和潜在能力加以激发和强化，当激发和强化使某种现实能力或潜在能力变成一种习惯性的工作方式时，积极人格特质得以形成。

（三）第三季度重点是习近平总书记关于东北振兴、青年爱国的重要论述

1. 东北抗联精神、北大荒精神、大庆精神、铁人精神专题

（1）学习专题：东北抗联精神、北大荒精神、大庆精神、铁人精神专题

（2）学习时间：7月

（3）学习重点：习近平总书记关于东北振兴的重要论述

（4）学习参考：①习近平总书记在深入推进东北振兴座谈会上的重要讲话（2018年9月，“学习强国”学习平台、人民网“时政”栏目等）；②解放思想推动高质量发展大讨论（2018年11月，工学网“时文时事”栏目）。

（5）负责单位：学工处、各院系

2. 青年爱国专题

（1）学习专题：青年爱国专题

（2）学习时间：9月

（3）学习重点：习近平总书记关于青年爱国的重要论述

（4）学习参考：①习近平总书记同各界优秀青年代表座谈时的讲话（2013年5月4日，“学习强国”学习平台）；②习近平总书记考察中国科技大学时与大学生对话（2016年4月26日，人民网“时政”栏目）；③习近平总书记在北京大学师生座谈会上的讲话（2014年5月4日，“学习强国”学习平台）；④习近平总书记在北京大学师生座谈会上的讲话（2018年5月2日，“学习强国”学习平台）；⑤习近平总书记在全国教育大会上的讲话（2018年9月10日，“学习强国”学习平台、工学网“时文时事”栏目等）；⑥习近平总书记在南开大

学考察时的讲话（2019年1月17日，“学习强国”学习平台）；⑦习近平总书记在纪念五四运动100周年大会上的重要讲话（2019年5月4日，“学习强国”学习平台、工学网“时文时事”栏目等）。

（5）负责单位：学工处、各院系

积极心理学原理：对党的事业充满自信与乐观。积极心理学认为拥有乐观精神是促使希望和乐观增长的关键，因为乐观可以让人更多地看到好的方面。乐观涉及认知、情感和动机成分。自信是一种反映个体对自己是否有能力成功地完成某项活动的信任程度的心理特性，是一种积极、有效地表达自我价值、自我尊重、自我理解的意识特征和心理状态，也称为信心。自信的个体差异不同程度地影响着学习、竞赛、就业、成就等多方面的个体心理和行为。产生自信，是指不断地超越自己，产生一种来源于内心深处的最强大力量的过程。积极心理学中的自信定义为对自我价值的感受，其取决于个体实际成就与抱负之间的比值，它强调了积极自我是一种结构，通过比较我们现在和将来的期望值来实现自我价值与评价自己。

（四）第四季度重点是习近平总书记在中华人民共和国成立70周年大会、十九届四中全会上的重要讲话及关于青年建功立业新时代的重要论述

1. 庆祝中华人民共和国成立70周年专题

（1）学习专题：庆祝中华人民共和国成立70周年专题

（2）学习时间：10月

（3）学习重点：习近平总书记在中华人民共和国成立70周年大会上的重要论述

（4）学习参考：习近平总书记在庆祝中华人民共和国成立70周年大会上的重要讲话（2019年10月，“学习强国”学习平台、工学网“时文时事”栏目等）。

（5）负责单位：学工处、各院系

2. 党的十九届四中全会精神专题

（1）学习专题：党的十九届四中全会精神专题

（2）学习时间：11月

（3）学习重点：习近平总书记在党的十九届四中全会上的重要论述

（4）学习参考：习近平总书记在党的十九届四中全会上的重要讲话（2019年10—12月，“学习强国”学习平台、工学网“时文时事”栏目等）。

（5）负责单位：各院系

3. 青年建功立业新时代专题

（1）学习专题：青年建功立业新时代专题

（2）学习时间：12 月

（3）学习重点：习近平总书记关于青年建功立业新时代的重要论述

（4）学习参考：①习近平总书记致全国青联十二届全委会和全国学联二十六大的贺信（2015 年 7 月 24 日，“学习强国”学习平台）；②习近平总书记在知识分子、劳动模范、青年代表座谈会上的讲话（2016 年 4 月 26 日，“学习强国”学习平台）；③习近平总书记在北京大学师生座谈会上的讲话（2014 年 5 月 4 日，“学习强国”学习平台）；④习近平总书记在北京大学师生座谈会上的讲话（2018 年 5 月 2 日，“学习强国”学习平台）；⑤习近平总书记在全国教育大会上的讲话（2018 年 9 月 10 日，“学习强国”学习平台、工学网“时文时事”栏目等）；⑥习近平总书记在纪念五四运动 100 周年大会上的重要讲话（2019 年 5 月 4 日，“学习强国”学习平台、工学网“时文时事”栏目等）。

（5）负责单位：各院系

积极心理学原理：在自我完善中积极改变。积极心理学认为人类的心理发展贯穿整个生命周期，生命的每个时期都可能面对不同的机遇和挑战，考验着我们身心的极限，我们要积极调整好心态，努力朝着积极的方向去改变，每经过一次考验，生命就进入一个新的阶段，就会提供更多的成长和发展的机会，并且，这种心智的成长是螺旋式、不断上升的，是会成为一种习惯固化在人的一生中。因此，人活着就是要成长进步，不可以过得麻木不仁、原地踏步，应该每天都处于变化中，勤思和考验提醒应从哪些地方改变，让人生变得更美好。

（五）特色学习活动

1. 同读一部书

营造“学经典、颂经典、爱经典”的良好学习氛围，各学生党支部自主选择阅读经典书目，引导学生党员读原著、学原文、悟原理，用党的创新理论武装头脑、指导实践、推动工作，努力做到学思用贯通、知信行统一。

2. 特色理论学习

结合专业、年级特点，结合学习、工作面临的新问题核心挑战，结合当前实证热点、理论难点，各学生党支部自主选择学习主题，充分调动学生党员参与党组织活动的积极性和主动性，促进组织生活“正常化、受欢迎、有实效”和“有主题、有讨论、有共识”。

3. “学习强国”学习比赛

“学习强国”是由中央宣传部出品的学习平台，以深入学习宣传习近平新时代中国特色社会主义思想为主要内容，建立纵向到底、横向到边学习网络，实现有组织、有指导、有管理、有服务的学习。以季度为周期，组织开展学生党支部“学习强国”学习比赛，促进学生党员能用、会用、爱用“学习强国”学习平台，加强学生党员的理论武装和思想教育。

4. “优秀党支部工作手册”评选比赛

党支部工作手册是党内生活开展情况的有力佐证，组织开展优秀学生党支部会议记录评选比赛，进一步加强学生党支部工作记录的规范性、完整性、时效性，促进“三会一课”基本制度基本落实落细。

5. 其他特色学习活动

各学生党支部可结合实际，开展形式新颖、内涵丰富、效果突出的特色学习活动，设计“有态度、有深度、有温度”的学习活动，激发学生党支部的活力与凝聚力。

四、效果评价

学生党支部政治理论学习计划将采取以下三种方式对学生党支部教育效果进行评估：第一，开展学生党支部政治理论学习过程的检查预通报；第二，开展学生党支部书记、学生党员代表效果调查；第三，开展学生党支部政治理论学习效果调查。

动力与能源工程学院采取“四位一体”模式培养研究生方案*

内容摘要

动力与能源工程学院的研究生，毕业后大多从事国防和军工领域工作，培养较强的思想素质、积极的心理品质、坚韧的政治基础和高超的专业能力，不仅有利于个人成长成才，更有利于国家建设发展。有鉴于此，学院在研究生教育培养中积极探索思想教育、心理教育、政治教育和专业教育“四位一体”融合教育模式，着力为国防和军工事业培养全方位发展的有用人才。

一、指导思想

2017 年，中共中央国务院印发《关于加强和改进新形势下高校思想政治工作的意见》中强调“要加强人文关怀和心理疏导，促进大学生身心和人格健康发展”。本方案通过对研究生学习、生活等方面的调查研究，结合学校、学院以及学科的人才培养战略目标，创新工作理念和工作思路，完善制度建设，努力找到研究生积极心理培养、思想政治教育与专业学科需求之间的平衡点，发挥研究生自我管理、自我教育的优势，希望结合学校和二级学院的人才培养战略目标，以提高学生综合素质为目的，以积极心理学的运用为突破口，通过充分发挥研究生思想政治教育、基层学术组织、党支部建设作用，从研究生的积极心理培育、日常规范和德育品格教育入手，探索研究生“四位一体”培养管理模式相融合的方法路子，最终达到培养高素质人才的目的。

二、教育内容

（一）紧跟时代步伐探索研究生思想教育方法

研究生的思想教育要跟上情，我国研究生的思维层次特点，要求思想教育不能想当然，更不能各自为政，必须与党和国家的教育方针相契合，与学校的人才培养目标相结合，做到上下一致、紧跟紧随。比如，习近平总书记每次发表重要讲话，上级下达重要精神，只要与研究生思想教育相关的，都要组织学

---

* 本文作者：李唯一，哈尔滨工程大学动力与能源工程学院学生工作办公室主任，讲师。

习，让研究生时刻了解国家大政方针和上级最新要求。研究生的思想教育要合实情，研究生的思想政治教育必须根据其学习、生活不集中的特点有针对性地开展，允许多种模式共存，不能千篇一律，确保针对性和实效性。比如，结合学习进程、季节更替等实际，适时组织开展理想信念、爱党爱国、安全保密等教育，切实让教育起到引领思想、纠偏正向的作用。研究生的思想教育要用真情，教育者投入真情开展的教育才有可能入脑入心，实践中要注重与研究生的思想、学习和生活实际相结合，做到时时有教育，处处有教育，让教育渗透到研究生生活中的点点滴滴，切实起到春风化雨、潜移默化的作用，让研究生感到学校的关怀始终在身边。

（二）围绕心理差异特点探索个性化心理辅导模式

坚持“以人为本”，大力开展积极心理学教育，提高育人效果。一是激发所有学生内在的积极心理力量。高校的心理健康教育应该将重点放在开发学生内在的积极心理力量，将所有学生作为自己的教育对象，培养他们幸福生活的能力，帮助其发展综合素质。在内容上注重学生快乐、宽容、尊重、感激等情感，对于问题和障碍，告诉学生应该如何预防，使学生能够更好地唤醒自身的积极力量。二是营造积极的校园氛围。积极心理学强调积极的环境对人的影响作用，因此在校园中要根据学生的实际需要，将积极心理品质培养覆盖到教育的方方面面，营造健康向上的氛围，并且在教育的过程中注重对学生进行积极向上的性格、气质、兴趣和能力的教育，使学生获得充分满足，得到安全归属感和主观幸福感，积极投入学习生活中。三是完善心理健康教育体系。对学生进行积极心理品质培养应该与学生的日常教育融为一体，充分调动各级组织、教育和学生的积极性，真正实现全员育人、全方位育人、全过程育人。

（三）着眼提升政治素质健全完善党建工作体制

研究生党员在研究生群体中的比例较高，在国内高校中，研究生中的党员比例一般为30% ~40%，还有的高校可以达到50% ~60%，因此抓好研究生党员队伍建设是加强研究生管理的重要内容。把好党员入口关，严格发展程序和标准，确保每名进入党员队伍的研究生都是政治合格、素质过硬的。把关党员教育关，不能进入党的门就放松要求，要通过常态化的党课学习、党日活动、党的生活，强化研究生党的意识、党员意识。把关党员管理关，党员在研究生队伍中是先锋模范，必须在管理上严一层、要求上高一层，常态用好教育、提醒、谈话等手段，确保每名党员始终保持良好形象。

（四）基于提升专业能力要求选准配强研究生导师

在我国，各高校的培养机制主要采取导师负责制，亦即导师是研究生培养的第一责任人。导师在研究生的教育管理中不仅仅担任着学业上的指导者角色，还成为研究生思想上的引导者和生活上的关心者，更是研究生从事专业知识学习、了解行业未来发展趋势和基础科研实践的直接管理者，他们利用科研、教学和实践等活动，为研究生提供服务社会的时间平台和发展机会，也就是说，导师不仅承担着教书的责任，更有育人的义务；不仅履行传道受业的职能，更有解惑的职责。鉴于此，在研究生导师的遴选上，第一，考虑选拔政治立场坚定、思想政治素质高、有大局观念和大局意识的老师担任。第二，要考量导师的业务知识水平和学科专业发展学识；第三，应考察导师的人品、道德修养，以及周围老师、学生对其的评价；第四，应重点考察导师的责任心。不少导师可以满足前三点，如拥护党的领导，有才学，有见地，对学生热情，但是责任心不强，只注重自己的科研成果，不注重人才的培养质量，因此笔者认为，只有具备了以上四方面的导师才是合格的导师。

三、形式与举措

（一）认真制订、严格落实思想教育计划

内容上，突出习近平新时代中国特色社会主义思想，确保思想紧紧跟上；载体上，用好“两学一做”常态化制度学习、“不忘初心、牢记使命”主题教育，确保学有所依、学有所悟；时机上，用好支部会议、党课教育等时间搞好集中学习，利用课余时间搞好分散自学；效果上，采取定期考核、网上答题等方式，搞好学习效果评估，通过谈话了解、实践检验等方式看思想改进情况，切实形成学习、教育、评估的闭合回路。

（二）逐步完善心理健康教育体系

采取自主培育与外请专家相结合的方式，完善心理健康体系。一是逐步建立完善心理健康机构。以学生工作办公室为牵头部门，聘请学校心理专业教师为主体，遴选思想心理素质好，表达能力和责任心强的学生为骨干，组成学院心理服务部门，做到专业的人做专业的事。二是制订翔实可行的心理教育计划。结合研究课业进程，制定团体心理辅导、心理危机干预、心理健康训练等团体心理训练课目；针对研究生可能出现的心理问题，分类制定心理干预预案，做到实效性与针对性兼备。三是做好心理教育保障。通过学院办公会层面，赋予心理教育机构开展工作的时间、场地、设备、资金等条件，确保心理健康教育有序开展、有效开展。

（三）严格落实研究生党建工作制度

纵向设立研究生党支部，学院党委在本科生党支部建设的经验基础上，按

照基层学术组织成立研究生柴油机党支部、热能党支部、燃气轮机党支部和轮机工程第一、二党支部五个党支部。严格落实研究生党员“三会一课”制度，切实通过党课教育、党日活动和党的生活，强化研究生的党的意识和党员意识。依托学生党支部建立基层学生组织，按照原有研究生会建制，设立各基层学术组织对应的学生组织，着力发挥党组织的引领作用。

（四）探索完善研究生导师责任制下的学生管理办法

根据学院日常管理的现状，成立研究生工作委员会：由学院党委副书记担任主席，研究生辅导员担任常务副主席，吸收各学术团队学工负责老师为委员，按照学院学生联席例会制度，开展工作。在日常管理、就业、评选国家奖学金、组织推优和安全教育等过程中发挥作用，积极推进导师责任制与学院学生工作并行。继续完善研究生日常管理相关制度，修订《动力学院研究生日常行为规范》和《动力学院研究生测评体系》两项基本管理办法，规范研究生的日常行为。

四、效果评价

本方案着力通过调研反馈，了解用人单位对研究生思想素质、心理健康水平、专业能力方面的需求，以调研结果和研究生学习的实际情况为依托，制定相关规章制度，致力于将研究生的心理健康水平与学习科研水平、思想道德水平“四位一体”相结合，在专业课学习、学术水平提升、科研能力全面发展等方面予以更加系统的指导，切实达到培养全面发展的高水平研究生的目的。

积极心理学视角下构建具有“寝魂”的寝室文化培养方案*

内容摘要

在大学存在部分个性突出、性格外向等特点的学生，该部分学生经常会与寝室室友发生矛盾或因为个人认知偏差而认为作为特殊群体被区别对待。因此，该部分学生如何和谐地融入其他学生集体一直是高校关注的难点。本方案根据积极心理学强调的个人积极品质和积极情绪为基础，通过引导学生的积极品质和情绪，结合学生价值观可塑性、建设性等特点，以其所在寝室为平台，从而引发积极情绪，将寝室打造成以积极品质作为“寝魂”形成互相帮助，发挥特长，相处融洽，具有积极社会关系的优秀寝风的寝室。

一、指导思想

习近平总书记强调：青年一代有理想、有本领、有担当，国家就有前途，民族就有希望。因此在新时代下，高校的校园文化建设必须深入贯彻落实习近平总书记的重要论述，围绕培养什么人、怎样培养人、为谁培养人这一根本问题，以落实立德树人根本任务为目标，全面提升高校校园文化建设水平，不忘初心，激发学生的中国特色社会主义共同理想，鼓励学生要勇担时代重任，主动投身到中华民族伟大复兴的事业中去。高校不仅是学习科学知识的重要平台，同时也是继承和发扬中华优秀传统文化的重要阵地。高校在教育及课外活动中应通过组织引导与思想引领相结合，让学生在学习的过程中了解中国传统文化精髓，为学生打下坚实的传统文化基础。优秀的寝室文化是一种环境教育的熏陶，也是一种文化教育的接力，是学校文化建设重要阵地之一。高校寝室是大学生在校期间学习、生活、休息娱乐、人际交往、思想交流的重要场所，同时也是开展大学生思想政治教育、综合素质培养工作的重要阵地，在学生世界观、人生观、价值观形成以及思想道德品质养成的过程中发挥着重要作用。目前多数高校忽略了寝室育人的作用，寝室经常成为矛盾发生地，因此，可以通过培养寝室“寝魂”的方式，带动寝室文化建设、寝室制度以及精神文化熏陶的全

* 本文作者：李文宝壮，哈尔滨工程大学经济管理学院辅导员，讲师。

面发展，构建整洁安全、文明优秀的寝室，丰富高校育人的环节，为培养学生成才提供帮助。

二、教育内容

（一）积极心理意识引领教育

积极心理学是20世纪90年代提出的，属于心理学的一个分支，以分析人的健康品质为依托，着重挖掘人的发展潜力，并从多角度对人进行解读，引导人朝着美好的生活行进，促进人健康生活。积极心理学以积极的视角解释人的行为，目的是激发人的创造力，探索人健康发展的路径，符合社会发展的要求。传统的大学生心理健康教育以预防和解决问题为主，目的是帮助学生形成完美的人格。传统的研究人的心理过程主要是从医学的角度出发，角度过于片面，无法对大学生的心理做全方位的分析。近年来，关于积极心理学的课程和研究也在高校及社会推广开来。研究和应用积极心理学，对于扩大心理学领域的适用范围和研究范式，改善学校教育模式和管理思维都发挥着重要的作用。相比于传统心理学，将积极心理学引入大学生心理健康教育，可以使研究更全面，在心理问题和疾病研究的基础上融入积极元素，对学生进行积极引导，利于学生形成积极的精神和品质，能提高大学生心理健康教育的目标层次，对达到通过调动学生积极品质，引导学生形成具有"寝魂"的寝室文化，对推动积极的校园文化氛围起到重要作用。

（二）积极心理课程引导教育

通过理论与实践结合的方式对学生进行培养教育。整合学校各方资源，补充完善现有大学生心理课程内容，添加丰富大学生心理健康的内容，结合积极心理学中培养积极情绪和积极品质的特点，遵从积极心理学从个体出发的要求，树立新的教育理念，通过课程培养帮助学生找到自身积极品质，通过科学合理的方式释放自身负面情绪，引导学生在积极情绪中成长。

（三）积极心理实践教育

在运用积极心理学的过程中，要重视实践活动教育对于学生的正向影响，要充分发挥校园文化对于大学生心理健康教育的重要作用，依托学院、团委、学生会、社团等，为具有积极品质的学生个体提供平台，丰富校园课外活动，搭建第二课堂。通过具有积极品质的学生作为寝室"寝魂"，以点带面，引导其室友共同受到积极情绪和积极品质的影响，并发现培养自身出现的积极情绪及积极品质，共同培养积极的寝室氛围，达到寝室育人的要求和目的。

三、形式与举措

根据积极心理学研究理论和研究内容，本方案从积极的寝室主观体验、积极人格特质发现以及积极寝室环境的形成三方面对寝室成员进行引导教育。

（一）制定积极寝室制度

积极心理学主要研究个体的积极情绪体验，如幸福、快乐等，因此要注重学生在大学校园生活学习过程中的积极情绪体验，引导学生将积极情绪作为常态情绪。学生在积极情绪下学习生活，有利于培养正确的价值观、学习观，促进心理健康。学生在寝室的时间要超过每天的一半，因此通过正确安排规划寝室内的生活学习行为，制定积极的寝室学习生活制度，能够让学生充分感受到积极的主观体验，感受积极情绪带来的正向感受，更有利于配合学校进行学生心理健康教育。

（二）确定积极寝室“寝魂”核心

培养学生提升积极品质感知能力。大学生在进行人际交往的过程中，尤其是在寝室，常因为各执一词不顾及对方情绪而产生矛盾摩擦，并且解决起来非常棘手。通过让学生在寝室内感受到积极情绪影响后，逐步确立寝室的“寝魂”核心，会使寝室相处氛围逐渐融洽，室友交流会逐渐流畅。学生会在积极情绪引导下逐渐感受到被接受、被关注的正向感受，并且会尝试向其他寝室成员散发接受、关心、理解等情绪，寝室氛围进一步优化。并且在整体进程中学生会发现自身的积极人格特质，这一特质逐渐成为寝室关系的重要维系因素。

（三）围绕“寝魂”辐射日常活动

学生作为高校寝室的一分子，同样也会对所在寝室进行评价，良好的寝室环境是大学生在校快乐生活，积极学习强大的助力。在具有“寝魂”的寝室逐渐形成后，寝室成员会从产生的积极寝室文化中得到归属感和安全感，并乐于在寝室的积极氛围中学习和生活。通过各级组织开展各类校园活动，学生可以使得所有寝室成员增加互动，增加交流，情感不断升温。让所有学生生活在具有“寝魂”的寝室中，可以保护学生心理健康，增强学生积极品质。同时，在重视积极寝室环境的同时，通过“寝魂”寝室成员参加各类活动，逐渐引导学员建设积极的班级、学校建设积极校园环境，使得学生在各个组织、团体都可以互相联动，成为学生各个阶段的体系支撑。

四、效果评价

第一，通过借鉴积极心理学的理念和教育方法，引导大学生感受积极寝室主管体验、积极人格特质发现，以及形成积极的寝室环境氛围，有利于学生寝室关系和谐，保障学生心理健康，引导学生形成长期积极向上的品质。同时，具有优秀“寝魂”的寝室也是学生感悟寝室文化，乃至校园文化的重要平台，对学生未来推动积极校园文化起到非常重要的作用。

第二，将寝室作为一个团体进行规划打造，不仅能够增加学生活动参与度和对组织的认可度，而且能使得学生可以将自身的真情实感投入寝室生活学习活动当中，充分发挥了学生作为主人公的角色作用。

第三，本方案通过积极心理认识引导、理论教育和实践教育相结合的方式，能够切实帮助学生在积极心理学上从感受体会过渡到学以致用，帮助学生树立信心，培养学生积极学习氛围。学生通过各类活动得到积极的主观感受，有助于学生形成具有积极品质的性格，并逐渐从个人影响到整个寝室。通过多种优秀“寝魂”寝室的共同作用，将良好的寝室氛围影响力扩散到班级乃至学校整体，有利于高校学生健康心理的形成，更能深层次地巩固校园文化，真正将校园文化扎根到学生个体内心深处。

基于积极心理学的寝室文化建设方案*

内容摘要

近年，随着大学生心理健康的变化，有关大学生群体的负面案例和报道越来越多，大多数院校只是从消极心理学方向着手对大学生进行负面情绪管控，但是效果只能缓解，并不能长远发展。本方案基于积极心理学，以哈尔滨工程大学核学院的寝室文化建设为主体加以说明。核学院在总结以往育人经验的基础上，充分发挥学院特色，深入挖掘核工业精神与核工业文化，将其与学院传统和育人文化相结合，融入学生的日常生活中，形成具有核院特色的优秀寝室文化，以积极正向的价值观导向潜移默化地塑造学生的健康心理。

一、指导思想

习近平总书记在全国高校思想政治工作会议上强调，思想政治工作要贯穿教育教学全过程，遵循思想政治工作规律、教书育人规律和学生成长规律，提升思想政治教育亲和力和针对性，因事而化、因时而进、因势而新。本方案以积极心理学理论和正向寝室文化积极引导为指导，根据习近平新时代中国特色社会主义思想，全面贯彻落实习近平总书记在治国理政中，对教育工作提出了一系列新理念新思想新观点，培育和践行社会主义核心价值观，以学校建设高水平研究型大学的发展目标为指引，紧密结合学校、学院的优秀历史传统、寝室文化的现状和学生的文化需求，以寝风建设为着力点继承传统、与时俱进、突出特色，培育构建积极向上的寝室文化，潜移默化地影响学生、培养学生更多的积极心理品质，促使学院学子展现良好的精神面貌、提升个人素质能力。

二、教育内容

积极心理学着重于由内在的本质需要激发出个人的动机与力量，实现自我价值，使精神与生活需要得到满足，提升生活幸福感，强调人的主观能动性。理解并帮助人们获得幸福和主观幸福感是积极心理学的核心目标。学院依托学校的办学特色和育人理念，深化校风、学风和寝风的有效结合，通过潜移默化

* 本文作者：李响，哈尔滨工程大学核学院辅导员，讲师。

的影响，引导学生从自身内心激发、主动形成使命意识和责任担当。

（一）强化学生对特色办学理念的认识

将学校“三海一核”的办学方略和专业特色融入寝室文化的建设之中，进一步促进学生对“三海一核”特色办学理念的认识，并进一步加强学生对核专业在学校办学方略中的认识，营造“认识特色、支持特色、践行特色、创造特色”的寝室文化环境。

（二）深化校风、学风与寝风的融合教育

在寝室文化的宣传中全面阐释“三风”的内涵，在寝室文化的构建中融入“三风”的内容，以潜移默化的方式引导学生践行“三风”，使“三风”内化为学生在寝室生活和校园生活的基本行为规范和准则，培养具有“严谨、求实、勤奋、创新”等优秀品质的新时代核专业人才。

（三）培养学生的使命意识与责任担当

大学在培养人的过程中，理想信念教育是核心，爱国主义教育是重点。在寝室文化的构建中，融入哈军工人为国防服务的使命感和责任感，以革命前辈的优秀案例和英雄人物的示范作用，引导学生继承和发扬“忠诚奉献、艰苦奋斗、团结协作、求实创新”的哈军工精神，进一步增强核院学子“以祖国需要为第一需要、以国防需求为第一使命、以人民满意为第一标准”的“三个第一”的使命意识和担当精神。

三、形式与举措

积极心理学认为，积极人格的培养、积极心态的形成与积极的环境是密不可分的。大学生的大学生活的大多数时间都在寝室度过，一个积极的寝室环境对大学生健康、积极地成长至关重要。为了构建和谐健康的寝室风气、形成积极向上的寝室文化，学院从育人氛围和文化氛围两大方面进行营造。

（一）以学校“书院式育人平台”建设营造育人氛围

以助力学校“双一流”建设为引领，以学校书院式育人平台建设总体要求为指导，核学院经过集中研讨、专题研究，积极推进学生第十公寓（谭国玉楼）“书院式育人平台”建设。为实现学生公寓功能设计，营造宿舍育人氛围，给广大学生提供更优质的学习空间，书院式育人平台打破并有效弥补了传统学院脱离公寓独立开展学生工作的不足，以学生发展为中心，从围绕学生、关照学生、服务学生入手，培养学生专业技能，注重学生全面发展，为学生打造跨学科、汇知识、精素质、展风采的育人平台，营造彰显特色文化的育人氛围，从而发挥书院式育人平台引导、感染、修德、育人的作用。

（二）以学院“核特色廊壁文化”建设营造文化氛围

为彰显学院办学特色，更好地发挥文化育人的功能，打造优美的育人环境，营造浓厚的文化氛围，核学院从现有资源入手，对31号楼和学生集中住宿的第十公寓的走廊墙壁进行功能“再造”。以楼层划分突出学院特色、核电英才、核安全文化、中华优秀传统文化等主题，有设计、有布局、有指向地展示文化宣传资料，让内容有看头、观者有欲望、思想有深度、舆论有力量，做到让墙壁“说话”，打造核学院独有的“核特色廊壁文化”。

四、效果评价

随着学院和谐健康的寝室风气和积极向上的寝室文化的建设工作的进行，学生的心理健康、使命意识和责任担当有了明显的提高，并且学院的学习风气也日益浓厚。

（一）学生专业认知和学科自信显著提高

通过塑造优秀的寝室文化，学生对学校“三海一核”的办学特色，以及核专业在特色中的作用有了进一步的认识，对所学专业的自信心也有了显著提高，这不仅增强了学生的爱校、爱院和爱专业的荣誉感，也增强了学生的学习动力。其中，学生第十公寓四楼的核学院多功能阅览室于2017年11月1日正式开放的，自开放以来使用率达到95%以上，学生的学习热情有了显著提高。

（二）“文明、温馨、团结、高雅”的寝室文化氛围基本形成

通过丰富寝室的功能，传播优秀传统文化和哈军工精神，核学院学生寝室学习氛围和文化氛围有了显著提高，寝室承载的功能也愈加丰富，基本形成了生活、学习、休闲放松等多功能格局，学生的不良习惯明显减少。涌现出一批“学霸寝室”“文化寝室”和“创新寝室”等优秀典型，“文明、温馨、团结、高雅”的寝室文化氛围基本形成。

（三）学生使命意识和责任担当显著提高

通过学院的“核特色廊壁文化”建设，学生在出入寝室的过程中，优秀的传统文化知识、哈军工老一辈革命家的优秀事迹展现在眼前，在生活的点点滴滴中形成影响，强化了核学院寝室文化的建设。多功能阅览室中不仅有专业书籍，还有优秀的文学作品和彰显社会主义核心价值观的书籍，这促进了学生书籍浏览量的提高，刺激了学生主动接触并学习优秀文化和先进事迹的积极性，实现了学生学习理论有收获、思想境界有提高的效果。

新时代下积极心理学对人才培养的有效性探究方案*

内容摘要

积极心理学为当代高校人才培养提供了一种便捷有效途径。新时代的快速发展对高校人才培养不断提出新要求，本文通过分析当代大学生的性格特点、行为特征及新时代快速发展的人才需求，结合积极心理学的研究理论和指导思想，探究新时代下积极心理学对高校人才培养模式的有效性。

一、指导思想

本方案以积极心理探究层面中的积极情绪为指导思想。该思想主张研究个体对待过去、现在和将来的积极体验。在对待过去方面，主要研究满足、满意等积极体验；在对待当前方面，主要研究幸福、快乐等积极体验；在对待将来方面，主要研究乐观和希望等积极体验。新时代对当代大学生提出了新要求，当代大学生也应当充分把握新时代的契机，紧跟时代大潮流，志存高远，在新的精神指导下再树新的人生目标、加强自我修养、勇于创造实践，为国家社会实现自己的人生价值。引导学生乐于学习，懂得感恩，重视积极良好校风与学风的形成。增强学生集体意识，以“大工至善、大学至真”校训为前提，悠久的军工传统为载体，以立德树人人才培养为目标，形成良好校风学风，搭建人才培养基础平台。

二、教育内容

克里斯托弗·彼得逊与马丁·瑟里格曼曾面向成千上万的人进行了由 240 个问题组成的调查——“VIA 特征优势调查”，该调查从人的诸多优良性格和品德中选出了六大美德二十四项优秀品质。

本方案着重阐述以下若干方面的教育内容，着重培养学生如下优良品质。

（一）热爱学习

指人有自主学习的动力，能够在学到新知识时感到开心和幸福，能够在任何时刻积极汲取知识。其教育内容主要为：鼓励当代大学生喜欢学校，喜欢上

* 本文作者：李雪健，哈尔滨工程大学智能科学与工程学院辅导员，讲师。

学上课，能够在无人监管的环境下自主学习；喜欢阅读，对于掌握新知识和专业技能充满渴望，能够主动接近、接受新事物。

（二）感激、感恩

拥有此项优秀品质的人可以发现并感谢身边发生的好事情，不管是过去、此刻或者将来发生的事和遇见的人，都会表达自身的感恩和谢意，同时生活中很少抱怨，感恩他人和周围的环境，也总会挖掘到值得感恩的事、遇见要感谢的人。其教育内容包含：感恩过去发生的事情，如父母对自己的养育、教师对自己的教育、他人对自己的帮助等，同时要留意发生在自己身上的好事，不要视为理所当然，而是常常表达感恩、感谢。

（三）希望

即对未来充满希望，能够积极主动地为未来打算和定向，对将来有较好的展望并努力实现它。教育内容为：教育引导学生有远大的理想抱负，也能树立切合实际的目标，处理事情之前能够做好充分的准备，以积极乐观的心态对待将来发生的事情，相信美好生活掌握在自己手上。

结合以上优秀品质与教育内容，有针对性地对学生进行教育和引导。

三、形式与举措

新时代大学生人才培养在面临新时代良好机遇的时候，必须结合积极心理学，大力发掘学生自主学习原动力，本方案主要采取如下措施。

（一）深度挖掘学生过去的生活及身心状况，鼓励学生积极面对过去，感恩和感激已经发生的事情

在导致学生挂科退学的诸多因素中，学生的家庭环境及成长环境是不可忽视的重要因素，这包括父母的教育、父母的言行、是否受过家暴等。通过打骂的方式来监督和管教孩子学习的家长大有人在，这不仅会带来负面的效果，往往还会给学生的童年留下很大的阴影，而此部分学生往往是在大学阶段容易出现心理问题的群体，也是辅导员和班主任应当重点关注的群体。学生在步入大学之后，父母不在身边，而大学又不像高中一样有班主任及授课教师看管，大多数情况是要靠自身高度的自主性来学习相关知识。但面临无人看管，自主性又不高的情况，部分学生会放纵自己，失去大学奋斗目标，无所事事，对未来一片迷茫，甚至在如此优异的新时代良好发展机遇面前，也不会主动出击把握住机会。最先出现的后果就是学习成绩的重度下滑，甚至有降级退学的风险。那么要解决高校新时代学生的人才培养问题，就要深度挖掘学生过去的心理状况，鼓励学生积极面对过去，要肯定和感恩自己过去的成绩和生活，达到一定

程度上的自我肯定。

（二）鼓励学生幸福积极地体验当下大学生活

四年大学生活，看似漫长，实则十分短暂且宝贵。新时代大学生普遍存在的问题是不知如何充实自己的生活。为了让生活丰富且充实，应当找到自己喜欢的事情，培养自身兴趣，通过不断学习各方面知识来填补内心的空虚感。通过丰富多彩的大学生活和积极向上的生活体验，形成正确的人生观、世界观和价值观，从而更有信心地去面对学业，更有动力地处理各项事宜。只有积极地对待生活，乐观地面对困难，不断充实自己的生活，以正向心态去面对现实世界，才能获得幸福、快乐等积极体验。

（三）引导学生乐观积极面对未来

积极心理学的探究层面，在对待未来方面，主要研究乐观和希望等积极体验。当代大学生面对的正是难得的时代机遇。国家大力倡导和推进新工科、大海工等新兴内容的发展和建设，是传承和发扬了传统工科，更是对当代大学生提出了新的要求，也提供了新的发展机遇。在人才培养的众多体系中，学生的未来发展和心理健康也是极为重要的一环。但面对未来，大学生很容易出现迷茫、无所适从、不知道如何面对等现象，这也是大学生出现种种问题和困难的重要原因。而积极心理学，极力主张学生能够积极乐观地面对未来，对未来充满希望，认真帮助学生树立切合实际的目标，认清当下形势，梳理现实情况，鼓励学生有理想有追求，踏踏实实活在当下，认认真真着手未来。

（四）鼓励学生热爱学习

加强包括德、智、体、美、劳等，政治、经济、文化、科技、军事等方面教育内容的展开。开展丰富多样的教学活动，不断创新高校的教育形式，使得学生乐于学习，踊跃参与，积极面对，在学习多方面内容的同时，不断激发内在学习动力。要主张丰富高校非专业课程的内容及深度，鼓励学生全面发展。近代人本主义学者布鲁纳提出学习者不是被动地接受知识，而是主动地获取知识，并通过把新获得的知识和已有的认知结构联系起来，积极地建构其知识体系。学生习惯了灌输式的学习，但这种被动学习使得学生产生学习依赖性，依靠教师及家长的指引和要求才能去完成学习任务，自主性逐渐变差。学生主动获取知识则是鼓励学生以内在积极性为动力，主动把握学习机会，主动式学习。现代高校教育也应当逐步拓宽视野，围绕当代热点问题和世界性问题的新兴教育形式和产业的不断出现，进行积极的引导，善于从身边的事物中进行学习，培养自身良好学习习惯，从而建设良好的校风学风。

对于以工科为主的高校，在面对未来新兴产业的快速发展和新时代机遇降临的情况时，首要的是鼓励学生以乐观和充满希望的态度投身于学习生活中，以乐观积极的心态为根本保障，以憧憬未来为原动力，以热爱学习为切实途径，这是迫在眉睫的，也是十分必要的。

四、效果评价

通过以上具体举措及实施路径，将从以下方面对学生进行评价，如达到如下效果，则可印证本方案的有效性。

第一，学生能够主动获取知识，有主动学习的内在积极性，主动把握学习机会，主动式学习，主动把握新时代的契机。自身发展的同时，积极带动身边人共同学习共同进步，激发大学生对优良校风学风的高度认可，促进优良校风学风的形成。

第二，学生懂得对过去保持感激，愿幸福积极地体验当下大学生活。学生愿意对身边的人和事表达感激，愿意对父母、老师、朋友表达感恩。懂得如何充实自己的生活，找到自己喜欢的事情，主动培养自身兴趣，通过不断学习各方面知识来充实生活。通过丰富多彩的大学生活和积极向上的生活体验，形成正确的人生观、世界观和价值观，从而更有信心地去面对学业，更有动力地处理各项事宜。

第三，学生可以积极乐观地面对未来。学生能够认真分析当下形势，制定切合实际的发展方向和未来目标，能够主动把握时代机遇，传承和发扬传统工科的优势，勇敢积极面对新时代发展，不断丰富自身，奋发图强，迸发出青春力量，做新时代的建设者和可靠接班人。

基于积极心理学的大学生自我管理能力培育方案*

内容摘要

当今社会飞速发展，新生事物层出不穷，这致使一部分学生自我管理能力下降。面对这种情况，大部分学校往往采用加强校规校纪的方法对大学生的行为进行强行约束，但实践证明有时效果并不乐观；而积极心理学可以帮助大学生发掘自我管理能力，培养大学生自我约束的内驱力，调整学生的行为自控力，从而达到帮助学生实现成长成才的最终目标。因此，应用积极心理学，帮助大学生提高自我管理能力具有现实意义，也更有广阔的应用前景。

一、指导思想

2000 年 1 月，马丁·赛利格曼（Martin E. P. Seligman）和米哈依·西克赞米哈依（Mihalyi Csikzentmihalyi）联合发表了一篇名为《积极心理学导论》的论文，以此为标志，对积极心理学的研究拉开了序幕。积极心理学是指从积极的角度对传统心理学内容进行研究的一门新兴学科，其以积极人格特质为基础，以人类的自我管理、导向为前提，利用积极的思想激发和强化个体的现实能力与潜在能力，使其成为个体的一种惯性工作方式，从而帮助个体采用更有效、更乐观的应对策略。多数积极心理学家认为，培养个体积极人格特质的关键在于提升个体积极情绪体验，强调对群体及社会心理学的分析和探索，在强调个体心理、人格等方面积极品质的基础上，重视家庭因素、教育因素、政治因素等社会环境因素对个体人格、心理健康、情绪等方面的影响。

二、教育内容

（一）积极情绪体验对大学生自我管理能力培育的作用

在社会飞速发展、新事物层出不穷的今天，大学生的自我管理能力在个体发展中的作用越来越明显。大学生正处在成长的关键期，身心发展并不成熟，因此自我管理能力发展并不完全，主要面临有自我认知不全面、自我控制能力不强、自我规划水平不高等现实性问题，如何促进大学生的自我管理能力也是

* 本文作者：刘东平，哈尔滨工程大学数学科学学院学生工作办公室主任，讲师。

高校需要研究的重要课题。

因此，高校教育行为养成教育的关键在于教育理念的转变，即由“批评式教育”转向“赏识教育”。当学生处在愉快、乐观、爱等积极情绪中时能不自觉地降低自我防御，此时幸福感也会随之增加，温暖、友爱和幸福的情绪体验有助于学生对自我管理产生心理认同。积极的情绪像一种催化剂，会使个体主动融入集体，在这一过程中，学生往往会体验到自己对他人和团队的重要性，在产生这种心理转变的同时就应该对学生进行及时的认可和奖励，使这种积极情绪形成良性循环。

由此可见，增强大学生的积极情绪体验能够明显提高他们的自我管理能力，从而有效解决上述问题。

（二）积极人格特质对大学生自我管理能力培育的影响

有研究者提出，积极人格特质可以被界定为反映个体思想、情感和行为的积极品质，国内很多研究者都认为积极的人格特质是需要在先天潜能和后天环境教育交互作用的基础上进而形成的。也就是说，我们学校的教育应该将重点放在激发大学生先天的积极人格特质，再通过创造良性的教育环境来培养大学生后天的积极人格特质。

对于大学生本人来说，拥有积极人格特质不仅可以预防身心疾病，促进身心健康发展，也有利于形成自我认同感，更好地适应社会，培养良好的社会适应能力、社会生存能力和自我管理能力，进而能够促进个体充分发挥自身潜能，提升生活幸福感。

对于我们高等教育工作者来说，培养大学生积极人格特质，一方面可以促进学生美德的形成，打造和谐的校园人际关系，有效促进校园的安全稳定和谐；另一方面也是在转变传统的大学生思想政治教育及心理健康教育的理念，从关注问题、解决问题到关注发展、促进成长的转变，注重以人为本，以生为本，将发掘学生人格潜质并引导学生成长成才作为教育的导向，而教育理念的转变必将带来教育实效性的提升。

对于社会长远发展来说，培养大学生积极人格特质有助于社会生活和谐幸福与进步，有利于大学生发挥潜能，培养创新能力，形成高度的社会责任感，成长为自觉担当民族复兴大任的时代新人。

（三）积极向上的校园文化氛围和良好的生活环境有利于大学生自我管理能力的培育

在高校的思想政治教育工作中，首先，我们要尊重并发挥学生的独立性和自主性，不仅要关注学生的知识和技能的培养，更要重视学生人格的完善与塑造。其次，要加强学风建设，可以通过举办辩论、演讲、礼仪风采等特色活动，丰富校园文化生活。再次，要倡导积极向上的人际关系，通过开展主题班会、加强生活关怀、设立朋辈辅导员等方式来建立和谐的师生关系，加强学生之间的互助。最后，要加强师资队伍建设，激发教师身上的积极人格特质，让教师充分发挥自身的榜样作用，以此影响并带动学生，促进大学生积极人格特质的培养与塑造，进而有效地增强大学生自我管理能力。

三、形式与举措

（一）建立国防生学员大队，实行“老带新”的自我管理模式

积极心理学强调大学生积极心理品质主要体现在能够通过所学知识获得幸福生活，面对压力毫不畏惧，能持续不断地为达到理想的目标而坚持奋斗，关心他人，乐于助人，能够合理地处理自己与社会、集体或他人的关系，善于控制自己的情绪和行为，重视获取精神力量，提高个人修养。

结合这一理论指导，为培养大学生积极情绪体验，我们建立了国防生学员大队，并实行“老带新”的自我管理模式。

“老带新”的自我管理模式即由优秀学长亲身示范，让新生能更为直观地明确优秀学生的成长方法和路径。学员大队，其创造的初衷在于与团委、学生会等学生组织进行有机结合，通过准军事化管理，为学生提供大量的自我管理的实践平台，使其能够参与到学院的管理、学生事务的组织实施和国防生军政素质训练中，采用这些途径和方法积极引导他们培养各自专长，培养他们的组织协调和沟通交流能力。

这种“老带新”的帮扶和示范，其实就是在潜移默化中应用了积极心理学的理念，提高了国防生学员的身份认同感，增强了他们自身的能力和水平，养成了良好的生活和行为习惯，从而培养了学生积极的情绪，切实增强了自我管理能力。

（二）通过创办“领航者说”党建论坛、“国防青年说”等载体，锻炼大学生积极人格

如果要在学生思想政治教育中激发大学生的积极情绪体验，我们采用创办“领航者说”党建论坛、“国防青年说”等载体，在一系列有针对性的活动中，加强学生的思想政治教育的实效性，从而产生积极的动力。

“领航者说”党建论坛采用“书记抓书记”“抓关键少数”的工作模式，由学院党委委员、党支部书记、委员及特邀专家学者主持主讲，是落实全国高校思想政治工作会议精神、严格履行从严治党主体责任、提升国防生思想政治工

作质量、坚定国防生理想信念的品牌活动，也是开展青年马克思主义工程的全新举措。

“国防青年说”是发挥新媒体资源的宣传与教育作用，选题、策划、宣传、组织各个方面都结合“互联网+”思维，形式与内容上符合新媒体环境下学生思维理解和审美评价，最大限度地提升教育效果。“国防青年说”的内容涵盖了“四个自信”“树立目标”“榜样传承”“政研论文写作方法”“社团组织建设方法”“学习方法交流”“见习代职感悟”“张召忠讲座”和“军训”等题目。贴合时事、贴合热点、贴合需求，从思想上解决学生的困惑与懵懂。

在此过程中，我们通过积极挖掘学生榜样身上的积极人格特质，以此影响并带动学生，促进大学生积极人格特质的培养与塑造，进而有效地增强大学生自我管理能力。

（三）创建“书院式”公寓文化阵地，保障大学生自我管理能力培育有力践行

积极心理学认为，积极的社会关系可以促进积极特质的发展和表现，从而进一步促进积极的主观体验。此时应提到一个概念：“沉浸体验”，这是指个体全身心投入后得到的兴奋、忘我的心理享受。

我们认识到在人才培养过程中，也应引导学生进入一种“沉浸体验”的状态，为创造良好的学习生活环境，我们创建了“书院式”公寓文化阵地。

“书院式”公寓文化阵地是指学院对学生公寓的公共区域进行建设，设置了鲜明的主题基调，积极宣传营造特色育人文化，努力打造符合学生特色、服务学生成长成才的公寓育人平台，营造公寓自主学习及读书氛围。

良好的环境能够确保学生形成积极情绪体验，充分发展积极人格特质。因而，为学生创造良好的环境是在应用积极心理学对学生进行自我管理能力教育时不可缺少的重要环节。

四、效果评价

通过“自我认识管理能力”“自我学习管理能力”“自我规划管理能力”“自我资源管理能力”“自我健康管理能力”这五个方面对实施效果进行评价总结，我认为我们的工作效果重点体现在以下几个方面：

（一）引导学生用积极的思维认知自我，指导学生学会在与同学交往中积极地解决冲突

设立实行“老带新”模式，邀请优秀学员进行帮扶和示范，其实就是在潜移默化中应用了积极心理学的理念，提高了国防生学员的身份认同感，通过开

展前文所述活动，增强了他们自身的水平和能力；通过军事化管理使他们养成了良好的生活和行为习惯，加强了国防生的积极情绪体验，增强了他们的自我管理能力。同时，在各类活动中，国防生在与团队间的交流合作中也直观地体验到如何进行团队协作，如何与他人交流沟通，出现矛盾冲突时如何能够心平气和、科学合理地解决冲突，这为他们以后在社会甚至职场中的心态建设和交际能力打下了良好的基础。

（二）培养了学生积极乐观的人格特质

良好的环境能够确保学生形成积极情绪体验，充分发展积极人格特质，采用创建“书院式”公寓文化阵地的方式，可以发现学生在通过环境的转变后获得了新的积极情绪体验、成功体验和控制体验等。这些积极的体验可以使得学生产生积极的情绪，增加自我效能感，学生的学习动力和精神也在潜移默化中有一个积极的改变。

（三）营造积极的校园文化氛围

党建论坛和新媒体的宣传以师生为主体，以活动为载体，对学生的知情意行有着“润物细无声”的教育影响，同时，我们也在将理论实践相结合。作为一名高校教育工作者，在平时的工作中，我们会不自觉地将关注点着眼于学生存在的问题，挖掘到的负面的内容比较多，或多或少会淡化忽略学生人格中积极的因素。而在我们学习了积极心理学的相关内容后，就可以有意识地针对国防生自我管理方面存在的问题和不足，初步建立起国防生自我管理育人模式，从而进一步满足国防生全面发展和成长成才的需要，发挥国防生的主观能动性和创造性，提升国防生思想政治教育的针对性和时效性。积极校园文化氛围的转变也对于我们今后开展思想政治教育的方法的反思和转变有很好的指导作用。

在高校的思政教育工作中，“管是为了不管，教是为了不教”。大学生的自我管理是高校学生管理的最高境界，要想成功实现这一目标，积极心理学可以给我们提供一个很好的方向。

积极心理学视角下文化型育人寝室的建设方案*

内容摘要

本方案以哈尔滨工程大学信通学院本科生所居住的第七公寓为依托，以积极心理学为理论基础，以大学生为主体，以发挥学生积极能动性为核心，以公寓的物理环境、文化环境、人际关系为要素，三个要素之间互相作用、层层递进。经过一年多的摸索，信通学院第七公寓已经形成“宜居”“修身”“乐群”文化型育人寝室，从而实现学生的“自我教育、自我管理、自我服务”，最终塑造积极的环境，培育积极的人格，促进积极的体验。

一、指导思想

信通学院在寝室文化建设以来，已经取得了一定的成果，但是，以往的成果较为单一，不是针对学风就是针对寝室卫生，没有形成统一的寝室文化。另外，学院在以往的寝室文化建设中没有充分地利用学生的主观能动性。信通学院为了解决上述问题，摸索实践多年，将成熟的积极心理学作为研究基础，实施符合学生身心发展的举措，从行为层面升级到学生的精神层面，形成本方案。本方案中的文化型育人寝室的定义，从两个方面进行阐释。一是行为文化育人，规范学生寝室生活习惯，将规则意识深入学生心中。二是价值文化育人，建设“爱国、励志、求真、力行”的寝室文化，通过正向寝室文化精神引导学生三观的形成，达到育人成效。

二、教育内容

本方案从积极心理学视角引入，分别针对物理环境、文化环境、人际关系进行开展，具体内容如下。

（一）物理环境

哈尔滨工程大学第七公寓的硬件设施、环境卫生、空间布局可以概括为物理环境。物理环境为大学生提供了生活的空间，通过对信通学院本科生进行调研，大家普遍反映：寝室环境干净整齐与否，寝室空间布局和装饰的舒适程度，

---

* 本文作者：曲直，哈尔滨工程大学信息与通信工程学院辅导员，讲师。

直接影响学生的心理状态。可以说，寝室物理环境的整洁舒适对学生的心理产生一定的积极动力。信通学院为了形成良好的寝室文化，首先改善寝室的物理环境，扭转寝室脏乱的局面，通过制定《信息与通信工程学院第七公寓卫生评比制度》，从公共区域卫生、床铺卫生、书桌卫生、安全用电等条例，对物理环境提出一系列要求。针对学生回寝室时间、生活习惯，制定《第七公寓学生管理办理》《学生迟归、未归登记制度》对学生生活等行为提出一系列要求。学院定期对先进寝室进行奖励，落后寝室影响评奖评优和入党，并且广为宣传先进寝室，在树立典型中正向激励学生。

（二）文化环境

文化环境是同学在长期共同生活中形成的，被大家普遍认可和遵循的思想观念、道德理念和价值取向。学院为了更好地激励学生形成正向文化，每年根据不同年级和月份，安排寝室文化月活动，在活动中潜移默化地增强学生的归属感、对待生活和学习的积极性。活动主要分为勤俭助学、青春洋溢、特色文娱、学风建设、社会实践和体育锻炼六大模块，近3年，共举办大小活动40余场，从文化活动中激发寝室文化的形成。信通学院开展每年一度的“评选优秀寝室、文明寝室”活动，从学习成绩、卫生状况、实践活动、团体成果四大方面打分评比，在对学生精神方面的引导中取得了一定效果。

（三）人际关系

寝室关系是大学生活的重要组成部分，是大学生最重要的人际关系之一，和谐的寝室成员关系，其重要性不言而喻，它决定了学生的心理健康、生活质量和学习质量。信通学院在寝室人际关系引导中遵循“陪伴、相信、支撑”的大爱教育，分阶段引导学生，在大一期间，打造信任的相处模式，辅导员开展寝室朋辈活动，从而增强室友之间的信任感。在大二、大三期间，通过第七公寓设立的心理咨询室，每个寝室进行沙盘游戏，正向引导学生深层次地了解自我和室友，更能站在他人角度思考问题。在大四期间，增强寝室的感恩精神。通过第七公寓每年的毕业季活动，辅导员深入每个寝室进行职业规划，在规划中引导学生思考寝室关系，教会学生懂得感恩，并且安抚好他们的离别情绪。

三、形势与举措

本文将以哈尔滨工程大学信通学院第七公寓为例，阐述在积极心理学的基础上从“宜居”“修身”“乐群”三个层面进行文化寝室的建设，最终达到育人的目的（详见图1－1）。

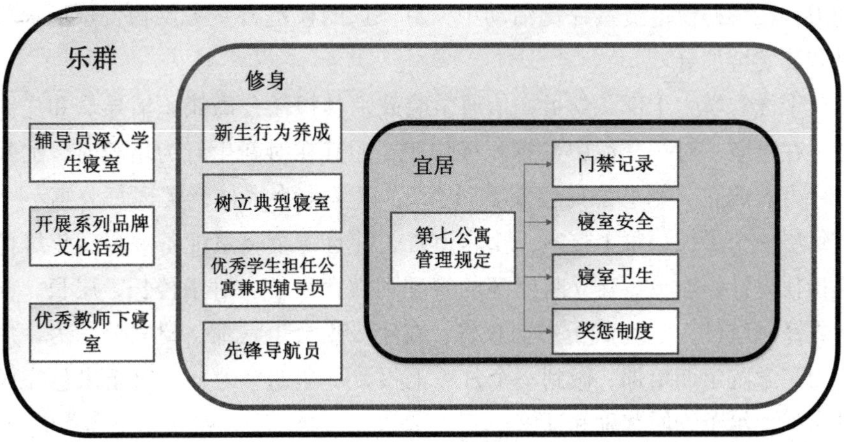

图1-1　建设文化寝室的三个层面

（一）宜居

信通学院转变以往寝室教育的观念，以学生为本，积极营造温馨和睦的心灵家园。学院从2016年开始加大硬件设备和设施投入，配备锻炼室、楼层图书室、自习室、心理咨询室，创新空间布局，美化宿舍环境，免费给学生配备墙纸，更换过旧的桌椅。还有，学院在公寓各个楼层设置读书角和文化墙，文化墙主题围绕“勤学、修真、明辨、笃实”，打造具有文化特色的宜居环境，激发学生积极的一面。

90后甚至00后的大学生，追求自由、崇尚个性，如果缺少约束的机制和制度的规范容易养成散漫、自私的生活态度，从而引发寝室的纷争和不满，给良性的互动和正向的引导设置障碍，甚至为寝室冲突埋下隐患。因此，设置人性化的寝室管理制度势在必行，在对学生心理的把握和学生行为的预判基础上，循序渐进地制定。信通学院前期调研学生关注的问题和矛盾点，建立健全《哈尔滨工程大学第七公寓管理规定》《第七公寓本科生卫生管理制度》《信通学院文明寝室评比制度》《寝室文明公约》等规章制度，从学生的主动性出发，对于作息时间（门禁监管）、寝室安全、寝室卫生等方面制定出细则，并对优秀寝室给予奖励，并且纳入班级评优和个人评优评分中。

（二）构建修身的行为文化

第七公寓建立典型寝室，做到以点带面，激发榜样的正向力量。通过开展“优秀学生标兵寝室”“学习先进寝室”“最美创意寝室”等寝室挂牌活动和模范寝室评比活动，树立一批典型，通过App推送、学年大会表彰、宣传报道等形式，扩大示范点的影响力度，使其更好地发挥模范带头作用。学院为了扩大影响力，在举办模范寝室评比活动中，对评选的模范寝室提供物资资助、奖金奖励和奖学金加分。

对于优秀学生干部和党员，信通学院鼓励其担任公寓兼职辅导员和先锋领航员，在寝室一对一交流中发挥积极作用，尤其在对新生行为培养时，加强正向引导力。成立“第七公寓寝室委员会”，以学生为主体，实现每公寓一个楼长、每层一个层长，每个寝室一个寝室长，并且每个寝室配备一名高年级优秀学生担任先锋领航员，建立起闭环的管理和教育系统。对于楼长、层长、寝室长、先锋领航员，学院赋予书面权责，在年级大会上任命，树立公信力，加强影响力，学院定期培训，做到一个月一汇报，一学期一考核，对于出色完成工作的学生，给予物质奖励和证书。

（三）构建乐群的精神文化

学生作为寝室能动的个体，对寝室文化向积极方向发展起到决定性作用，寝室文化活动的建设，可以让学生感受到公寓生活的多姿多彩，从而主动、自信社交。第七公寓定期开展文化活动，例如，3—5 月开展系列“寝室文化月”活动，6—7 月针对毕业季的“感恩有你”活动，9—10 月针对新生的“寝室美化大赛”活动，11 月到次年 1 月的“琅琅书声在公寓”读书活动，既丰富了大学生活，也使学生在寝室成员活动中增加信任和理解。

大学时期正是学生三观形成的关键时间段，辅导员和教师的作用是不容忽视的，对于寝室是学生最为放松、最容易敞开心扉的地方，辅导员和教师走进公寓尤为重要。学院要求辅导员和班主任定期走访寝室，了解学生动向，发挥积极引领作用，善于发现寝室问题，从而解决问题，这一规定已经列入学院班主任考核条例之中。

四、效果评价

寝室对于当代大学生而言，已成为融学习、娱乐、交流为一体的重要生活空间，正向的寝室文化对学生的发展起到积极的作用。信通学院在文化型育人寝室的建设中，做到以学生为主体，探索积极心理学视角下寝室文化的多维度建设，目前已经实施了三年多，并且取得了良好的成果，学生的人际关系得到缓冲，学院首次毕业率显著提高，通过问卷显示，学生对寝室的满意度逐年递增，对学习的积极性和主动性都在呈增长趋势。

优秀朋辈榜样助力新生构建积极向上寝风实施方案*

内容摘要

本方案以朋辈榜样教育和积极心理学理论为指导，建立新生名誉寝室长制度，选拔优秀的高年级学生担任大学新生的名誉寝室长，对新生进行学习、生活等方面的适应性指导，引导他们尽快实现从高中到大学的转变。方案以“让学生成为主角”为工作理念，指导名誉寝室长以朋辈教育的方式，围绕两个层面的18个项目开展工作，完成助人和自助的过程，以达到服务他人、提升自我的目的，实现教育的双赢。

一、指导思想

理论联系实际是马克思主义学风的本质特征和根本要求，要做到学以致用、用以促学、知行合一。本方案以朋辈榜样教育和积极心理学理论为指导，以“让学生成为主角”为工作理念，选拔优秀的高年级学生担任大学新生的名誉寝室长，对新生进行学习、生活等方面的适应性指导，引导他们尽快实现从高中到大学的转变。在这一过程中，优秀朋辈榜样会将自己的积极心理品质、积极情绪和积极社会关系充分展示出来，对新生产生影响，帮助新生体验到更多的积极情绪，发现并培养更多的积极心理品质，培育构建积极向上的寝风，最终建立自己的积极社会关系。同时，担任新生名誉寝室长也是一个完成助人和自助的过程，服务他人并提升自我，实现教育的双赢。

二、教育内容

积极心理学的观点认为，每个人内在都有自我向上的力量，都有发挥其积极作用的潜能。学校的教育工作应该开发学生内在的积极心理力量，帮助其发展综合素质。优秀朋辈榜样作为学生主体中的积极正面典型，贴近真实生活，易于模仿学习，在学生中既有很强的示范带动的显性教育作用，又有感染、熏陶等潜移默化的隐性教育作用。

新生名誉寝室长制度作为一种学生“三自教育”模式，是朋辈教育的表现

---

* 本文作者：孙安斗，哈尔滨工程大学信息与通信工程学院学生工作办公室主任，副教授。

形式之一，是指教育管理部门从高年级学生中选拔出若干名优秀本科生担任新生寝室的名誉寝室长，经过指导和培训，对新生的学习、生活、思想以及寝室文化营造提供指导和帮助，以使新生能够尽快适应大学生活的一种管理机制。

新生名誉寝室长的工作内容分为2个层面：第一个层面是新生名誉寝室长对新生寝室开展的指导，主要分为8个方面（见表1-1）；第二个层面是学院对新生名誉寝室长的培训指导，主要分为2个方面3个环节的10项活动（见表1-2）。

表1-1 新生名誉寝室长对新生寝室指导内容

时间	指导项目	主要工作内容
迎新三天	迎新指导	初步了解寝室成员；介绍军训情况，帮助其上好大学第一课；针对新生具体问题，简要介绍学校学习和生活情况；及时记录学校及学院在迎新工作的不足并给予反馈；填写《工作手册》。
军训期间（1~3周）	军训指导	给予关怀和鼓励，帮助学生克服军训中的困难；陈赓班选拔考试的指导；军带学生熟悉教室、参观校园；填写《工作手册》。
4~5周	课程选择与社团选择指导	新生入学典礼（赠送感谢卡片和佩戴校徽仪式）；任意选修课程介绍；学校各种学生群团组织介绍；填写《工作手册》。
6~7周	生活指导；和谐寝室文化指导	以中秋节为契机组织寝室生活会，促进室友交流，同时发放学校提供的月饼，传递学校关爱；以国庆假期为契机，进行生活指导；四级备考经验交流；填写《工作手册》。
8~9周	和谐寝室文化指导；科创指导	准备寝室风采大赛；针对基础课的学习方法交流；以启航杯为契机，针对参与科创的意义、目的和需要注意的问题进行指导；填写《工作手册》。
10~11周	时间管理指导；学习方法指导	以助学金和棉衣发放为契机，与寝室的贫困生深入沟通，同时传递学校的关爱；指导学生如何分配自己的课余时间；填写《工作手册》。

续表

时间	指导项目	主要工作内容
12～13 周	和谐寝室文化指导	分享寝室风采大赛的参赛心得；以第一次考试为契机，帮助学生了解大学考试方式；填写《工作手册》。
14～15 周	生活指导	针对新生中具体问题，组织寝室学生专项讨论；填写《工作手册》。
16～17 周	学习方法指导	分享期末复习经验；填写《工作手册》。
18～19 周	学习方法指导	针对具体科目进行指导；填写《工作手册》。
20～21 周	生活指导	组织“我想对你说”系列活动（给室友的一封信、演讲比赛等）、十佳名誉寝室长颁奖晚会；填写《工作手册》。

表 1－2 学院对新生名誉寝室长的培训指导内容

时间	指导环节	指导内容	指导方式
6—7 月	岗前培训	新生名誉寝室长制度的意义、定位以及相关要求、经验交流。	讲座、经验交流、模拟训练等；工作周记。
迎新三天	交流分享	针对每天遇到的问题进行交流反馈，指导学生进行学校及专业简要介绍。	每天一次例会；工作周记。
9—12 月	交流分享	针对新生名誉寝室长 8 个方面的指导内容进行交流分享；对名誉寝室长进行沟通能力、表达能力等综合素质训练。	每双周例会（采取专项问题讨论、团体辅导、综合素质训练、素质拓展训练等方式）；工作周记。
18～21 周	总结提高	结合名誉寝室长的感悟，给每位学生写一封信，写下对他的祝福和建议；参加十佳名誉寝室长的评选和颁奖晚会。	“我想对你说”系列活动（给室友的一封信、演讲比赛等活动）、十佳名誉寝室长颁奖晚会等；工作周记。

三、组织实施

1. 流程

准备调整→招募→选拔→培训和指导→总结提高（见表1－3）。

表1－3　流程表

环节	时间	负责人	内容
准备调整	3—5月	新生名誉寝室长所在年级辅导员	寝室长工作职责破解，总结整理新生名誉寝室长工作职责、内容、方式；编写新生名誉寝室长工作常用手册、新生名誉寝室长工作手册等；调整新生名誉寝室长的相关制度。
招募	6月	新生名誉寝室长所在年级辅导员	辅导员面向大二、大三学生发布新生名誉寝室长招募通知（包括工作职责和具体要求）→对报名者进行筛选→公布符合条件学生名单。
选拔	6月	副书记、全体辅导员	选聘小组对符合条件的学生进行逐一面试（面试内容主要分为两个方面，一是介绍自己的情况，包括学习情况和其他实践活动参与情况；二是谈谈参加这个活动的目的）→初步确定新生名誉寝室长人选→进行公示→确定人员名单。
培训和指导	7—12月	副书记、全体辅导员	培训和指导分为两个方面（详见表1－2）。
总结提高	1、3月	新生辅导员	“我想对你说”系列活动（给室友的一封信、演讲比赛等活动）、十佳名誉寝室长颁奖晚会等。

2. 实施步骤

第一阶段：准备调整

第一，破解新生名誉寝室长工作职责。明确“新生名誉寝室长是谁、要干什么、应该怎么干”，即工作定位、工作职责和工作内容。

新生名誉寝室长定位：新生名誉寝室长是在老生中选拔出的优秀学生，是新生寝室学习生活的指导者、寝室文化的引导者。

新生名誉寝室长工作职责：帮助新生建立获取信息的渠道，指导新生解决学习、生活上的问题和困惑，引领新生构建和谐文明的寝室文化。

第二，编写新生名誉寝室长常用手册和工作手册。

新生名誉寝室长工作常用手册：主要内容有校本科生学籍管理规定、校学生奖励实施办法、院本科生综合素质测评细则等，能让学生对院校的各种规定有一定的了解。

新生名誉寝室长工作手册：类似于班主任工作手册，便于寝室长记录相关工作信息，也便于学院随时督促工作。

第三，要有相关政策引导，吸引学生参与进来。

政策引导是激发学生积极性的有效方式。根据学校的相关政策要求，学院制定了学生公益活动实施办法，办法中要求获得各项奖助金的学生参与公益活动时间不低于 25 小时/学期。

第二阶段：招募

第一，招募对象可倾向于低年级本科生。

第二，学习成绩上的要求。原则上平均成绩在 80 分以上，科创成绩突出或者有学生干部经历的学生可放宽至 75 分。

第三阶段：选拔

第一，采用竞聘上岗的选拔方式。学院成立了由副书记和辅导员为成员的竞聘小组，对每位符合条件的学生进行面试。

第二，选拔时本着宁缺毋滥的原则，有个别比较优秀的学生可以担任 2 个寝室的名誉寝室长。

第四阶段：培训和指导

新生名誉寝室长的培训和指导分为两个方面：一是基于业务提升的培训和指导。指导新生名誉寝室长针对新生寝室开展科学具体的指导，共 8 个方面（迎新指导、军训指导、时间管理指导、学习方法指导、科技创新指导、课程选择与社团选择指导、生活指导、和谐寝室文化建设指导）。二是基于综合素质提升的培训和指导。通过一系列活动使其表达、写作等方面的能力得到实际的锻炼。

这两个方面的指导和培训通过岗前培训、交流分享、反思提升 3 个环节的 10 项活动展开，包括专题培训、与上届十佳名誉寝室长经验交流、工作周记、素质拓展、综合能力训练、“我想对你说”新生名誉寝室长演讲比赛、给室友的一封信、十佳名誉寝室长颁奖晚会、团体辅导、专项问题讨论等。

第五阶段：结束

结束环节是一个完整的教育活动必不可少的有机组成部分，新生名誉寝室长任职期限是一学期，本制度是以“我想对你说”系列活动及十佳名誉寝室长颁奖晚会的方式结束。其实，无论采用什么样的方式，最重要的是为双方搭建情感宣泄的平台，让教育双方在活动中学会感恩、懂得珍惜，使这种情感得到升华，产生积极心理影响。

四、效果评价

新生名誉寝室长任期结束后，学院将分别从新生和名誉寝室长两个角度进行效果调查研究工作，评估优秀朋辈榜样教育效果，分析新生积极向上寝风构建状态，评出十佳名誉寝室长予以表彰，并修改相关制度，以便于改进新生名誉寝室长工作。

积极心理学引导陈赓班学风建设方案*

内容摘要

将积极心理学应用到陈赓班学风建设中，主要是通过学校、学院、辅导员、学生干部、学生家长共同协作，提高陈赓班整体学风建设以及对学业问题学生进行帮扶；通过将积极心理学应用到实际工作中，激发学生内在学习潜力，提高学生学习积极性，从而促进陈赓班学风建设。

一、指导思想

2008 年，哈尔滨工程大学为培养厚基础、宽视野的各行业领军人才创立陈赓班，在陈赓班不断发展和改革的道路上，学风建设是永恒的主题。陈赓班繁重的课业压力、优秀学生间的竞争压力、淘汰机制等都使得陈赓班学生的压力要远高于普通班级学生，过高的心理压力对学风建设有非常严重的制约作用，所以有效舒缓学生心理压力，化学习压力为动力是陈赓班学风建设的重要内容。积极心理学更多地注重人的积极品质和发展潜力，而不是单纯地重视问题本身。将积极心理学应用到陈赓班的学风建设中，将积极的、正向的能量灌输到学生心中，可以引导陈赓班学生以积极的心态面对竞争、面对压力、面对困难，将现实中的压力和困难化为动力，提高学生的学习动力以及自主学习能力，让学生能够主动地直面困难以及压力，而不是简单地逼迫学生被动接受学习，从而达到良好的学风建设效果。

学生的成长成才需要学校、家庭、学生三方的共同努力，同样，陈赓班的学风建设也离不开，所以，在陈赓班学风建设道路上面向学生以及学生家长的积极心理引导都是不可或缺的。

二、教育内容

将积极心理学引入陈赓班学风建设主要在于引导学生能够主动学习，热爱学习，能够有明确的学习目标、相对完整的学业规划。针对陈赓班的学风建设主要从陈赓班整体学风建设、少数问题学生学业帮扶两个层面进行。而对于两

* 本文作者：夏琳琳，哈尔滨工程大学物理与光电工程学院辅导员，讲师。

个层面的不同学风建设问题，我们主要通过学院、辅导员、学生干部、学生家长四个方面进行不同措施、不同方式的学风建设实施办法。

（一）陈赓班整体学风建设

由于陈赓班学生的特殊选拔机制，陈赓班学生的高考成绩均为我校在各省录取人数高考成绩的前 1%，所以基本上所有陈赓班学生都是高中期间的尖子生，学生本身都是自带光环进入陈赓班，这也使得陈赓班学生相比于其他班级学生个性更强。同时，陈赓班很多学生是由于填报志愿“漏”到我校，从而进入陈赓班的，所以很多陈赓班学生进入陈赓班心理上存在很多的不甘。同时，由于陈赓班学生培养模式的特殊性，学生专业不同、课程不同，所以很难进行统一的学习安排。这些因素使得陈赓班在学风建设上存在很多的困难，例如，晚自习制度、模拟考试制度实施困难，班级活动学生参与积极性不高等。所以针对陈赓班学生的特点以及现实中存在的困难，我们主要从以下几方面进行陈赓班整体学风建设。

1. 学院提供平台，为学风建设提供保障

无论任何事情，只有具备了保障措施才能够顺利实施，对于陈赓班学风建设来说同样不例外。所以，在陈赓班学风建设过程中，需要学院提供必要的物质条件、教学资源、各项规章制度等保障措施。学院可以通过这些保障措施引导学生积极向学校以及学院的培养目标进行靠拢，在各项规章制度的设定中考虑陈赓班学生的特殊性，以及培养目标的要求，将各项规章制度作为隐形的指挥棒，引导学生。通过必要的资源利用潜移默化地影响学生，引导学生，从而调动学生的学习积极性，从要我学变为我要学。

2. 辅导员灵活掌握学风建设实施措施

陈赓班学生由于具备较强的个性，对于一些传统的学风建设活动，如集体晚自习、四六级模拟等，有部分学生存在一定的抵触情绪，甚至不屑于参加这样的活动。而如果忽略学生的这种心理状态，强制学生参加这类活动，不仅不会受到好的效果，甚至会产生一些相反的效果，可能会在很大程度上打击学生的学习积极性。所以在这种情况下，辅导员需要根据陈赓班的学生特点，相对灵活地执行学风建设的具体实施措施，而不是以上下一刀切的方式强制执行。

3. 引导学生设立学习目标，增加学风建设动力

良好的学风建设，一定离不开学生的自主学习，而学生自主学习的动力一定离不开明确的学习目标。作为陈赓班的学生，大部分学生比较明确的学习目标是保送研究生，但是在保送研究生的道路上需要实现哪些具体的目标以及如何更好地规划自己的学业生涯，大部分学生都没有明确的想法，这种情况很容

易导致学生学习前期劲头十足，但是学习后劲不足，容易在保研道路上前功尽弃，或者不能够保送自己理想大学的研究生。所以，引导学生将大学最终目标转化为每一阶段的阶段性目标，有助于学生更好地规划自己的大学生涯，也能够使他们度过一个更美好的大学生活。

（二）问题学生学业帮扶

陈赓班学生虽然入学基础高，但是不乏在高中期间是在家长或者老师高压下被迫学习的学生，这些学生自我管控能力差，特别是进入大学后更容易放纵自我，无法学习，导致出现学业问题。对于这一类学生的学业帮扶，是陈赓班学风建设的重要部分。

1. 发现学生优点，帮助学生重拾学习信心

出现学业问题的陈赓班学生在心理上都是比较自卑的，即使有的学生故意表现出无所谓、不在意的状态，但是他们内心对于自己的学业问题是存在很强的自卑感的。所以，辅导员发现学生的优点，并且让学生认识到自己的优点，重拾信心，重新点燃学习的动力，是解决学生学业问题的重中之重。

2. 学生干部帮扶，帮助学生重建学习习惯

出现学业问题的学生，一定不是短时间的不良学习习惯引起的，所以帮助学生重拾学习信心后，最重要的一点是要帮助学生重新建立良好的学习习惯。由于学生干部既是辅导员的工作助手又是学业问题学生的同学，所以学生干部在这一过程中起到了不可代替的作用。

3. 家校联手，共同打造学生学习良好氛围

陈赓班出现学业问题的学生，一般都与学生家庭存在一定的联系，所以掌握学生的家庭环境以及学生与家庭的关系，对于帮助学生解决学业问题有很重要的意义。

三、形式与举措

（一）学院提供促进学风建设的机制保障

1. 学生管理制度的健全。通过陈赓班保研制度、国际交流资助制度、综合测评制度等机制建设，提高学生学习积极性，引导学生认真学习，建设良好的学风。

2. 利用资源，开阔学生视野，提高学生格局。利用学校以及学院的优秀教学资源等，邀请名师名家为学生开展科技、军事、人文、历史等方面的讲座或课程，使学生在听讲过程中感受大师的思想与品格，让大师的高品格对学生产生潜移默化的影响，从而使学生产生内在的学习动力。

（二）辅导员灵活掌握学风建设具体实施措施

对于学生不理解或者不接受的具体学风建设措施，辅导员要认真听取学生的意见和想法；对于学生想法不合理的要及时给予正面引导；对于学生想法合理的要给予充分肯定并给予实际行动支持。

（三）制订学业生涯规划，帮助学生制定学习目标

借助高年级或者毕业陈赓班优秀学生的学业生涯规划情况，为低年级陈赓班提供可以借鉴的经验，将陈赓班学生最终大学目标分化为大一到大四 8 个学期的阶段性小目标，并在每个学期开学初针对学生的阶段性目标制订本学期的学习计划。

（四）发现问题学生闪光点，帮学生重建信心

针对学业困难学生，辅导员要拉近与他们的距离，多与学生接触。在接触过程中发现学生的优点并适当放大学生的优点，让学生感受到自己的优点，并与学生探讨其高中阶段的学习状态，重新激发学生的学习动力。

（五）学生干部帮扶学生建立良好学习习惯

学生干部在学业困难学生的帮扶过程中起到至关重要的作用，要“一对一”或者“多对一”实现对学业困难学生的精准帮扶，每天定时带领学生一起学习，提供学业帮助等。学生干部帮扶需要至少连续 21 天，当学生渐渐养成良好学习习惯后再减少帮扶。

（六）加强家校联系，携手帮助学生克服困难

辅导员要加强与学业困难学生家长的联系，主动了解学生的家庭背景，与家长深入沟通学生情况，并以恰当的方式与家长分享学生的信息，建议家长以正向的方式鼓励学生，引导学生，与家长携手帮助学生克服困难。

四、效果评价

检验方案效果主要从以下几个方面判断，陈赓班整体班风是否呈现积极向上的状态，学业困难学生的学习态度是否转变较大，积极心理学对于学生学习积极性的提高是否起到作用。主要评价方式可通过问卷调查、学生成绩分析比较等开展。

积极心理学视域下价值思辨引领贯串大学英语第二课堂的方案*

内容摘要

积极心理学关注人性的积极品质，注重将正能量的理念和教育方法运用到教育实践中，以达到营造积极氛围、开发人的潜能、促进人的发展的目的，这从内在上与在大学英语第二课堂融入“价值元素”，开展价值思辨引领贯穿大学英语第二课堂是相契合的。大学英语作为高等教育的必修科目之一，表层看是语言技能训练，但其语言文化内容体系中镶嵌的是一整套的西方价值观和意识形态，具有很大的隐蔽性，对学生世界观、人生观和价值观具有潜移默化的影响。开展价值思辨引领贯穿大学英语第二课堂旨在发挥价值思辨引领的积极作用，挖掘大学英语第二课堂在教育实践中的正能量，促进大学生积极价值品质的形成。外语系结合自身实际，在积极心理学理念的视域下，依托大学英语第二课堂开展价值思辨引领活动，特制订本方案如下。

一、指导思想

习近平总书记多次强调，理想信念是青年学生思想行动的“总开关”，价值养成是引领青年学生人生航向的“定盘星”，要重视和加强第二课堂建设，重视实践育人。党的十九大报告指出，要坚持把“立德树人”作为中心环节，把思想政治工作贯穿教育教学全过程。2019 年 11 月，中共中央、国务院在《新时代爱国主义教育实施纲要》中强调，要“营造新时代爱国主义教育的浓厚氛围”，“对虚无历史、消解主流价值的错误思想言论，及时进行批驳和辨析引导”，“广泛开展理想信念教育……在历史与现实、国际与国内的对比中，引导人们深刻认识中国共产党为什么‘能’、马克思主义为什么‘行’、中国特色社会主义为什么‘好’……不断增强道路自信、理论自信、制度自信、文化自信”。2020 年 6 月，教育部在《高等学校课程思政建设指导纲要》中明确提出：“落实立德树人根本任务，必须将价值塑造、知识传授和能力培养三者融为一体、不可割裂。”大学英语第二课堂作为大学生增强能力、提升素质、交流交往的主要平

---

* 本文作者：由春桥，哈尔滨工程大学外语系学生工作办公室主任，讲师。

台，是高校思想政治工作全链条当中的重要组成部分，承载着以文化人、以行立人、以德育人的重要教育功能。依托大学英语第二课堂，运用积极心理学理念设计活动，开展价值思辨引领，有利于推动大学生从思想上认识核心价值、从情感上认同核心价值、从行动上实践核心价值，有利于培养大学生价值思辨能力，引导大学生具有坚定的政治方向，成为德智体美劳全面发展的社会主义合格建设者和可靠接班人。

二、教育内容

积极心理学提倡积极性人性论，核心在于通过激发人性的积极品质和人格潜能，形成积极稳定的人格特质，产生积极的思想和价值观，提升人的生命品质和生活质量。积极心理学认为，积极人格特质是任何事情成功的基本要素，反映了人的 24 种优秀品质，本方案依托大学英语第二课堂，从积极心理学的 24 种人格特质出发，围绕社会主义核心价值观和“四个正确认识”，设定了以下教育内容。

（一）中国特色与国际比较教育

积极心理学关注欣赏美丽和卓越的积极心理特质，通过在大学英语第二课堂设定中国特色与国际比较的教育内容，能够教育引导大学生正确认识中国特色与国际比较，既能够发现国外思想文化进步之处，主动拓展国际视野，又能够在国内外比较中，认识中国特色社会主义制度的优越性，坚定“四个自信”，树立“四个正确认识”。

（二）价值思辨能力教育

头脑开明的积极心理特质强调人的判断力和批判性思维，通过全方位思考事物来权衡利弊。通过在大学英语第二课堂融入积极价值，引领大学生增强价值判断，明确价值选择，坚定精神信仰，始终保持更高追求的人生意义。

（三）沟通表达能力教育

良好的沟通表达能力离不开设身处地的换位思考和清晰流畅的语言表达，良好的沟通表达能力有利于事件的处理和健康人际关系的建立。这与正直、有活力、爱、善良、社会智商、宽恕和仁慈、谦虚或谦逊的积极心理特质是密不可分的。在积极心理学中，幽默的特质能够使人关注事物的光明面，同样是沟通表达能力不可缺少的一部分。

（四）积极的人生观教育

积极心理学认为，不畏威胁、挑战、困顿或苦痛的勇气，在克服困难的过程中表现出来的持久的毅力，以及对未来能够始终保持希望和乐观，是人所具有的积极心理特质。积极的人生观需要勇气、持久的毅力、对人生的豁达等心理特质做支撑，通过在大学英语第二课堂的教育内容中融入积极的人生观，能够引领大学生刻苦发奋，勇敢面对学习和生活中的困难和挑战，做事有始有终，坚持前进方向，克服恐惧和怠惰心理，树立积极人生观。

（五）文明行为与社会公德意识教育

社会公德是最大的文明，是思想道德品质的重要体现。积极心理学中正直、自律和公民权的特质是文明行为与社会公德意识养成的基础性条件，人如果对自己的感觉和行为负责，对社会充满责任感，对集体忠诚，能够控制自己的欲望和情绪，管理自己的感觉和行为，自觉遵守纪律，就必然能够具有良好的文明行为与社会公德意识。

（六）感恩意识教育

本方案在此内容设计上，主要包括感恩国家的爱国意识、感恩学校的集体意识、感恩家人的亲情意识及感恩同学和朋友的友情意识。积极心理学认为，人是具有感恩的心理特质的，在经济全球化、网络信息化、文化多样化的今天，更需要发扬感恩的精神，将感恩意识作为价值引领的一个方面融入大学英语第二课堂，这是教育现代化的必然要求。

（七）团结协作精神教育

团结协作是应用于集体的概念，只有最大限度的团结才能最大限度地发挥集体的力量。从积极心理学的角度分析，集体的团结离不开促进集体形成良好关系的领导能力，领导能力能够使集体中的每个成员团结起来形成合力。此外，集体的团结也离不开公正，公正依照公平和正义的观念平等对待所有人，能够让集体中的成员形成对集体一致肯定的心理判定，促使集体形成稳定的心理合力。

（八）创新精神教育

培养具有创新精神和创新能力的高素质人才已成为高等教育的重要使命。本方案将创新精神作为价值思辨引领贯串大学英语第二课堂的内容之一，目的是引导大学生有意识地将创新精神作为自身的价值追求。创新精神的养成需要具备爱学习、好奇心、勇敢以及创造力等积极心理特质，引领大学生培养创新精神的过程，也是使大学生对厚重的知识积累、探索新事物的兴趣、不惧困难和挑战的勇气、不懈的思索和创造形成自我认知的过程。

（九）良好的社会关系意识教育

积极心理学有两种人格优势对于培养良好的社会关系意识有积极作用，一是社会智商，也就是情绪智商，指个体了解他人以及自己的目的和感觉的能力；

一是谦虚/谦逊，指个体在与他人交往的过程中表现出来的虚心、尊重和不自大。依托大学英语第二课堂培养大学生良好的社会关系意识，有助于大学生养成谦虚/谦逊的积极人格特质和良好的社会智商。

（十）文化自信教育

习近平总书记在庆祝中国共产党成立95周年大会上指出："我们要坚持道路自信、理论自信、制度自信，最根本的还有一个文化自信。"① 文化自信是一个国家、一个民族对自身文化价值的充分肯定和积极践行，并对其文化的生命力持有的坚定信心。在奋力实现"两个一百年"奋斗目标、实现中华民族伟大复兴的中国梦的今天，依托大学英语第二课堂引领大学生坚定文化自信，坚定理想信念不动摇，其现实意义尤其深远。在积极心理学中，精神信仰强调对人生价值和意义的更高追求，体现的是对信仰忠诚、坚定的人格特质。因此将文化自信的元素融入大学英语第二课堂，有助于引领大学生坚定文化自信和理想信念。

（十一）健康情感情商教育

在积极心理学的人格特质中，强调可靠和诚实的正直特质、强调人与人之间相互关照的爱的特质、强调关怀和无私的善良的特质、强调虚心和不自负的谦虚/谦逊的特质、强调细心的谨慎的特质、强调对他人给予的帮助表示感激的感恩的特质、强调对未来保持积极乐观的希望的特质等，都是健康情感情商的要素，通过在大学英语第二课堂培养大学生健康情感情商，对引导大学生养成积极的人格特质有促进作用。

（十二）社会正义与良知意识教育

在积极心理特质中，公正指对待他人的平等，是个体实践社会正义与良知的外在表现；正直指自我的诚实和诚恳，是个体养成社会正义与良知意识的内在体现。在大学英语第二课堂融入社会正义与良知的价值元素，有助于引领大学生从内、外两个层面养成社会正义与良知意识，并能够在实践中践行社会正义与良知。

三、形式与举措

英语包含听、说、读、写、译五个部分，它们是一个既有联系又有区别的整体。本方案依托大学英语第二课堂，运用积极心理学的理念，采取听、说、读、写、译等多种活动形式，着力提升价值思辨引领贯串大学英语第二课堂的

① 赵银平．文化自信——习近平提出的时代课题［EB/OL］．新华网，2016－08－05．

育人效果。

（一）选取活动主题

价值思辨引领贯穿大学英语第二课堂活动主题的选取要充分考虑大学生的心理特点和实际需求。活动主题既能够寓教于乐、活泼轻松、喜闻乐见，又能够增长知识、拓宽视野、提升能力。

（二）融入价值元素

价值元素的融入要着重考虑大学生的情绪体验。积极情绪体验是一种主观内心体验，指客观事物作用于主体时，能够符合主体的主观需要，进而促使主体采取积极肯定的态度。这些态度包括主体对客观事物表现出来的热情、乐观、感恩、满意、愉悦、希望等，而这些态度直接关系主体对客观事物的接受程度，也直接关系主体自身是非辨别力、价值判断力、道德责任感等综合素质水平。

本方案从融入大学英语第二课堂的中国特色与国际比较、价值思辨能力、沟通表达能力、积极的人生观、文明行为与社会公德意识、感恩意识、团结协作精神、创新精神、良好的社会关系意识、文化自信、健康情感情商、社会正义与良知意识 12 个教育内容出发来融入价值元素，主要基于这 12 个教育内容从内在上是与积极心理学的 24 种人格特质相契合的，能够体现大学生自我提升的强烈主观愿望，也能够吸引大学生参加活动的主动性和积极性，并能够促使大学生在参加活动的过程中对自我提出更高的成长期望和人生愿景。

（三）设计活动形式

1. 语言表达类

在语言表达类活动中体验价值思辨能力、语言表达能力、积极的人生观、健康文明行为等价值元素。

2. 讲坛讲座类

在讲坛讲座类活动中体验文明行为与社会公德意识、思想道德品质、价值思辨能力、国际视野等价值元素。

3. 情景表演类

在情景表演类活动中体验团结协作精神、创新精神、良好的社会关系意识、价值思辨能力、语言表达能力等价值元素。

4. 沟通交流类

在沟通交流类活动中体验中国特色与国际比较、价值思辨能力、沟通表达能力、社会交际能力、健康情感情商、文化自信等价值元素。

5. 写作抒情类

在写作抒情类活动中体验感恩国家的爱国意识、感恩学校的集体意识、感恩家人的亲情意识、感恩同学和朋友的友情意识等价值元素。

6. 视听欣赏类

在视听欣赏类活动中体验社会正义与良知意识、价值思辨能力、文明行为与社会公德意识、国际视野等价值元素。

（四）组织活动开展

1. 活动指导教师

价值思辨引领贯穿大学英语第二课堂的各类活动均须在指导教师的引领下开展，指导教师可由辅导员、班主任、教工党支部书记、党员教师等担任。

2. 活动场地安排

活动场地应根据活动形式类别确定，如情景表演类活动，应选择在能够容纳一定数量观摩观众的室内场所较为适合，且具有一定范围的表演空间，以及具有音响、投影、话筒和方便道具使用等条件。

3. 活动宣传和总结

活动宣传和总结能够扩大活动本身的影响力，发现活动的不足和问题，有助于活动本身的改进和完善。对于参加活动的学生来说，活动的宣传能够提升学生参加活动的心理期望，活动后的总结能够强化学生对活动效果的心理感知，活动宣传和总结能够促使学生在比较心理感知和心理期望的过程中发现自身的不足和问题，有助于自我完善和提升。

四、效果评价

价值思辨引领贯穿大学英语第二课堂是落实“立德树人”根本任务的必然要求，有助于学生在实践体验中建立积极人格特质，并在不断提升对价值的认知能力和辨别、选择能力的过程中，不断增强人格素养。

为更好体现价值思辨引领贯穿大学英语第二课堂的现实意义和教育目的，其效果评价采取问卷调查的方式。问卷调查旨在考查学生对价值思辨引领贯穿大学英语第二课堂的心理期望度，以及学生在实际参与过程中的心理感知度，通过比较学生的“期望”和“感知”，找到差距和不足，提出价值思辨引领贯穿大学英语第二课堂改进和完善的对策，从而达到培养学生积极心理特质和提升学生价值思辨能力的目的。

第二章　组织与文化案例

积极心理学视角下学风建设的案例——以哈尔滨工程大学动力实验班为例*

内容摘要

基于积极心理学，本方案以哈尔滨工程大学动力学院创新实验班为例，分析了实验班中普遍存在自卑厌学心理的大学生建立积极自我的案例。结果表明，针对大学生自我评价低、人际关系较为敏感等自卑厌学心理，运用积极心理学的积极情感法和积极系统组织法为出现自卑厌学情绪的大学生设置合适的学习目标，通过多对其实施赏识教育，引导其建立积极的自我认知方式，促使他们发现自身的优势，从而走出自卑，激发学习热情，建立自信，超越自我。

一、案例简介

哈尔滨工程大学船舶动力创新实验班的总体培养目标为依据学校坚持精英教育，坚持“创新推动、打造品牌”，坚持“视野宽、基础厚、能力强、素质优、可靠顶用”的人才培养总目标，发挥哈尔滨工程大学船舶动力学科优势和人才培养优势，满足船舶动力行业转型升级发展对高层次创新型人才新需求。

动力学院于 2017 年成立船舶动力创新实验班，该班同学是全校中的佼佼者，但分析近年卓越创新班的学生数据，也不难发现高考成绩突出并不代表大

---

* 本文作者：贲浩然，哈尔滨工程大学动力与能源工程学院辅导员，讲师。

学成绩也优秀，尤其经过一两个学期后，实验班中部分优等生程度已经变为普通班的差等生，部分同学出现了学习态度消极，自我评价低，人际关系紧张等情况，如何让动力班取得更好的发展成了学院学风建设的重中之重。针对创新型人才实验班出现的系列问题，教育者应用积极心理学的方法采取了一系列措施，让班级整体学风得到改变，获得了较好的成绩。

二、案例分析与实践

（一）问题发现

动力学院2017级船舶动力创新实验班共有学生21人，通过分析第一次、第二次期末考试成绩，可以看出班级有近1/4的同学的成绩与入学高考成绩不成正比，平均学习成绩甚至低于普通班平均成绩，部分同学出现小挂甚至大挂。通过与辅导员日常谈话与利用学校心理中心提供的心理测试表，得出影响这些同学业成绩的几类主要因素：

1. 存在自卑感

自卑是一种由于自我评价过低因而引发的消极情绪体验。部分同学的过度自卑使其产生情绪低落、情感脆弱、人际关系紧张等现象，导致厌学情绪产生，尤其是与高中的成绩进行对比，下降幅度更为明显，进一步增加了心理承受的压力。在心理测试情况表中，班级的部分同学人际关系敏感程度得分均低于1.96分，自信心测试结果表示自信心指数仅为39%，远低于正常水平，以上结果都表明班级这类同学存在自我评价偏低、人际关系紧张等情况。

2. 自我评价偏低

班级部分同学信心指数普遍较低，觉得自己上课完全跟不上老师讲的进度，而身边同学都学得很好。还有少部分同学来自农村，对自己的衣着搭配不自信，害怕被同学嘲笑。有些同学由于害羞，只因需要在台上讲话，没有参加过任何学生组织和社团活动，也没有参加任何学生组织，不敢竞选班级干部；平时上课不敢回答老师问题；认为身边优秀的人太多，曾经高中的优越感已经消失。

3. 人际关系敏感

班级部分同学在测试中人际关系敏感得分低于正常值，与临界值二分非常接近，部分同学存在“厌恶与人交往，感到自卑，觉得别人轻视自己”的想法。

（二）问题分析

在针对每一位同学的心理建设过程中，教育者不应只停留在学习方法、学习态度等方面的指导，而是重视学生积极品质和思想品德的培养。同时，还致力于培养学生的集体精神，使其准确认识到个人与集体的关系；致力于培养学生积极的人生观，使学生以开放的眼光看待自己，既看到自己的不足，更看到自己的潜能，从而唤起动力班同学对生活、对学习、对工作的热情，使他们对家庭、学校、社会充满感恩，以正向的思维评价并积极投身到学习生活中，最大限度激发学生学习的积极性和主动性，使学生在学习中收获幸福、希望、信心、快乐，实现学生的全面发展。同时，教育者应以思想政治教育为目标，提升个人的心理学素养，让知识与情感在教育过程中发挥出最佳的作用。在现有的培养机制和培养方案下，通过宽口径的大类培养和扎实的教育，为创新实验班学生打下良好的理论基础和宽厚的知识积淀。依托创新实验学院和各创新实践基地开展各项创新实践活动，学生的自主学习能力和创新能力得到充分提高。

（三）案例实践与解决

针对出现问题的同学，教育者鼓励他们改变思路，着手科创，参加校内校外各类科创比赛；同时为他们介绍院系相关教师，带领其进入实验室，加入课题组，并且针对每一位出现消极状态同学的情况，采取最适合他们的一对一谈话，分析学生自身问题，给予恰当的鼓励。一段时间后，这些同学都在各自选择的方法道路上取得了优异成绩，一改之前的精神状态低迷、自我评价低等消极态度，整个人精神面貌焕然一新，充满自信，如此一来专业学习的兴趣也随之提高，班级学习氛围越发浓重。

（四）成果介绍

经过系统的培养，班级整体学风氛围大幅度提升，入学时在全校范围的三个创新实验班当中成绩排在最后一名，一学期后动力实验班在全校范围内排名第一，第二学期又一次排名第一，第三学期仍然以第一身份夺魁。该年度，全班共计 22 人，累计 44 人次获得各类奖助学金、一人获国家奖学金，所有同学均一次性通过考试，在大学英语四六级考试中，全班同学全部一次性通过四级考试，六级考试通过率高达 90%。

三、案例思考与工作建议

从以上案例中我们可以看出，一个班级拥有良好积极向上的学风，对于班级每个同学的学习态度、学习兴趣的培养、准确的自我定位有着深刻而积极的作用。反过来，每一位同学对学习拥有积极的热情，饱满的学习态度，良好准确的自我认知，出色的集体荣誉感对班级学风的建设也是不可或缺的。在这样的良性循环下，船舶动力班才能取得诸多荣誉和成绩。优良学风需要在长期的实践中慢慢形成，并非一蹴而就。它需要在不断变化的外环境中去粗取精提炼出来形成稳定的思想和价值观念。社会在飞速发展，教育也在进行改革，学风建设的开展会面临更多的机遇和挑战，通过多种教育管理方法，搭建全程全方位全员育人的体系，搭配积极心理学方法，为高校教育者思想政治的教育工作提供一个崭新的视角。合理运用积极心理学能够帮助辅导员有效提高大学生思想政治教育工作的实效性，深刻加强大学生积极人格的培养，从而达到提高大学生综合素质，强化班级班风建设的目的。

坚定理想信念，加强自我认同*

内容摘要

本案例介绍了低年级本科生党支部政治理论学习计划不充分，学习教育活动开展不丰富，学习效果不明显。针对此情况，心理健康教师以积极心理学中增强积极情绪、健全积极人格、营造积极氛围为切入点，通过实施“五个一工程”，加强学生党员的积极情绪体验、完善学生党员的积极人格特质、构建学生党员的积极组织系统，突出政治理论学习的政治性、思想性和科学性，将积极心理学理论应用于学生党建工作的具体实践，积极探索激发学生党员积极情绪体验、塑造学生党员积极人格、构建学生党员政治理论学习生态系统，确保学生党支部学习有目的、有提高，研讨有思考、有见地。

一、案例简介

某低年级学生党支部，存在支部功能虚化，作用发挥不力的突出问题，具体表现为规章制度不健全，计划目标不明确，党建活动形式不丰富。其能够基本落实学校对于学生党支部政治理论学习要求的基本目标，但出现政治理论学习计划安排不合理、学习内容设置不科学，集中学习多、自主学习少，规定动作多、自选动作少，学习计划不充实、学习效果不到位的现象。全年党支部政治理论学习落实过程，始终未形成月初报计划、季度汇总结的政治理论学习的良性机制，存在应付检查、学习敷衍的情况，学习形式单一、学习体验感欠佳、学习效果不深入、学习氛围不浓厚，整体学习过程缺乏针对性与吸引力，对党支部成员的学习和生活关心不够，给群众办实事不多，导致学生党员对所在支部无归属感，支部活动凝聚力和组织力不强，支部战斗堡垒作用发挥不强，未实现支部从“公转”到“自转”的自主学习模式。

二、案例实践和分析

（一）案例分析

这是典型的学生党支部政治理论学习落实不充分的情况，主要表现为以下

---

* 本文作者：金棱，哈尔滨工程大学学生工作处综合办公室主任，助理研究员。

几方面：理想信念不坚定，缺乏情感认同；模范引领不突出，缺乏自我认同；周边环境不简单，缺乏认知认同等问题。解决以上问题，需要从引导学生党员积极情绪入手，一是加强学生党员积极情绪体验，人在积极情绪作用下倾向于探究新鲜事物，保持主动状态，更能发挥自我效能。以主观幸福感为中心的积极情绪体验，能够增强党员教育的号召力。二是完善学生党员积极人格特质深入，充分挖掘和完善高校学生党员的积极人格特质是提升党员发挥主观能动性最好的方法。三是构建学生党员积极组织系统，积极、和谐、健康的环境对高校学生党员的成长成才具有重要的作用。结合我校学生党支部政治理论学习实际情况，具体实施可以“五个一工程”为依据，将积极心理学的理论方法运用到学生党建工作中，为学生党员积极人格和品质形成发挥强大助推功效。

（二）案例实践

根据《学生党支部政治理论学习计划》中各项工作的安排，针对该学生党支部存在问题，对其开展“五个一工程”的教育引导工作，以科学化为方向构建学生党建工作的创新模式，不断提高学生党支部的政治意识、强化理论思维。

1. “五个一工程”基本内容

“五个一工程”即在学生党支部中定期开展一次主题党日活动、一次小班思政课、一次学生党支部立项、一次学生党员报告会、一次学生党员代表座谈。

2. “五个一工程”具体实施

（1）以理论学习为指导，开展主题党日活动

加强理论学习指导，积极推进主题党日活动开展。引导各党支部认真学习全国高校思政工作会议精神、十九大报告精神、习近平新时代中国特色社会主义思想，深刻领会习近平总书记关于教育工作系列重要讲话精神，紧扣立德树人根本任务，以理想信念教育为核心，以社会主义核心价值观引领为主线，开展学校学生党支部政治理论学习计划中各项学习专题。自动化学院研究生406支部开展“创新引领发展，铸就强军利剑”主题党日活动；船舶工程学院研究生党支部学生工作部（处）党支部共建，开展“我和祖国共成长”特色主题党日活动，师生共话成长奋进故事；开展抗击疫情青年榜样主题党日活动，不断探索、努力提高学生思想政治工作的针对性和实效性。

（2）以思想引领为核心，开展小班思政课

以培育中国特色社会主义事业建设者与接班人为使命，服务学校双一流建设需求，坚持解决学生思想认识共性问题与个体认识差异性问题相结合、解决思想问题与实际问题相结合，遵循教书育人规律、思想政治工作规律、学生成

长规律，科学设计以“小班思政课 励志大讲堂”为名的学生思想价值引领教育体系，引导学生“在坚定理想信念上下功夫”“在厚植爱国主义情怀上下功夫”，让爱国主义精神在学生心中牢牢扎根。引导不同层面的授课者根据学生的不同特点，有的放矢、生动活泼地开展思政教育工作。

（3）以项目建设为牵引，开展党支部立项评选

以项目建设为牵引，积极开展学生党支部立项。2017 年度 46 个项目结题合格，2018 年度完成 67 个项目结题合格，引导支部成员自觉做到真学深学、先学一步，不断增强学生党支部的活力与凝聚力，提升做好新形势下高校基层党建工作和思想政治工作的能力和水平。

（4）以增强情绪为动力，开展学生党员报告会

以榜样引领践行教育意义，增强学生党员积极情绪。组织学生党员代表赴哈尔滨工业大学参加工业和信息化部党组书记、部长苗圩为部属高校师生讲授题为《勉励青年学生在建设制造强国的伟大征程中成长成才》的思政课，引导学生正确认识时代责任和历史使命，激励学生自觉把个人的理想追求融入国家和民族的事业中，用中国梦激扬青春梦。组织学生党员参加请杰出校友、党的十九大代表、深海载人潜水器“蛟龙号”主驾驶唐嘉陵做《不忘初心深海潜航》的主题报告会，鼓励学生正确认识远大抱负和脚踏实地，勇做走在时代前列的奋进者、开拓者。组织学生党员代表观看纪录电影《厉害了，我的国》，引导学生做社会主义核心价值观的坚定信仰者、积极传播者、模范践行者。组织学生党员代表撰写西安交通大学“西迁人”爱国奋斗先进事迹报告会观后感。组织学生工作干部参加原中国船舶重工集团公司人事部主任王磊题为《以十九大精神为指导，为实现造船强国的目标而奋斗》的专题报告。组织学生参加杨德森院士《在习近平新时代中国特色社会主义思想指导下为海洋强国建设贡献青春力量》的专题报告。

（5）以完善人格为重点，开展党员代表座谈

抓住“关键少数”，完善学生党员积极人格。为提升学生党支部书记的思想政治工作能力和水平，分层面、分阶段开展学生党支部书记专题座谈会，进一步促进学生党支部战斗堡垒作用发挥。同时，通过思政教师（辅导员）、班主任、院系党委副书记“走进”主题班会、团日活动、主题党日活动等不同形式的思政课堂，进一步教育学生坚定理想信念、树立正确“三观”，引导学生党员做“勤学、修德、明辨、笃实”的表率，全面落实立德树人根本任务。

三、案例思考与工作建议

（一）运用积极心理学，激发学生党员积极的情绪体验

主观层面的积极情绪体验研究是积极心理学研究的一个重要方面。所谓积极体验，是指个体满意地回忆过去，幸福和从容不迫地感受现在并对未来充满希望的一种心理状态，主要包括快乐、兴趣、满足、自豪等情绪，它与消极的情绪相对。通过积极的情绪体验，个体可以挖掘自身的潜能，获得个人的发展，高校党建工作也应从激发学生积极的情绪体验入手，提高教育水平。

1. 注重学生党员内部动机的激发

内部动机指的是人自发地对所从事的活动的一种认知，直接与活动本身有关，由于做某种事能激发人的兴趣，令人愉快，活动本身就是行动者所追求的目的，它能促使个体增强对活动的注意力，提高活动兴趣和满意度，产生积极情绪。内部动机的种类包括三种：第一种是对于活动本身的兴趣；第二种是完成活动的乐趣；第三种是任务对人的能力的挑战。在学生党建教育活动中，要注重激发学生党员的内部动机，促进其产生积极的情感体验。

2. 在实践中体验积极情感

高校学生党建活动丰富多彩，要注重在实践活动中激发学生党员的积极的情感体验。比如，在慰问军烈属时，通过与军烈属的沟通过程，使学生体验到幸福生活来之不易，激发了他们的爱国情感；在学生党员进社区宣传科学文化活动中，使学生体验到助人的快乐和自我价值得到实现的满足。在这种在实践活动中激发出来的情感体验中，学生党员的积极情感得到激发，爱国思想也得到了升华，这是单单在课堂教授中传输这些知识所达不到的效果。因而，应该充分利用学生党员的实践机会，在实践过程中体验积极情感，形成积极思想、行为。

（二）运用积极心理学，培养学生党员和谐健康人格

个人层面的人格特质研究是积极心理学研究的一个重要方面。人格特质指的是在不同的时间与不同的情境中保持相对一致的行为方式的一种倾向，是指在组成人格的因素中，能引发人们行为和主动引导人的行为，并使个人面对不同种类的刺激都能做出相同反应的心理结构。积极心理学主张研究人格中所包含的积极方面，主动引导个体关注自身和他人积极方面，培养积极进取人格。学生党员是大学生中的佼佼者，在对他们进行教育时要注重帮助他们进一步获得自身的发展。在学生党建工作中，关注学生党员人格中的积极力量，帮助他们了解自身的优势，充分发挥自身人格中积极的一面。在积极心理学中，积极

人格力量包括团队协作、宽容、勇敢、诚实、热情、心胸开阔、洞察力、正直、创造力、好奇心、善良、爱心、公平、领导才能、谦虚、自我控制、虔诚等。参照以上积极人格力量，高校学生党建工作者应该仔细观察和发现学生党员所具有的积极人格，给予肯定、欣赏、鼓励和支持，这样才能使学生党员对自己有正确的认知，增强自信心，达到人格的完善与发展。

（三）运用积极心理学，提升高校学生党支部凝聚力

群体层面上的积极组织系统研究是积极心理学研究的一个重要方面，积极的社会制度和环境是积极心理学关注的重要方面。高校学生党支部是学生党建工作的重要载体，学生党员以党支部为家，在这个集体中接受教育，因而，建设积极、和谐、健康的党支部环境，提升学生党支部的凝聚力非常重要。学生党支部建设的环境包括校园环境、社会环境、家庭环境等，应该从满足学生党员的需要的角度出发，建设学生党支部健康的环境，提升其凝聚力。

创新研究生管理模式，调动党员积极性，实现思政教育、学术研究和支部建设高度融合*

内容摘要

自2017年以来，哈尔滨工程大学动力学院针对研究生群体，结合学校学院人才培养质量，将研究生党支部由以往的横向设置变更成以基层学术组织为依托的纵向设置。纵向设立的党支部，通过思想政治教育对学生党支部和党员队伍的建设，提升学生党员的综合能力和整体素质；通过基层学术组织对学生学术水平、科研能力、专业学习的指导，使党员在学生群体中能够充分发挥党员的先锋模范作用，增强学生党员对党支部的归属感，增强党支部的凝聚力，进而在学院的学风建设中起到优良的促进作用，为学院优良学风的形成、养成起到促进作用。本案例以动力学院研究生热能党支部为例，将详细阐述积极心理学在思政教育、导师专业教育、党支部三位一体的研究生培养管理模式中的重要作用。

一、案例简介

自2017年动力学院纵向设立研究生党支部以来，在研究生思想政治教育方面开阔思路，通过研究生所在学术团队、党支部多管齐下，在学习上为同学们打造积极向上的学风，在学术上鼓励同学们加强团队合作、勤奋扎实，在党支部建设上鼓励党员同学们带头，牢固依托在学校、学院思想政治建设的主线上，让支部散发出更强大的力量。严密的组织、丰富的活动和不断的学习将所有成员的心凝聚在一起，积极将党支部工作与学科建设工作相融合，涌现出了一批优秀的学生团体和个人。本案例以我院研究生热能党支部为例，从思政教育、学术研究、党支部建设三方面入手，详细阐述在积极心理学作用下高校研究生培养管理模式的新方式方法。该党支部现有正式党员21名，预备党员3名，是一支人数不多但凝聚力较强的基层党员队伍，该支部全体成员均来自热动力学院热工研究所，热工所包含硕博学生共46名。支部通过定期开展与学术研讨紧密结合的组织生活会，充分听取党支部成员各方意见，明确学术研究方向，将

* 本文作者：李唯一，哈尔滨工程大学动力与能源工程学院学生工作办公室主任，讲师。

高校基层党组织建设与科研建设相融合。选举青年学术骨干担任支委会成员，把培育求真务实、和谐共进的团队精神作为重要职责，带头引领全体研究生开展学术研究工作。在所有党员的共同努力下，取得了优异的成果。

二、案例分析与实践

（一）加强政治理论学习武装头脑，充分发挥党员同学的主观能动性

研究生热能党支部长期以来坚持把政治理论学习作为抓好各项专业学习的基础，通过认真组织“两学一做”常态化制度化学习、“不忘初心、牢记使命”主题教育和其他经常性学习教育，打牢学生党员的思想和理论基础。支部要求所有研究生党员把学习摆在首要位置，利用每周支部会议、党课教育、党日活动积极组织党员学习，鼓励党员利用点滴业余时间开展自学，切实通过学习使党的组织生活和党员教育管理严起来、实起来，发挥出应有的作用。

（二）营造积极向上的学术氛围，注重培养团队合作精神

党的十九大报告指出，为创新基层党建工作，以党的基层组织建设带动其他各类基层组织建设。我们积极将党支部工作与学科建设工作相融合，提出了“将基层党支部建设在科研团队，学生专业技能竞赛团队上”的建设理念，采取党建促科研、促学术研究工作并行发展，将支部建设目标与科研建设目标相融合，把党建工作与学科建设、青年教师和党员成长成才相结合，较高地发挥了党组织和党员先进性作用，取得了突出的实际成效。该支部定期开展与学术研讨紧密结合的组织生活会，充分听取党支部成员各方意见，明确学术研究方向，将高校基层党组织建设与科研建设相融合。选举青年学术骨干担任支委会成员，把培育求真务实、和谐共进的团队精神作为重要职责，带头引领全体研究生开展学术研究工作。同时支部组织开展各项学术活动，如出国经验交流、SCI 技能分享以及多学科交叉学习交流会等，努力打造团队精神，以先进文化熏陶人，把党内关怀激励融入团队建设，鼓励支持党员实现党建工作与学术科研有效衔接和良性互动，推动学术研究快速发展。

（三）齐心聚力打造优良学风，取得振奋人心的成绩

党支部在近三年来，通过支部成员努力拼搏取得了多项校级和院级荣誉。其中支部在 2018 年 7 月组织的“铭记军工历史，展望学科发展”主题党日活动，被评为校“优秀学生支部主题党日活动”；在 2018 年 6 月参加学院第二届“党史知识竞赛”表现出色，获得二等奖；2018 年 4 月，在学院所有研究生支部的年终考评中，支部成员凭借获得“国家奖学金”等多种荣誉，最终获得第一名的好成绩。支部成员在学术工作中刻苦努力，勤奋扎实，取得了优异的科研

成果。近三年来，以第一作者或者第二作者发表 SCI 论文 16 篇，EI 论文 10 余篇，国内外会议 20 余篇，授权软件著作权 30 余项，授权专利 4 项，拥有 1 项博士研究生科研创新基金。获得国家奖学金 3 人次，省三好学生 3 人次，玉柴奖学金 1 人次，百利天津泵业奖学金 1 人次。同时，支部成员还积极参加各种科技创新竞赛，获得了全国大学生“互联网 +”创新创业大赛省二等奖、“创客中国”军民融合专项赛三等奖、十一届全国大学生节能减排社会实践与科技竞赛三等奖等优异成绩，为其他学生做出了示范，起到了模范带头作用。

三、案例思考与工作建议

本案例是以研究生在校期间所取得的成绩为主线进行阐述，但是我们培养的人，是否达到了社会和用人单位满意的标准，没有通过调研的方式获得反馈。

接下来的工作应该增加的是，通过调研反馈内容，对用人单位所期待与需求的研究生培养层面的个人专业能力和全面素质加以掌握，以调研结果和研究生学习的实际情况为依托，制定相关的规章制度，致力于将研究生的学习科研水平和思想道德水平紧密结合，在导师和专业教师的指导下不仅在研究生专业课学习、学术水平的提升、科研能力的全面发展等方面予以更加系统的指导，还在研究生的思想品德、道德规范、行为准则、公益活动等方面加以引导。

积极心理学视角下以高水平运动员为“寝魂”的寝室文化培养案例*

内容摘要

高水平运动员作为单独招生类别，具有成绩基础较差、接触社会较早、性格普遍突出、外向、生活普遍独立等多种两极倾向的特点。在大学生活中，高水平运动员学生经常会与普通学生发生矛盾或因为个人认知偏差而认为作为特殊群体被区别对待。通过积极心理学引导高水平运动员的积极品质和积极情绪，结合大学阶段学生价值观可塑性、建设性等特点，以高水平运动员所在寝室为平台，发挥该类群体的积极品质，从而引发其责任感、宽容心等积极情绪，将寝室打造成具有“寝魂”的优秀寝风的寝室。

一、案例简介

高校寝室是大学生在校期间学习、生活、休息娱乐、人际交往、思想交流的重要场所，同时也是开展大学生思想政治教育、综合素质培养工作的重要阵地，在学生世界观、人生观、价值观形成以及思想道德品质养成的过程中发挥着重要作用。通过积极心理学视角引导学生培养寝室“寝魂”的方式，带动寝室文化建设、寝室制度以及精神文化熏陶的全面发展，构建整洁安全、文明优秀的寝室，丰富高校育人的环节。某高校招收高水平运动员学生并分配至A学院，2017级女学生小a便是其中之一，小a同学从小进行训练，高考成绩较差且学习基础不好，但是由于从小常年在外进行训练，小a同学养成了独立自主生活的习惯。在进入大学的一个学期后，小a同学和她的3名室友发生了矛盾冲突。事情发生以后，经辅导员充分了解情况，具体如下：该寝室的主要矛盾有两个，首先是小a同学根据学校教练员及学校的训练安排，需要每天早晨5：30离开寝室到体育场进行晨练，晚上又需要每天训练备赛至22：00后才能返回寝室，而小a寝室中的其他3名成员均为普通学生，因此生活作息与小a同学的均不相同，认为小a同学每天早出晚归影响了她们的休息，导致她们上课时无精打采，学习效率降低。其次矛盾是小a同学因为需要晚归最后洗漱所以

* 本文作者：李文宝壮，哈尔滨工程大学经济管理学院辅导员，讲师。

每天能够主动清理卫生间洗手台，但是其他寝室成员不太注重寝室卫生，导致寝室较为杂乱，小a同学经常主动整理寝室卫生，长此以往，其他成员认为有小a同学打扫寝室自己就不需要继续打扫寝室了，因此引起小a同学不满，双方各执一词最终引起争执。

二、案例分析与实践

积极心理学理论认为积极人格特质是积极心理学得以建立的基础，因为积极心理学是以人类的自我管理、自我导向和有适应性的整体为前提理论假设的。积极心理学家认为，积极人格特质主要是通过对个体各种现实能力和潜在能力加以激发和强化，当激发和强化使某种现实能力或潜在能力变成一种习惯性的工作方式时，积极人格特质也就形成了。积极人格有助于个体采取更有效的应对策略。本案例的问题矛盾点主要在两个方面，其一是所有人生活习惯不同、作息不一致，早起的同学会影响其他同学休息，导致学生平时上课时状态下降。其二是由于小a同学因为从小在外训练养成了独立生活能吃苦的积极品质，虽然主动承担了寝室打扫卫生的工作，但同时也让寝室其他成员养成了不收拾卫生的不良习惯，经过一个学期的生活，小a同学不能忍受其他同学不收拾卫生的习惯，因此发生了此次事件。

在处理该案例时，既要考虑到小a同学作为高水平运动员的特殊性，也要平衡其他室友的关系。高水平运动员学生普遍性格较为独立，个性突出，成绩基础较差，较大部分会由于个人认知问题认为自己不够合群，或无法融入其他普通同学的集体中，而其他普通同学也会将高水平运动员群体当成特殊群体对待。当寝室成员4人中有1人为高水平运动员时，由于高水平运动员学生需要训练比赛，经常不与其他3名同学共同学习生活，这就经常会出现3名普通成员成为一个阵营从而对抗另外1名高水平运动员学生的情况。

高水平运动员学生具有明显的积极情绪体验和积极品质特性，如会拼搏、能吃苦、不服输等，而且生活独立，大多数高水平运动员学生所在寝室卫生都较为整洁。因此应该充分发挥高水平运动员学生的积极品质，使得寝室其他成员都受到积极情绪体验和积极品质的影响。通过一系列的干预和规划，利用学院学校的各种平台，采取团体活动的方式增加4名寝室成员的互动和沟通，并使其逐渐增强对寝室的认同感和归属感。在活动中其他3名成员会被高水平运动员学生的拼搏、努力等积极品质感染，从而增加对对方的认可度，通过彼此关心爱护寝室成员间的氛围逐渐融洽、形成以高水平运动员学生作为寝室“寝魂”的良好寝室环境氛围，并不断开展沟通交流，共同制订新的寝室共同生活的方案，达到寝室文化建设的目的。经过辅导员沟通调节，该寝室4名成员对寝室生活做了如下调整：

（一）完善寝室管理制度

引导寝室成员共同规范个人行为，营造安全、舒适、轻松的寝室环境。要求所有寝室成员共同商讨制定寝室文明公约，内容积极向上，能够激发学生的集体荣誉感，规范学生日常学习工作行为，促进学生养成良好的学习生活习惯。

（二）鼓励成员参加寝室活动

动员寝室成员以寝室为单位参加学校各级组织的集体活动，如寝室文化大赛等，引导学生将寝室看作集体，并愿意为寝室的荣誉努力奋斗。学校也应联合各级组织，积极开展以寝室为单位的校园文化活动，在丰富学生大学校园生活的同时，让学生重视寝室，重视寝室成员，在各种活动中，找到寝室的集体荣誉感，以及对寝室其他成员积极品质的挖掘，以使寝室的所有成员相处可以更加和谐，寝室整体的氛围更加积极向上。

（三）建立寝室内互助体系

结合高水平运动员学生体育成绩优秀、文化课成绩普遍较低的特点，安排寝室其他3名成员形成“三对一”互助体制，寝室其他成员应在自己擅长的科目上主动帮助高水平运动员学生复习，帮助高水平运动员学生顺利通过期末考试；充分发挥高水平学生运动员运动能力强、体育成绩好的特点，帮助寝室其他成员进行日常体育锻炼、顺利通过体质测试，并达到安全科学锻炼身体的目的。寝室内互助体系，可以充分发挥寝室每一位成员的特点和自身价值，使其充分利用自身优势产生的能量帮助寝室其他成员，每位成员均能感受到积极的主观情绪。利用寝室互助体系，不仅能提高学风建设，也能够通过互助恰好发现和锻炼寝室成员积极特性品质，有助于培养寝室积极的文化氛围，也从基层加强了学校的文化建设。

根据上述方案，该寝室同学在之后的学习生活中相处融洽，互爱互助，重视寝室文化，寝室成员均培养了积极的品质，并能以该寝室为中心，辐射其他学生寝室，为整个学院的文化建设付出了努力和产生了影响。此后该寝室没有再发生过其他矛盾冲突。

三、案例思考与工作建议

（一）经验

1. 丰富和改革教育模式，开展积极心理学内容课程

高校应该在现有的大学生心理健康课程和教育环节中，加入积极心理学的

内容，丰富学生对于积极心理学的了解，让学生重视积极心理学中关于积极主观体验和积极品质发现的重要性。当学生本身思想中认识和留存积极心理学中的部分知识后，更有利于高校利用积极心理学的积极影响引导学生进行实践，让学生在学习生活中取得更好的感受和体验。

2. 推动校园活动，重视寝室作为集体

除了高校传统的第一课堂外，应该充分发挥第二课堂的作用，通过开展以寝室为中心的活动，帮助同学适应寝室生活，并增强寝室成员对寝室作为集体的认同感和归属感，更好地引导学生感受积极主观情绪和积极品质的影响。并通过这种积极体验，培养大学生群体乐观向上的思想品质和健康的心理状态。

3. 增强心理健康教育的力量，激发学生的主观驱动力

帮助学生用积极心理学来影响和改变自己的生活。同时，利用积极心理育人是一个全面的、整体的系统工程，学校层面应该高度重视、总体构建，部门层面各司其职、协调协作，教师层面多向渗透、专业导入，学生层面主动调适、积极参与，建立一个多维度、立体的、全面的、主动的心理健康教育模式，使得学生能够在全员育人的良好环境下充分感受积极心理学带来的教育效果。

（二）不足及建议

1. 理论基础单薄

从积极心理学角度讨论，到目前为止学者们对于积极心理学的理论体系研究还不够完整，相关的理论研究较少，这使得积极心理学的理论基础有些单薄，理论体系也不够完整。因此，应用积极心理学解决实际问题还有众多的研究领域需要积极心理学工作者不断去开拓和研究。

2. 研究对象不够全面

仅研究一个寝室 4 名成员不具有完全代表性，没有兼顾到不同个人、不同个性对构建寝室的影响，不能验证构建“寝魂”是否适用于所有情况的寝室。

让优秀寝室文化助力学生健康成长*

内容摘要

每个人内心深处都拥有优秀的品质和美好的心灵，只不过不同时期所处的成长环境不同，有的人内心深处的积极层面被压抑，没有被很好地引导、塑造、挖掘，由此产生了一系列问题。本案例以哈尔滨工程大学核科学与技术学院学生公寓寝室文化建设为背景，公寓某学生由于寝室不良风气在学习和生活中产生困惑为前提，围绕在指导教师的心理疏导和公寓寝室文化育人氛围的影响下，其发掘自身的优秀品质，最终走出困惑并带领寝室其他成员共同进步，最终形成良好、积极的寝室风气展开的。

一、案例简介

积极心理学认为，积极人格的培养、积极心态的形成与积极的环境是密不可分的。为了彰显核学院办学特色，更好地发挥文化育人的功能，打造积极的育人环境，营造浓厚的文化氛围，核学院从现有资源入手，对其学生集中住宿的学生第十公寓走廊墙壁进行功能“再造”。根据楼层结构划分突出学院特色、核电英才、核安全文化、中华优秀传统文化等主题，有设计、有布局、有指向地展示文化宣传资料，让内容有看头、观者有欲望、思想有深度、舆论有力量，做到让墙壁“说话”，打造核学院独有的“廊壁文化”。这对培育学生核安全文化、增强学生核安全意识以及助力学生健康成长都起着积极的促进作用。

为进一步加强寝室文化建设，为学生的学习、生活营造积极的寝室环境，在学校“双一流”建设的引领下，以书院式育人平台建设总体要求为指导，核学院经过集中研讨、专题研究，积极推进学生第十公寓“书院式育人平台”建设。书院式育人平台以公寓多功能阅览室为依托，打破并有效弥补了传统学院脱离公寓独立开展学生工作的不足，从围绕学生、关照学生、服务学生入手，充分体现“以学生发展为中心”的育人理念，注重学生个性成长和全面发展，在培养学生专业技能的同时为学生打造跨学科、汇知识、精素质、展风采的育

* 本文作者：李响，哈尔滨工程大学核学院辅导员，讲师。

人平台，营造彰显特色文化的积极环境，从而发挥书院式育人平台引导、感染、修德、育人的作用。

公寓多功能阅览室和廊壁文化相辅相成，对优秀寝室文化的塑造起到促进作用。学院某学生看到其室友喜欢在寝室内熬夜打游戏，他很想去帮助室友改变这种现状，并且带动他一起去探讨问题、好好学习，但又担心会影响到与室友的关系，这使他在学习和生活中感到很困惑。指导教师了解到此情况后，和学生积极进行沟通，并且耐心进行心理疏导，排除学生的心理负担，学生开始自己去多功能阅览室进行读书学习，并且在廊壁文化的育人氛围影响下开始发掘自身的优秀品质，最终学习成绩有了大幅度提升。室友看到学生的进步和精神状态的改变，也开始主动一起去多功能阅览室读书学习，最终整个寝室的风气变得更加积极，充满正能量。

二、案例分析与实践

（一）案例分析

在积极心理学理论中提到的积极力量其实是每个人都拥有的，不过有些人把它藏在他们的内心深处，很难被发现和调动，但是如果将其充分挖掘出来，那又是极其强大的。这种积极力量的挖掘可能是自我挖掘，也可能是由于他人的交流和沟通进行引导，从而被挖掘出来。

在“书院式育人平台”建设的引领下，多功能阅览室和廊壁文化相继建成，在寝室文化的构建中，两个实体建设既承载了物质功能，又要更好地发挥其功能背后蕴含的优秀寝室文化内核作用。在实践过程中，结合学生居住的楼宇特点并面向学生的个性化需求，核学院不断地进行新的探索。首先，多功能阅览室由学生自主管理和运行，承担的不仅仅是单一的阅览功能，而是融阅读、学习、交流、讨论等多功能为一体的个性化空间。基于多功能阅览室具有开放性特点，有志于学习和科研的同学，经过申请审核都可以到该阅览室学习，这种跨学科、跨专业的开放性，为不同年级、专业的学生提供了相互讨论交流的机会。

公寓廊壁文化建设呈现了优秀品质积极输出的特性。学生在出入公寓寝室的过程中，会积极主动地阅览核专业和传统文化的优秀典范，这些范例会持续在学生心中形成积极暗示，传递正能量。寝室育人文化环境对于学生积极力量的挖掘和优秀品质的形成有着显著的熏陶和引领作用，再加上指导教师与学生的沟通交流和正向引导，能够帮助学生更好地实现自我突破，并且带动寝室成员共同进步，从而促进良好寝风的形成。

（二）案例实践

多功能阅览室可以为学生提供在公寓内的第二空间，其开放性和个性化的特点决定学生可以跨年级、跨专业在同一空间一起学习，从而形成良好的学习氛围和适当的竞争压力。例如，学生 A 所在寝室的其他同学在回到寝室后往往会相约一起打游戏或聊天，而他想去阅览室学习并和室友一起讨论问题，但又怕这样做会影响室友关系，使自己与室友之间产生隔阂，从而内心产生困惑。

指导教师得知这一情况后，主动和该学生进行沟通和交流，对该学生进行心理辅导和正向引导。首先，从学生内心角度出发，表示理解该生的内心活动，从而让其感受到被认同以拉近彼此距离，方便进一步深入沟通和交流。然后，深入了解其寝室各成员的学习、生活等各方面具体情况，以便找出解决问题的更好方法。最后，帮助学生排除心理障碍，增强学生自信心，告知学生学习的过程苦中有甜，要肯将更好的状态和全部的精力投入此过程中，这样才能取得更好的成绩和满意的答案。同时，建议学生将去阅览室学习的想法与舍友积极进行沟通，看看是否有持同样想法的室友，如果没有同行的人，就主动做第一人，这样可能会产生联动效果，带领其他人一同前进，因为每个人内心深处都有一颗追求卓越的心，只不过有时候需要外力的指引和辅助。

该学生经过与指导老师的充分沟通和交流，自己敞开了心扉，走出了迷茫，回到寝室后，主动与室友沟通并一起去阅览室读书学习。在寝室育人文化氛围的影响下，其通过自身的不断努力和持之以恒，自身的优秀品质逐步被挖掘出来，学习成绩有了大幅度提升，精神状态更加饱满，自信心也在不断增强。这一改变打破了该寝室其他成员原有的路径依赖，并且室友也发现了学生 A 的巨大改变，相互影响共同作用，最终该寝室其他成员也开始陆续来到阅览室读书学习，形成良好、积极的寝室风气。

三、案例思考与工作建议

寝室文化的构建是一个系统工程，依靠的是学校、学院、老师和学生的整体发力，学校和学院可以在物质条件方面营造积极向上的文化环境氛围，老师和学生间的真挚情感、沟通交流和言传身教，能放大物质条件进而折射出更优秀的文化内涵。因此，在寝室文化的构建当中还应注意以下两个方面。

第一，结合学院特色，营造优秀寝室文化。核学院在营造优秀寝室文化的过程中，秉承学校的办学理念和“大工至善、大学至真”的校训，按照“视野宽、基础厚、能力强，素质优”的要求，努力培养“思想品质好，辨识能力强，掌握核科学与技术知识”的创新型人才。在长期的教学、科研和育人实践中，核学院总结凝练了“修身明德、格物致知、包容兼蓄、和而不同”的十六字文化理念。

第二，以师生共同体，助力学生健康成长。营造优秀寝室文化氛围是前提，关键还在于师生之间的情感交流。核学院统筹安排选派优秀的指导教师，以学生发展为中心，将老一辈哈军工精神融入寝室文化建设全方位多层次宽领域，让学生在潜移默化中产生认同效应并主动付诸实践。指导教师充分挖掘学生的优秀品质，将其内化于心、外化于行，发挥指导教师的专业性和主动性，全面助力学生健康成长。

新时代下积极心理学对人才培养的有效性探究案例*

内容摘要

本案例涉及学生在参加新生辩论赛时遇见的种种困难和障碍，以积极心理探究层面中的积极情绪为指导思想加以引导，解决问题。

一、案例简介

本次案例中涉及大学一年级同班学生所组成的辩论队，学校组织学生参加新生辩论赛，一方面可以加强学生辩论思维，锻炼学生表达能力；另一方面也培养班级同学团结协作的能力，使得学生全面发展，为人才培养奠定基础。组织方要求每个班级组成 7 人的辩论小队，由高年级的 2 名学长作为指导人员，另有 5 名新生作为参赛队员，其中 1 名作为领队。开始报名初期，有 2 名同学（小平和小奎）积极参与，十分主动来报名，表示可以作为参赛队员，而其他位置一直在空缺，小平和小奎 2 人均在高中阶段参加过辩论赛，且 2 人都属于性格比较开朗、表达能力较强的学生。在鼓动其他学生报名时，有 2 名同学（小红和阿峰）也主动参加了队伍，表示可以作为参赛队员参加比赛，小红属于品学兼优的女生，愿意为了班级荣誉去参加比赛，阿峰属于性格比较内向的学生，语言表达能力不敌小平和小奎，但是良好的知识储备与温和踏实的性格，让他能够更好地准备辩论比赛和融入团体。可最后一名队员的招募却成为问题，很多人不愿意“出头”，不想出现在公众面前，甚至有的同学表示不愿意占用自己的课余时间来参加辩论赛。最后在班主任老师的协调下，作为班级干部的小凯参加了辩论队。准备比赛的过程中出现了几次矛盾，主要是关于三个辩手、替补队员和领队的安排，而在此过程中应用积极心理学，不仅解决了参赛身份分配的问题，也从各方面最大限度地激发了学生的潜能，利用不同人的不同性格和各项长处，圆满完成本次工作。

二、案例分析与实践

在本次案例中，出现了若干典型性问题，根据积极心理学积极情绪与优良

* 本文作者：李雪健，哈尔滨工程大学智能科学与工程学院辅导员，讲师。

品质的教育内容，很好地解决了各项问题。

（一）在学生羞于表达自身优势，对胜利缺乏信心时

这是学生缺乏自信的表现，从积极心理学层面可以归结为缺乏“希望”的优秀品质，所以会对未来失去兴趣，不愿积极参加活动。

在解决此问题时，辅导员主要针对学生过去的心理状态，进行了详细的了解，并对其问题进行了深刻剖析，最后采取如下方式解决问题：首先，鼓励学生积极参加课外活动，不断充实自己的生活，幸福积极地体验和面对当下大学生活；其次，鼓励学生积极参加非专业选修课程，特别是与新工科相关的课程，积极获取多方面知识，培养相关兴趣；最后，帮助学生切实地规划未来，提出符合实际的建议，使得学生对未来充满希望，能够积极乐观地面对未来，激发学生内心原动力，自主学习，憧憬未来。经过上述一系列积极心理学的处理方法，学生逐渐转变自己的想法，不仅能够在本次辩论赛中脱颖而出，更是在大二学年积极参加院系学生会，在做好学生干部工作的同时，也能积极认真地学习。不再抗拒与辅导员沟通，不断地提出自己的想法，提出对未来的看法，能够积极面对当下生活，也对未来充满希望。

（二）当辩论赛失利后，学生否定自身努力时

辅导员找到了情绪差的学生进行深入洽谈。了解到：一方面，该生在刚步入大学时学习十分认真努力，能积极付出比其他学生多倍的时间去学习，同时也参加科创活动。可学习成绩却在节节退步，与自己的预期效果相差甚远。另一方面，自己作为班级的学习委员，十分认真工作，可班级成绩在学年也处于中下游。之前品学兼优的学生，步入大学之后，自己的压力越来越大，反而很多事情做不好，也完全否定了自己之前的努力和成绩，对自己失去信心，不愿表现自己的长处和优点。

辅导员则采取三步走的干预措施。首先，告知学生应当认可过去自己的努力和成绩，必须勇敢面对过去的事情，既定的事情已经发生，只有肯定过去自己的努力，才能更加勇敢地面对未来的生活。接下来，与学生认真分析当下的形势，建议学生不要给自己施加过大的压力，积极参加文体活动和社会实践活动，不断丰富和充实自己的生活。同时极力主张学生乐观积极地面对未来，学生所处学院十分重视新工科的建设，不仅提供了大量师资力量进行科学研究，同时在人才培养方面也加大力度。鼓励学生认真学习，打好专业课基础，将时代机遇把握在自己手中，时刻做好迎接未来的准备，对未来充满希望。经过上述一系列积极心理学的处理方法，学生逐渐转变自己的想法，适当放松自己的生活，不给予自身过多压力，懂得肯定自己所取得的成绩，正视当下生活，也

表示自己会向未来发展方向努力，把握发展机遇。

（三）当队员间出现矛盾，团队氛围消沉时

这是学生缺乏“感激、感恩”优秀品质的表现。辅导员首先找到几名队员，仔细询问事情发生的原委，安抚队员情绪，稳定学生心态。解决冲突和矛盾的关键，而后将矛盾的范围固定到一个特定的问题上，告诫学生不要牵扯到人身，尽可能将矛盾和冲突最小化。要学会发现拥有这样的机会实属难得，也要学会感激身边的同学，在困难时对自己的帮助，在迷惑时对自己的指点。同时鼓励学生应当学会接受困难，积极面对出现的问题，不要让团队遇到的问题和困难成为集体前进的障碍。同时，要将问题公开化，所有对其他成员不满的地方必须放到明面上来谈，所有人正向面对问题，不可背后议论和埋怨。再有，必须鼓励学生将问题的出现变成一种磨炼，通过种种困难，使得团队更加团结向上。要将目光望向未来，积极憧憬未来，相信团队会更好。最后寻找问题的根源，共同寻求解决问题的方法，当问题再次出现时，以求团队的团结协作，攻坚克难。

经过上述一系列积极心理学的处理方法，学生逐渐转变自己的想法，能够共同积极面对困难，不再抗拒与团队成员积极沟通，队员们也能不断地提出自己的想法，提出对团队未来发展更有建设性的意见，同时也对团队的未来发展充满希望。

三、案例思考与工作建议

案例中的问题十分具有代表性，由于队员之间的不熟悉，加上当代大学生的心理发展程度普遍不够，急需正向引导。现总结本案例的成功经验如下。

第一，积极挖掘学生内心，鼓励学生能够积极面对自我，完成较好的自我定位，自身有清醒的认知，可以更好地发挥个人在团队中的作用。同时，学会对过去的自己给予肯定，即使过去发生的事不尽如人意，也必须要学会积极面对过去，从中吸取教训，以求长足的发展。

第二，教导学生积极面对失败，鼓励学生对每一次的失败进行归纳总结，在过去失利的基础上认真分析原因。对于下次遇见的困难和阻碍，视作对自身成长的试验，再遇见新的问题时，能够更加冷静地分析和解决，而再遇见新的机遇时，也能认真地抓住机会，这对于新时代的人才培养是至关重要的。

第三，增加团队协作能力，避免出现内讧。遇见事情不怕困难，通过团队的协作努力共同解决，而不是把问题的苗头指向个人。积极开发每一个人的潜能，使得个人在团队中发挥着不可或缺的作用，也鼓励学生全面发展，更好地成长。

当然，在工作中也存在些许不足，需要改进和完善。

首先，团队的管理没有形成规范化制度，在团队中，应当有明确的组织系统，建立合理健全的制度，使队员具有责任感、有利他主义、有乐于奉献的精神，也能够尊重彼此。

其次，团队角色分配，应该根据每个人的特点和个性，找到最有利于团队的合理分配。持续不断激发他们的潜力，培养他们成为有理想、有担当、可靠顶用的人才。

最后，在团队建设方面应当开展丰富多样的活动，充分调动学生的积极性，更需要稳定学生已有的积极状态，不断创新发展，能更好地符合当今社会对大学生的要求。

因此，结合案例可以看出新时代大学生的人才培养，要坚持全面综合素质的发展，高校也要开展丰富多样的教育内容，充分调动学生的积极性；更应鼓励学生积极面对自我，面对当下生活和未来发展。新时代大学生应当充分把握新时代的契机，紧跟新工科大潮流，充分发挥自身光和热，将其投入祖国建设事业当中。

积极心理学视域下的国防生自我管理案例*

内容摘要

作为社会新技术、新思想的前沿群体、国家培养的高级专业人才，大学生代表年轻有活力一族，是推动社会进步的栋梁之材。大学生作为高等教育的主体，应用积极心理学的相关知识加强对大学生自我管理能力的培养，这不仅能够提升大学生群体的综合素质，同时也有利于为国家培养可靠顶用的建设者和接班人。本案例以调查问卷的形式，对研究对象进行五个方面的调查，剖析了积极心理学视域下的大学生自我管理能力的培育问题。

一、案例简介

国防生自我管理自主发展案例分别对“自我认识管理能力”“自我学习管理能力”“自我规划管理能力”“自我资源管理能力”“自我健康管理能力”五个方面的实施效果进行调查。

本次调查采用问卷调查法，主要分为“理想信念教育”“强化制度建设”“建设文化生活社区”“夯实能力培养”“运用刚柔并济的管理方式”，取样对象为2016级国防生。2016级国防生共有100人，参与调查人数94人。为提高问卷的有效性和真实性，我们特在公寓八楼自习室抽出30分钟时间统一作答。本次共发放问卷100份，回收有效问卷94份，有效问卷回收率为94%，达到样本取样要求。本次调查数据统计采用spss23.0软件和excel软件进行分析。

通过分析问卷调查结果，结合积极心理学相关理论知识，对“积极情绪体验对大学生自我管理能力培育的作用”“积极人格特质对大学生自我管理能力培育的影响”“良好的生活环境有利于大学生自我管理能力的培育”三方面进行机理分析，从而形成积极心理学视域下的大学生自我管理能力培育策略，暨建立国防生学员大队，实行“老带新”的自我管理模式；转变管理方式，创办“领航者说”党建论坛、“国防青年说”平台，锻炼大学生积极人格；创建“书院式”公寓文化阵地，保障大学生自我管理能力培育有力践行。

---

* 本文作者：刘东平，哈尔滨工程大学数学科学学院学生工作办公室主任，讲师。

二、案例分析与实践

（一）关于理想信念教育的分析

近年来学术界关于大学生理想信念教育的研究方式主要包括：在研究内容上，具体分析了理想信念教育的重要性、现状、特点、原因分析和对策；在研究方法上，运用社会学方法，对大学生理想信念状况进行总体调查研究、分地域调查研究和分专业分学科调查研究；从大学生理想信念教育的依托内容上，研究精神财富对大学生理想信念教育的重要作用。

关于理想信念的考察项目涉及三个方面的内容，即国防生身份认同感、理论教育活动、学期目标规划，每方面内容分别通过1~2个观测点进行考察，结果显示，各项得分均在较高水平。具体数据显示，有高达96%的学生对自己国防生身份表示认同并为之骄傲；69%的学生对国防生身份具有强烈的自豪感。自我管理的前提是自我认知，对自己身份的强烈认同感和自豪感能够帮助大学生正确掌握对自己的评价标准，理解自己的特点和优势，合理地追求自我利益，努力实现自身价值。

在对“国防青年说”和“领航者说”等教育活动参加情况展开的各项调查中，数据显示参加2~5次的学生较多，有61%的学生参加2次以上，深受学生关注，各种活动对学生都产生了一定的影响，有25%左右的学生认为这些活动影响非常大，说明此类教育活动对学生的发展十分有益，可适当提高举办频率和活动时长。该项调查结果表明，“国防青年说”和“领航者说”等教育活动通过关注大学生自身成长的变化，社会环境和他人对自身的评价，从多方面获得自我信息，进而认同自己的身份，也学会接纳他人、理解他人，有效地提高大学生的自我认知能力，为自我管理能力的培养打下良好的基础。

关于学生目标完成情况的调查数据显示，学生上学期所定目标的完成情况并不理想，只有半数左右的人基本完成，仍有较多人没有完成；对于近期目标的规划情况，半数以上的学生稍有计划，并没有详细的计划。调查结果表明，当前部分大学生在自我管理上存在被动、低效的情况，这不利于他们未来的长远发展，而应用积极心理学相关理论，可以提升大学生的自我管理能力，从而实现大学生的全面发展。应提高学生对眼前事件的执行能力和对未来的规划能力。

（二）关于强化制度建设的分析

在一个更为宏观的背景中考察就会发现，要充分发挥制度的功能，还需要构建一个闭合的、关联的、科学的制度系统，这个系统中各部分既各有分工、互不冲突又相互联系，彼此协调配合，共同发挥作用。

关于学生对于学习、训练、娱乐时间的分配情况调查，收获的数据显示，更多的人倾向于自由分配，大多数学生每周平均自习时长低于15小时，对于学院安排的自习都能够积极参加并且效率较高。现阶段大学生具有独特的心理特征、个性特点和人格特征，行为的自我管理能力不强，因此学院应该对大学生进行引导和监督，例如，可在临近考试周适当多安排自习，提升学习效率。

根据马斯洛自我需要层次理论，人的低级需要属于生理需要，是本能的，而高级需要是似本能的，也就是说乐观、自愿、自觉等积极情绪情感和积极行为虽然也是人类天性的一部分，但是这些美好的心理品质不像焦虑、恐惧、放纵等消极情绪和行为具有自动化的功能和典型的行为模式，自我满意、自我管理、自我探索等主动行为的力量是非常弱小的，是类本能的，且行为模式具有模糊和不固定性，是需要引导和挖掘的。

在体能训练方面，也就是出操情况的统计调查显示，学生都能认识到体能训练对自身的重要性，对于出操都能够严格对待，但部分同学对出操的要求不高，不够苛刻，面对部队愈加严格的体能要求，学生在思想上仍需进一步提高认识；对于区队长的工作，各位学生都能够给予支持。在规章制度方面，对于国防生规章制度学生都认为比较合理，但部分学生对国防生综合测评细则、班级管理规定和寝室管理规定了解不多。柏拉图曾说教育就是为了要教会年轻人从正确的事情中找寻愉快。因此，积极心理学倡导要追求幸福的理念，人性中的乐观、爱、希望等有关幸福的内容，可以帮助提升人的精神境界，让生活更有意义、有价值、有尊严。所以学院应该加大力度对相关制度进行讲解，加强各位同学对相关制度和政策的理解和认同。

（三）关于夯实能力基础的分析

长期以来在应试教育的影响下，“以教师为中心”的教育思想带有强制性的色彩。根据积极心理学的基本理念——积极教育的理念，主张“以学生为中心”，将学生看作平等的个体，给予他们尊重和肯定。在大学的课程中，要大力发挥学生的主体作用和教师的主导作用，为各位同学未来的职业发展奠定良好的基础。

在国防生自我管理自主发展育人模式方面，绝大多数国防生能力进步较大，基本可以实现自我管理，对自己综合能力的提升情况满意度较高，该培养模式对于学生能力培养方面取得了较为良好的效果。关于国防生在各项文化建设活动以及创新创业类活动中的参与程度调查显示，国防生的参与率较高，且普遍认为对自己能力的培养有很大帮助。人是社会性动物，人才的培养要以社会需要为基础。社会实践作为学校教育的拓展，是理论指导实践的载体，能够将个体获得的知识内化为个人品质并外化为日常行为，并不断追求更高的实践层次。

学生在社会实践中，能够将注意力放在自我潜能的挖掘中而不是停留在问题上。我们应该注意更多地举办对学生能力培养的活动，调动学生参与活动的积极性，提高学生综合能力。

（四）关于建立特色文化生活社区调研的分析

积极心理学研究的组织制度层面强调，良好的社会环境和社会评价能激发大学生更好地开展自我认识、自我检查和自我管理活动，进而调整行为，适应社会要求。我们应该通过自我管理自主发展育人模式，改善寝室人文环境，引导学生处理好与室友的关系，营造良好的团体氛围。

关于对特色文化生活区的调研数据显示，国防生同学对于公寓各层大厅建立的特色文化生活区非常满意，而且使用率很高。特色文化生活区对大家的学习生活帮助较大，为大家提供了良好的学习和生活的环境。校园文化也称为精神环境，华中科技大学的涂又光先生曾提出“泡菜理论”，即有什么样泡菜水，就会泡出来什么味道的白菜、萝卜。反观我们的教育，从某种意义上来讲，大学的校园文化氛围的好坏，决定了所培养学生的素质的高低。今后，我们在打造特色文化，营造良好氛围的工作中还要多下功夫，不断探索，为学生营造更有利的发展环境。

另一方面，国防生寝室人文环境、学习氛围方面较好，多数人与室友关系相处融洽。人的社会活动离不开团体，在团体中人都有表现好的欲望。

（五）关于刚柔并济的管理方式的分析

积极心理学强调，每一个个体都是自我管理者，人的生命系统本身就是一个开放的自我调控决定系统，同时在自我调控的过程中也不可避免地会存在自我内心冲突。因此，我们要充分地相信大学生能够做好自我调控和管理，要关注大学生的优点和长处，以期待和肯定的目光去看待大学生，同时引导大学生完善自我调控能力，而大学生自身则应当树立充分的自信，相信自己可以有效地管理自我、调控自我，从而使自己处于最佳、最理想的发展状态中，促进自我价值的实现。

关于管理方式层面，数据显示，国防生对于辅导员、区队长和班委等管理者的工作非常满意，绝大多数人能够做到服从区队长和班委的管理，刚柔并济的管理方式在“放任”学生自我发展的同时，松弛有度，取得了良好的效果。此外，学院辅导员和班主任的工作得到了大家的广泛认可，对于大家起到了良好的引导作用，对大家的学习、生活、训练都产生了积极的影响。但是班委干部对于学生的影响较小，可能是由于班委的工作方式方法没有被同学们认可，应该注意改善。积极心理学认为，美德、力量等个体的积极品质具有缓冲器的作用，在积极心理学视域下，人人都是教育者，人人都具独特性，都有积极的性格优势，都有自我向上的成长能力，所以刚柔并济的管理方式在培养大学生的自我管理能力工作中尤为重要。

通过调查还可以看出，在刚柔并济的管理模式下，国防生基本能够做到自我管理、自我监督，没有出现放任自己的现象，但是仍有部分人对自己的监督程度不够。

三、案例思考与工作建议

通过分析4个平台，即理想信念教育、制度建设、综合能力培养、文化生活社区建设，以及刚柔并济的管理方式方法这一保障机制对于国防生自我管理自主发展的贡献度和影响度，我们可以发现，大家对国防生自我管理育人模式的满意度为74.47%，其中大家对于理想信念教育满意度为93.62%，制度建设满意度为95.74%，综合能力培养满意度为93.62%，文化生活社区满意度为74.47%，管理方式满意度为91.49%。大家认为对个人自我管理自主发展能力贡献度最大的是理想信念教育和综合能力培养，贡献度最小的是制度建设和文化生活社区。

今后我们将重点指导和帮助对个人自我管理自主发展能力评价较低的同学，加强对2016级国防生的理想信念教育和综合能力培养，发挥学生的主观能动性，完善制度建设、文化生活社区和管理方式，引导学生自我管理、自我教育、自我服务、自我监督。充分利用积极心理学在积极情绪体验、积极人格特质、积极组织系统三个维度的思想内涵，继续完善爱国主义教育、成长成才教育、核心价值观教育、爱岗奉献教育四个方面的内容，完善“五三一”培养模式，五即五个能力：学习沟通能力、训练指挥能力、文字写作能力、组织协调能力、沟通交流能力；三即三个素质：思想素质、心理素质、身体素质；一即一个适应基层部队文化和管理生活的特长。从而使得国防生养成正确的学习态度，培养国防生学习训练活动的协调力，使得国防生的创造性和建设性不断提升，充分地开发个人的潜能，并通过自身的积极情绪不断突破自我，逐步完善，使个人得到更好的发展。

参考文献

[1] 王一民，郑富. 大学生自我管理能力缺失的原因及对策 [J]. 教育观察，2020，9 (10)：25－26，37.

[2] 彭艳. 积极心理学在中职学生自我管理中的应用 [J]. 产业与科技论坛，2015，14 (17)：186－187.

[3] Sheldon K M，King L K. Why positive psychology is necessary. [J]. The American psychologist，2001，56 (3).

以哈工程第七公寓某寝室为例谈寝室文化的建设*

内容摘要

以哈尔滨工程大学第七公寓5楼某寝室为典型案例，该寝室存在环境脏乱差、成员之间冷漠、学业困难等诸多问题。解决案例过程中，抽丝剥茧，分别从改善寝室环境，加强人际关系沟通，引导参加寝室课余互动，树立先锋模范等措施，让寝室文化在积极的体验中形成。

一、案例简介

积极心理学关注个体的积极心理资源，通过调配资源，来追求较为积极的生活状态。对于大学生而言，寝室是第二个“家”，寝室文化的形成直接影响其在校对待学习、生活的态度。积极寝室文化的建立，能够让寝室成员体验幸福感，实现自我成长。以信息与通信工程学院第七公寓5楼某寝室为例，寝室6名成员，大二下学期时学习平均分数67.2分，其中，3名学生挂科超过5科，并且该寝室卫生评分一直在后10%，寝室成员经常缺课。经过辅导员进一步走访了解，寝室成员之间交流较少，不喜欢参加课余活动，从大二开始，大部分时间都是在寝室打游戏，每晚十二点以后睡觉，与其他寝室、班级其他同学交流不多，甚至有2名寝室成员拒绝同家长交流。大一期间，还因为琐事寝室成员之间发生过冲突。辅导员在与寝室成员深度交流中发现，每位学生内心深处都渴望在学业上取得成绩，在班级中有一定的影响力，但是都因为寝室氛围的影响而不能坚持。该寝室为典型的问题寝室，外在、内在均存在问题：一是不注重布局、不讲究卫生，物理环境较差。二是寝室关系不够紧密，寝室文化氛围不强，寝室成员交流过少。三是内在动力不强，得过且过心理严重，没有优秀榜样进行引导。因为没有良好的寝室文化氛围，寝室成员在学业、人际关系、生活习惯上均产生了不良的影响。

二、案例分析与实践

针对这个案例，辅导员利用一学期的时间，引入积极心理学的理论，挖掘

---

* 本文作者：曲直，哈尔滨工程大学信息与通信工程学院辅导员，讲师。

学生内心原本的真、善、美，以学生的心理发展为基础，分别从物理环境要素、文化形成要素、个人精神要素三个方面着手，采取积极引导的作用，以激发学生的内在动力为主要目的，变学生被动为主动。针对该寝室存在的问题，逐个解决，以学生为本，以积极心理学为理论基础，激发学生内在动力。

（一）改善寝室环境

该寝室成员对于寝室卫生没有良好的习惯，也没有内在的动力。针对此种情况，通过第七公寓开展的“创建卫生寝室，共建健康公寓”为主题的寝室卫生评比活动，对照《寝室卫生评分标准》进行打分，该标准涵盖：卫生情况、用电安全、物品摆放等，对于进步名次超过50%的寝室进行表彰，并在优秀班级的评选和学校奖学金中都要进行加分。通过辅导员、班级干部对该寝室进行动员，鼓励学生整理好寝室内务，争取获得先进。经过半个月寝室成员的整理和归纳，该寝室的卫生状况大幅度提高，最终获得优秀进步奖。并且该寝室在一学期内，卫生评分一直在平均分以上。寝室成员的卫生习惯在评估和正向引导中逐步向好的方向养成，寝室成员也感受到好的卫生环境，让人心情愉悦。对于该寝室，寝室文化的建立先从卫生入手，让成员认识到“一屋不扫，何以扫天下”。打造宜居的环境，明确寝室公德，为自己及他人的学习生活提供一个良好的环境，这对激发学生的积极主动性有很大的正向作用。

（二）寝室人际关系的改善

该寝室6名学生，两位来自农村，家庭较为困难，有自卑心理。首先，对该寝室进行心理建设，通过沙盘进行认知自我，明确自我定位。辅导员对该寝室多次做思想引导，无论来自何处，家庭如何，在学校就是学生，都是平等的，大学友情是难能可贵的，不同的地域和生长环境必然造成性格上和处理问题上的差异，找到每个人适合的交流方式，遇事多为他人考虑，自我意识适当弱化，提高集体意识。其次，针对该寝室成员均不善于交流，辅导员一周举行一次寝室茶话会，加强寝室成员之间的沟通，找到一些社会热点话题，在寝室成员之间讨论，在交流中，辅导员引导寝室成员互相学习，学会倾听和表达，对于内向的学生，鼓励主动交流。最后，制定出共同的奋斗目标。共同的奋斗目标会使人类产生特殊的情感，从而产生积极的情感，在辅导员的规划下，寝室每位成员均制定出自己的长短期目标，并对每个月的成效进行量化，用共同的目标为基础，该寝室已经形成积极向上的人际关系。

（三）寝室精神生活的改善

该寝室成员上课旷课，学习成绩较差，课余时间均在寝室打游戏。本案例亟须解决的是寻找可行的方式充分调动寝室成员对参加课余活动的积极性，以往的模式是通过主题班会、团活、年级大会等传统形式开展课余活动，其弊端是未能把每个学生变成主体，在班级存在感较低的同学一直不能很好地融入其中。本案例的解决途径是，以寝室课余活动为主体，以高雅向上的文娱体育活动为载体，开展一系列以寝室为单位的文化活动。在一年一度的“寝室文化节”中，辅导员和班干部鼓励该寝室参加“室徽设计大赛”和“眼里有你”摄影比赛，该寝室成员最开始是排斥和害怕的，经过辅导员和班级干部的引导和鼓励，6 人逐渐融入进去，在室徽设计大赛中，设计了六只海鸟乘风破浪，奔向远方的太阳，经过重重选拔，获得了比赛三等奖。寝室成员经过参加多次课余活动，明显感觉到游戏时间减少，也在班级中找到自身的存在感。

（四）树立寝室先锋模范

为了更好地激发该寝室成员的内在动力，用优秀学生带动寝室成员，充分发挥优秀学生的带头作用。信息与通信工程学院在 2018 年设立了先锋领航员，高年级优秀党员对低年级寝室进行思想引领，帮助其树立远大目标，从而达到学生的“自我教育、自我管理、自我监督”。针对该寝室的情况，先锋领航员在寝室生活、课程选择、学业初步规划、目标树立、寝室氛围、时间管理、学习方法指导这 7 个方面着重开展工作。在配备先锋领航员的两个月后，该寝室成员在学业规划、对专业领域的认识程度上都有了较大的变化，从被动地学，变成我要学。在大三上学期，该寝室全部成员均提交了入党申请书，并接受了积极分子党课教育。

经过不懈的努力，最终，该寝室成员均顺利毕业，其中，2 人还顺利读研。

三、案例思考与工作建议

寝室是大学生的第二个家，在寝室生活中，大学生们希望能够有一个环境舒适明亮、人际关系和谐友爱、寝室氛围乐观向上的环境，并且能够得到其他同伴的认同、尊重和爱护。积极的寝室文化会激发寝室成员自信，即使面对挫折也会在寝室感到放松、安全。在寝室文化的形成中，个人心理场的建设是至关重要的，让个体体验成功地获得和取得成就的快乐，更容易激发学生的内在动力。在具体实施中，可以根据不同类型寝室设置不同的任务，积极引导寝室成员不断在尝试中获得成功体验，慢慢这种体验将迁移到学习、生活的其他方面。

在案例中发现，良好的寝室人际关系，对激发学生的积极性有很大的影响。在社会心理学中，“社会支持”指相互尊重、关爱的人际关系，得到社会支持的人，更容易承受大的压力，也更加自信和乐观。影响寝室人际关系的要素主要是以下四个方面：一是现在学生大部分是90后、00后，是家中独生子女，不太懂得照顾别人的感受，性格比较自我。二是学生自律性普遍较差，不会合理规划时间，作息时间的不规律容易引起寝室冲突。三是缺乏交流技巧和共情能力。有些学生不善于同其他同学交流，较为内向。部分学生不会倾听他人感受，不善于表达。在寝室文化的建立中，通过结合具体问题的分析与指导，让学生学会正确处理人际关系，让寝室成员在大家庭中得到“认同”与“归属”，这是一个长期的工作，定期也要组织寝室成员敞开心扉畅谈，表达自己，接纳他人。

积极寝室环境促进学生成长成才*

内容摘要

本案例中新生名誉寝室长利用首因效应，将自己各方面的优秀品质展示给新生，让他们体验到很多的积极情绪，帮助他们发现并培养自己的积极心理品质。在这样一个积极健康的寝室环境中，寝室成员入学一学期后都找到了自己学习奋斗的方向，确立了大学的学习目标，并开始构建自己的积极社会关系。让学生成为思想政治教育的主角，是一种创新的教育形式，新生名誉寝室长在助人和自助的过程中，达到了服务他人、提升自我的目的，实现了教育的双赢。

一、案例简介

积极心理学家认为，德育工作的核心应该是培养积极的人格，先从获得积极体验出发，渐渐增加个体的积极力量，从而来实现个体与周围所处环境的良好契合，逐渐形成个体的积极品质，引导个体道德品质得到提高，所以营造一种积极的受教育环境是非常必要的。寝室既是学生休息、学习的生活地方，又是思想交流碰撞、综合素质提升培养的重要场所。大学生有一半多的时间要在寝室里度过，寝室是大学生的“第一社会，第二家庭，第三课堂”。积极的寝室环境不仅能使学生感到安全、舒适，思想情绪稳定，还有助于培养积极健康的人格，促进学生成长成才。2015 年 9 月，学院安排优秀大三学生冯远帆担任 7 公寓 428 寝室的名誉寝室长，对大一新生进行学习、生活等方面的适应性指导，引导他们尽快实现从高中到大学的转变。在一学期的任期中，冯远帆将自己的学业成果、成长经历、成功经验，以及积极心理品质、积极情绪和积极社会关系充分展示出来，对寝室 6 位同学产生影响，让他们体验到很多的积极情绪，帮助他们发现并培养自己的积极心理品质，寝室成员都找到了自己学习奋斗的方向，确立了大学的学习目标，积极社会关系正在构建，寝室环境积极向上。冯远帆在担任名誉寝室长过程中尽职尽责，受到寝室成员的赞誉和好评，获得了良好的积极体验，使他的积极人格和积极品质得到内化和稳固。

---

* 本文作者：孙安斗，哈尔滨工程大学信息与通信工程学院学生工作办公室主任，副教授。

二、案例分析与实践

积极心理学认为，每个人内心都存在积极力量，并且强调对积极力量的发现和挖掘。案例中冯远帆同学综合素质优秀，人生态度积极阳光。在他的示范指导下，寝室关系融洽和睦，寝室成员乐观积极、相互激励，都能够调动自身全部积极能量来解决入学以来遇到的各种问题，从而决定自己的最终发展状态。

案例中名誉寝室长利用首因效应，抓住教育关键环节，发挥优秀朋辈榜样积极示范作用，建立积极的寝室环境，新生入学教育收到事半功倍的效果。

大一新生刚到校，尤其是迎新到军训结束这段时间，面对新环境产生迷茫、无助以及强烈的好奇，急需有人进行引导，是教育的关键时期。而首因效应告诉我们，首次认知客体在人脑中留下的第一印象作用最强，持续的时间也长，比以后得到的信息对于事物整个印象产生的作用更强。所以，必须在新生入校的第一时间帮助学生建立从正面获得信息的渠道，并向其展示优秀大学生应有的形象。实践证明，新生名誉寝室长是解决这个问题的重要力量。

冯远帆受命担任 7 公寓 428 寝室名誉寝室长后，利用自身丰富经历，对寝室成员开展了以下指导工作：一是入学适应性指导。迎新期间引导寝室成员迅速相互了解，讲解集体生活注意事项，针对新生具体问题，简要介绍学校学习和生活情况，及时记录学校及学院在迎新工作的不足并给予反馈。二是军训适应指导。介绍学校军训概况，对学生给予关怀和鼓励，帮助他们克服军训中的困难，以上好大学的第一课。军训期间带领学生熟悉教室、参观实验室和各类纪念馆。三是课程选择与社团选择指导。对学校通识教育选修课程和各类学生群团组织进行简要介绍，引导学生合理安排课余时间。四是积极寝室环境建设指导。指导参与寝室风采大赛，以中秋节为契机组织寝室生活会，针对特殊问题组织专项讨论会，促进室友交流，同时发放学校提供的月饼，传递学校关爱，鼓励家庭经济困难学生自立自强。五是学习指导。针对基础课的学习方法进行指导，介绍外语四级备考成功经验，指导学生做好时间管理，以第一次考试为契机，帮助学生了解大学考试方式，分享期末复习经验，以启航杯科技创新竞赛为契机，针对参与科创的意义、目的和需要注意的问题进行指导，鼓励学生积极动手，提高创新能力。

一学期后，积极寝室环境的作用开始显现。6 名寝室成员均很好地适应了大学生活，没有学习成绩掉队，都找到了自己学业的重点发展方向。有 3 名学生要争取成绩保研，1 名学生对科创活动很感兴趣，想走科创个性化保研的路子；1 名学生励志支教保研；最后 1 名学生想毕业后先工作一段时间，然后自己创业。

三、案例思考与工作建议

（一）本案例契合积极心理学强调的要用积极环境来培养个体积极品质的要求

积极心理学家认为，要以积极的手段引领和激发人的积极力量。虽然积极心理学认为积极是个体与生俱来的心理本性，但这种积极的心理本性并不是在什么情况下都会自动地发挥出来的。从某种层面上来说，积极心理学的主要目的，就是营造一种能促进人类个体积极力量得到不断生长的积极环境，在这种环境中探索出一种方法或途径来激活人们心灵中的积极种子。育人工作中需要用积极环境来培养积极品质，所以育人工作者必须首先建立积极健康的育人环境，即创造出一种对大学生成长成才有利的积极环境。案例中冯远帆为大一新生创造了一个积极健康的寝室环境，促进了他们的迅速成长。

（二）本案例体现了教育形式的创新，让学生成为思想政治教育的主角，在助人和自助的过程中实现教育的双赢

新生名誉寝室长活动，让学生成为思想政治教育的主角，是以学生发展为本教育理念的具体体现。如果把本次教育活动当作一个舞台的话，教育者和被教育者均是学生，都是演员，教师则退到幕后担任“导演”，是思想政治教育的隐形载体，这种方式可以达到润物无声的教育效果，更容易为被教育者接受，教育的效果也更持久。同时，新生名誉寝室长是服务型学习的一种方式，一方面服务者在服务他人的过程中，会强化自身的责任意识，主动激发自身的积极力量，将自身获得的知识和经验通过反思和角色互换内化为能力，向被服务者高效输出；另一方面被服务者长期受到积极心理情绪的影响，也会激活自己心灵中的积极种子，对来自服务者各方面的具体指导迅速吸收和应用，实现自身能力的快速提升。

（三）存在不足与工作建议

案例中存在的不足有两方面。一是名誉寝室长缺乏系统的积极心理学应用培训，不能有效地将自身诸多的积极闪光点展示出来，用以引导寝室成员激发自身积极因素，尽快建立积极寝室环境。因此建议在名誉寝室长上岗前对其进行系统的积极心理学应用培训，使其掌握必要的积极心理学常识和使用技巧。二是名誉寝室长任期半年时较为短暂。积极心理学家强调通过积极体验来促进积极人格的形成，也强调通过积极体验来对个体的积极人格进行固化，积极人格的形成是循序渐进的，是内外互化、人己互惠的过程。从实践情况来看，半年时间不足以形成完全巩固的积极人格。通过实践观察和调查研究，建议将名誉寝室长的任期由半年延长为一整年，即两个学期，通过一年时间的积极示范和引导，加之积极寝室环境的熏陶，学生到大二时，应该可以形成稳定巩固的积极人格。

运用积极心理学帮扶陈赓班学业问题学生案例*

内容摘要

陈赓班的主要特点是班级里的学生学习成绩都很优秀，都是学校的尖子生，在竞争压力较大的环境下，陈赓班“追、比、赶、超”的班级学习氛围十分浓厚。但同时也存在一个问题，一旦没有了竞争环境，对自主独立学习能力较差的学生来说，将面临较大的学业考验。例如，疫情期间，对于自主能力较差的学生来说，学生线上授课就非常容易出现学业问题。在本案例中，我们将积极心理学运用到学业问题学生的帮扶工作中。主要通过掌握学生情况、帮助学生建立良好学习习惯、提供学业帮扶、家校共同携手，一起帮助学生重新建立学习信心，以积极的心态面对学习，并养成主动学习的良好习惯，以补“个体短板”，来优化陈赓班“集体优势”。

一、案例简介

今年受疫情影响，学生不能返校学习，而是通过线上授课进行学习，这对于学生的自主学习能力有非常高的要求。在这种情况下，学生非常容易出现由于自控能力差而出现学业问题的情况。

2019 级陈赓班学生王某某，第一学期成绩中等，学习状态尚可，但第二学期辅导员在查课过程中，多次发现该生上课状态很差，课堂回答问题完全不会，老师所留课后作业完成情况很差，继而出现逃避考试行为（在辅导员劝解下参加考试）。

辅导员与该生进行深入谈话了解到，当地疫情形势有所缓解后该生父母均到外地打工，学生与爷爷奶奶在农村家中。该生自控能力差，爷爷奶奶无法对该生学业进行监督，导致该生每日沉迷网络游戏以及电视剧，对于自己的学业荒废严重，该生自认学得不好，产生逃避心理。

辅导员了解情况后，分别从辅导员本身、学生干部、学生家长三个方面对学生进行积极引导，辅导员与学生积极沟通，为学生重新建立学习信心；安排学生干部对学生开展课业帮扶，帮助学生解决学业上的实际困难；并与学生家

---

* 本文作者：夏琳琳，哈尔滨工程大学物理与光电工程学院辅导员，讲师。

长积极沟通学生状态以及目前问题，在引起家长重视的同时，建议家长以鼓励为主正向引导学生学习。

二、案例分析与实践

（一）案例分析

该案例中的陈赓班学生出现学业问题的最主要原因是，该生自主学习能力不足，导致疫情期间学业严重受阻，这是比较典型的疫情期间学业受阻案例。辅导员在处理案例中学生问题时主要从以下几方面着手：第一，辅导员第一时间全方位了解学生信息，包括学生的家庭环境、过往教育背景、目前出现的问题等。第二，辅导员利用积极心理学的相关知识，通过谈心谈话等方式帮助学生重拾学习信心，树立学习目标。第三，辅导员充分利用学生干部的职责以及能力为学生提供学业帮扶，为该生解决实际的学业困难。第四，加强家校联系，辅导员通过与家长建立联系，达成家长可以在家监督学习的共识。通过该案例可以看出，积极心理学对于引导学生重建学习信心具有比较明显的作用。

（二）案例实践

1. 全方位了解情况，尽可能多地掌握学生目前状态

辅导员通过查课了解到该生的学习状态不佳后，先与班级学生干部了解情况。通过班级学生干部反馈了解到，该生在本学期中段开始出现学习消极的情况，且本学期参与班级线上活动也不积极。与学生干部了解情况后，辅导员与任课老师进行情况了解，根据老师反馈，该生的作业上交情况以及课堂回答问题情况都非常不好。辅导员了解情况后查看该生上学期的学习情况，发现该生在上学期成绩不出众，位于班级中游，但是学习状态尚可。辅导员通过从学生干部、老师，以及辅导员自身了解的情况，可以断定该生大概率是由于疫情期间自控能力较差，在学习态度，以及学习行为上出现问题，而引起学业问题。

辅导员通过外围人员了解情况后，与该生进行沟通了解到，其家中经济条件不好，在当地疫情形势有所缓解后，父母都到外地打工，该生与爷爷奶奶在农村家中，学生自认家中环境对于自己学习不利。该生表示自己是属于自控能力很差的人，高中期间是因为学校要求严格才学习，进入大学后因为自己身边的同学在学习，自己也能够学习，本学期开始线上课程后，父母在家时还可以进行一定约束，但是父母外出后，爷爷奶奶基本没有监督，最终导致每日不是打游戏就是看电视，基本没有学习，考试之前感觉自己什么都不会，考了肯定也不能通过，所以不想参加考试。

从辅导员掌握的情况也可以看出，该生已经产生逃避心理，且对自己持否

定态度。所以，帮助学生重新建立信心、激发学生的学习动力、养成良好学习习惯是对该生进行帮扶的重点工作。

2. 辅导员多次沟通引导，帮助学生重新建立良好学习习惯

众所周知，好习惯的养成是需要耐力以及时间的，而坏习惯的形成可能只在刹那之间，所以帮助该生重新建立良好学习习惯是一个循序渐进的过程，而不是一蹴而就的。辅导员帮扶该生过程中采取的也是渐进的形式，不直接要求学生要好好学习，戒掉游戏，而是通过与学生亦师亦友的谈话，了解学生过往成绩，了解学生家庭环境，分享过往优秀学生事例，逐渐激发起学生的学习积极性。

首先，辅导员了解到该生在高中期间成绩非常好，是属于班级的尖子生，老师对该生非常重视，而且该生高考成绩很好。在这一过程中，辅导员着重强调该生的学习基础非常扎实，学习能力很强，不论是由于学校要求严格还是班级学习氛围浓烈的影响，都不能抹掉该生学习能力很强的事实。从而让学生意识到自己具备很强的学习能力以及学习基础，逐渐接受自己，而不是否定自己。

其次，了解该生家庭环境。该生是家中独生子女，家住农村，家庭经济情况并不理想，主要经济来源是父母外出打工所得，特别是该生上大学后，父母基本常年在外打工。该生自小成绩很好，父母基本不操心该生的学业情况，该生的学习成绩是父母的骄傲。在这一过程中，辅导员主要引导学生讲述家庭情况，不做过多评价，不做教条式教育，不刻意强调父母外出打工的不容易，以及父母对学生成才的极高期望。辅导员通过引导学生自身讲述，让学生在讲述过程中重新意识到以上这些信息，从内心反思自己的行为，从而能够主动认识到自己行为上的不足，自己需要认真学习。

再次，在和学生做好前期沟通铺垫后，辅导员分享自己往届所带学生的成才经验，以及过往的很多在学业上出现问题的学生通过自己努力成功读研的例子。特别是将这些学生在学习方面的具体做法分享给该生，帮助该生建立信心并分享经验。

最后，辅导员与该生一起制订学习计划，重新建立良好的学习习惯。在这一过程中，帮助学生逐渐建立学习习惯，最初学习时间设定与学生共同商讨，每天的学习时间从 2 小时开始，学生每天向老师打卡学习情况，辅导员积极回复鼓励话语，帮助学生共同坚持。

3. 学生干部“一对一”，帮助解决学习困难

虽然辅导员帮助学生制订学习计划，并且该生坚持打卡，但是由于之前的学习中，该生所落课程较多，即使该生认真学习，存在的困难还是很大，所以在班级安排班长对该生进行“一对一”帮扶。帮扶主要包括主要课程知识点讲

解，以及难题解答，每周进行至少2小时的帮扶。

在这一过程中，学生干部的“一对一”帮扶，一方面可以帮助该生解决学习上的实际困难，另一方面可以让该生感受到身边的同学在学习，从而促进该生学习。

4. 家校联手，共同帮助学生重建良好学习习惯

辅导员在充分了解学生情况后，第一时间与学生家长取得联系。首先，与该生家长沟通学生目前存在的学业问题，以及学生自述的出现学业问题的原因，让家长详细了解学生的情况。其次，安抚家长情绪，家长对于该生出现的学业问题深感震惊，所以辅导员要安抚好学生家长情绪，让他们尽量心态平和地接受这一事实。最后，与家长共同探讨引导学生养成良好习惯的方法，建议该生家长多鼓励关心学生，并关注学生的学习情况，以正向积极的方式与学生沟通。

在这一过程中，辅导员一方面要全面地告知学生的情况，引起学生家长对于学生学业问题的关注，同时沟通过程要注意方式方法，关于学生的有些事情要与家长达成一致意见。另一方面要安抚家长，让他们不产生过激情绪，同时帮助家长重新建立对学生的信心。

在通过上述的引导后，该生的学习状态有比较明显的改变，目前已坚持学习打卡近两个月，自己主动将学习时间从2小时增加到4小时，自己主动将游戏账号转让，该生母亲回到家中监督学生学习。虽然目前还不能确定该生已经建立起良好的学习习惯，但是该生目前的表现说明，该生在主动地、积极地向重建良好的学习习惯努力。

三、案例思考与工作建议

在这个案例的具体实施过程中，比较成功的地方在于，与学生沟通过程中，贴近学生距离，不强制学生、不对学生做硬性要求，沟通过程引导学生讲述，引发学生内心所思，让学生主动反思，认识错误，从主观上想要做出改变。

案例工作工程中还存在很多的不足，例如，对于心理健康知识的理论知识以及实际运用能力有限，特别是积极心理学在运用过程中，还是感觉所学不足，不能做到游刃有余。其次，帮助学生制订的学习计划不一定合理，应该提前与其他同学了解课业情况，根据学生建议以及实际情况引导学生制订更加合理的学习计划。

在工作工程中，加强辅导员对于心理健康理论知识的培训，以及辅导员心理咨询能力的培训，如果辅导员具备良好的心理咨询能力，对于学生工作的开展具有如虎添翼的作用。

哈尔滨工程大学英才基地引领大学生价值思辨能力提升的案例*

内容摘要

大学英语第二课堂作为第一课堂主渠道的拓展和延伸，具有覆盖面广、自主性强、影响力大的特点，是开展思想政治工作不可忽视的重要阵地。本文以哈尔滨工程大学的大学英语第二课堂“哈尔滨工程大学英才基地”为例，围绕社会主义核心价值观及“四个正确认识”，将“价值元素”与大学英语第二课堂有机融合，同时融入积极心理学的理念，引入量化评价机制，有针对性地引导大学生养成积极心理特质、认同核心价值、坚定理想信念。这是落实“立德树人”根本任务的必然要求，是高校人才培养体系的重要环节，也是对大学英语“课程思政”的有力补充，具有重要的现实意义和借鉴价值。

一、案例简介

“哈尔滨工程大学英才基地”（以下简称“英才基地”）是哈尔滨工程大学面向全校学生的大学英语第二课堂，本案例以参加“英才基地”的学生为对象，设计了价值思辨引领贯穿大学英语第二课堂的实施方案，方案围绕积极心理学理念，根据积极心理学的 24 种人格特质，设定了 12 种“价值元素”，并将 12 种价值元素融入了活动内容之中，根据方案开展了系列价值引领的实践活动。活动结束后，基于 SERVQUAL（服务质量）评价模型，设计了调查问卷，通过随机抽样和分层抽样相结合的方法开展了调查，并形成了调研报告。调研报告体现了学生对价值思辨引领贯穿大学英语第二课堂的心理期望度，以及学生在实际参与过程中的心理感知度，通过比较学生的“心理期望”和“心理感知”，找到了差距和不足，并针对不足和问题提出了价值思辨引领贯穿大学

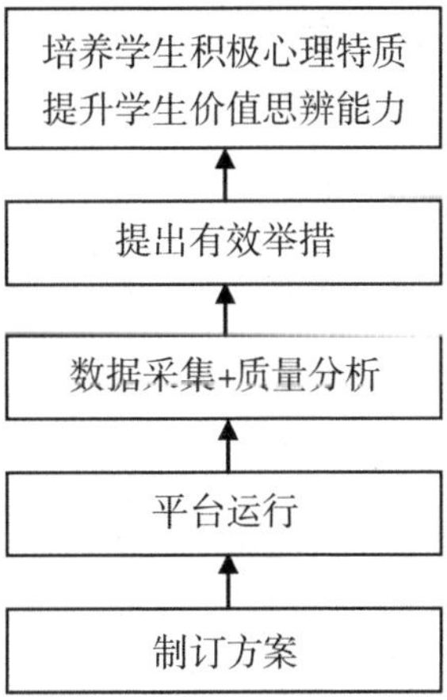

图 1－1　实践的基本过程

* 本文作者：由春桥，哈尔滨工程大学外语系学生工作办公室主任，讲师。

英语第二课堂进一步改进和完善的对策，以达到培养学生积极心理特质和提升学生价值思辨能力的目的。案例实践的基本过程如图1-1所示。

二、案例分析与实践

在积极心理学视域下，依托“英才基地”组织开展了价值思辨引领的各项活动，活动载体的搭建充分考虑了学生成长发展的实际，在活动形式上有交流、演讲、写作、演绎、讲座、观影等多种形式，在活动内容上融入了中外比较、积极的人生观、健康情感情商、文明行为与社会公德等多种元素。这些活动，能够起到调动和引导学生的积极心理的作用，进而使学生树立积极健康的意识，提升价值思辨能力，产生积极行为。

本案例实践环节具体分为三个阶段。

（一）活动设计阶段

根据方案中关于活动形式的设计要求，围绕社会主义核心价值观及“四个正确认识”，在“英才基地”中选取了9个学生参与度较高、反响较好的特色活动，在活动内容设计上融入了“价值元素”。具体如表1-2所示：

表1-2　融入“价值元素”的9个学生参与度较高、反响较好的特色活动

序号	哈尔滨工程大学英才基地活动名称	价值元素			
		A	B	C	D
1	国际视野拓展交流会	中国特色与国际比较	国际视野	价值思辨能力	沟通表达能力
2	英语演讲比赛	价值思辨能力	语言表达能力	积极的人生观	健康文明行为
3	英语大讲堂	文明行为与社会公德意识	思想道德品质	价值思辨能力	国际视野
4	英文情书大赛	感恩学校的集体意识	感恩家人的亲情意识	感恩国家的爱国意识	感恩同学、朋友的友情意识
5	英语话剧大赛	团结协作精神	创新意识	良好的社会关系意识	价值思辨能力
6	英语角活动	沟通表达能力	社会交际能力	价值思辨能力	文化自信
7	Coffee House	健康情感情商	社会交际能力	沟通表达能力	文化自信
8	英语配音大赛	价值思辨能力	创新意识	团结合作意识	语言表达能力
9	Let’s movie	社会正义与良知意识	价值思辨能力	文明行为与社会公德	国际视野

根据方案，每个活动都融入了若干个价值元素，每个价值元素的融入，又都是基于积极心理学的24种人格特质。因此，每个活动也都反映了若干个积极人格特质。

1. 国际视野拓展交流会：反映了欣赏美丽和卓越、头脑开明、精神信仰、正直、有活力、爱、善良、社会智商、宽恕和仁慈、谦虚或谦逊、幽默等积极人格特质。

2. 英语演讲比赛：反映了头脑开明、精神信仰、勇气、持久、希望、自律、正直、有活力、爱、善良、社会智商、宽恕和仁慈、谦虚或谦逊、幽默等积极人格特质。

3. 英语大讲堂：反映了公民权、文明行为与社会公德意识、头脑开明、精神信仰、欣赏美丽和卓越等积极人格特质。

4. 英文情书大赛：反映了感恩等积极人格特质。

5. 英语话剧大赛：反映了领导能力、公正、学习、好奇心、勇敢、创造力、社会智商、谦虚或谦逊、头脑开明、精神信仰等积极人格特质。

6. 英语角活动：反映了头脑开明、精神信仰、正直、有活力、爱、善良、社会智商、宽恕和仁慈、谦虚或谦逊、幽默、精神信仰等积极人格特质。

7. Coffee House：反映了正直、有活力、爱、善良、社会智商、宽恕和仁慈、谦虚或谦逊、幽默、谨慎、精神信仰等积极人格特质。

8. 英语配音大赛：反映了头脑开明、精神信仰、学习、好奇心、勇敢、创造力、领导能力、公正、爱、善良、社会智商、宽恕和仁慈、谦虚或谦逊、幽默等积极人格特质。

9. Let's movic：反映了公正、正直、头脑开明、精神信仰、欣赏美丽和卓越、自律、公民权等积极人格特质。

（二）组织实施阶段

“英才基地”有专门的活动指导教师，在指导教师的指导下，依据活动方案有序开展各项活动。

在各项活动开展前，“英才基地”通过外语系大学英语教研部、研究生公共英语教研部、英语专业教研部进行宣传动员，确保活动宣传覆盖全校本科生和研究生。

根据活动形式特点和便于学生实践体验，确定了适合各项活动开展的场地，并准备好了各项活动工具、道具及设备。

按照活动方案，指导教师结合各类活动实际，引领学生在活动中实现认知体验、价值思辨、情感认同、自我提升的全过程。

（三）调研总结阶段

各项活动结束后，“英才基地”组织了问卷调查，数据收集采用随机抽样和分层抽样相结合的方法，通过数据分析形成了万余字的研究报告。研究报告反映了学生对价值思辨引领的心理期望和心理感知的质量评价情况，以及在活动中的情绪体验和积极心理特质养成情况。数据显示，学生对“英才基地”8个活动中的价值元素的心理感知多数都低于心理预期，只有对 Let's movie 活动中的价值元素的心理感知均高于心理预期。这种情况的出现一般来说可视为正常，因为人们的心理期望一般总是比实际的心理感知更高。数据也显示了学生在参加“英才基地”活动的过程中有所受益。

1. 总体满意度评价分析

数据显示，国际视野拓展交流会对引领学生正确认识中国特色与国际比较有较大帮助，对提升学生沟通表达能力有较好效果。这也说明了学生通过参加国际视野拓展交流会，欣赏美丽和卓越、正直、有活力、爱、善良、社会智商、宽恕和仁慈、谦虚或谦逊、幽默等积极心理特质得到了训练和培养。数据还显示，学生对英语角活动引领其提升社会交际能力方面，以及 Let's movie 活动引领其提升文明行为与社会公德意识方面的满意度较高，表明学生参与这两个活动，对提升社会交际能力、养成文明行为和提升社会公德方面有较大裨益；也说明了这两个活动对训练和培养学生的正直、自律、公民权、社会智商、谦虚或谦逊等积极心理特质效果较明显。

2. 满意度的对比分析

一方面，从男、女生对价值思辨引领贯穿大学英语第二课堂满意度的对比分析来看。

数据显示，男生对英语演讲比赛整体满意度较高，说明该项活动对引领其提升价值思辨能力和语言表达能力、树立积极的人生观、养成健康文明行为具有积极作用；也说明了该项活动对训练和培养男生的头脑开明、精神信仰、勇气、持久、希望、自律、正直、有活力、爱、善良、社会智商、宽恕和仁慈、谦虚或谦逊、幽默等积极人格特质有帮助。数据还显示，男生对 Coffee House 活动在引领其提升健康情感情商和社会交际能力方面满意度较高，说明了该项活动对训练和培养男生的社会智商、谦虚或谦逊、正直、爱、善良、谨慎、感恩、希望等积极人格特质有成效。恰恰相反，女生对以上两项活动的整体满意度较低，说明了女生对这两项活动在引领其提升价值思辨能力和培养积极人格特质方面具有较高的要求。相比男生，女生对英语大讲堂在引领其提升价值思辨能力方面，以及英语话剧大赛在引领其提升良好的社会关系意识方面的满意度较高，说明了该项活动对训练和培养女生的头脑开明、精神信仰、社会智商、谦虚或谦逊等积极人格特质有积极作用。

在看到不同性别大学生群体对价值思辨引领贯穿大学英语第二课堂满意度差异的同时，也应看到共性之处。例如，男生和女生都对英语角活动在引领其提升社会交际能力方面具有较高的认可度和获得感，说明了该项活动在训练和培养男生或女生的社会智商和谦虚或谦逊等积极人格特质方面发挥了较好的作用。

另一方面，从党员、非党员学生对价值思辨引领贯穿大学英语第二课堂满意度的对比分析来看。

从党员学生与非党员学生对比来看，学生党员对价值思辨引领贯穿大学英语第二课堂的满意度要普遍高于非党员学生，反映了党员学生作为青年学生群体中的优秀代表，在感知体验、情感认同、价值判断等方面表现出了相对较好的认知和理解能力。例如，党员学生对英文情书大赛在引领其提升感恩国家的爱国意识方面具有较高的满意度，说明了该项活动对训练和培养党员学生感恩等积极人格特质方面有积极作用。

此外也能够明显看出，党员学生对提升价值思辨能力的要求普遍高于非党员学生，尤其在拓展国际视野、提升语言表达能力、社会交际能力和社会正义与良知意识等方面表现更为明显，说明非党员学生对于自身的要求与党员学生的要求有距离。今后要针对非党员学生的实际整改方案，改进工作方法，加强对非党员学生的价值引领，强化非党员学生的认知和理解力，不断培养非党员学生的积极人格特质。

三、案例思考与工作建议

从调查数据可以看出，价值思辨引领贯穿大学英语第二课堂发挥了育人实效，起到了培养学生价值思辨能力和积极人格特质的作用。但当前价值思辨引领贯穿大学英语第二课堂还处于探索阶段，在一定程度上存在思想认识不高、系统设计不强、内容创新不足等问题，亟须结合学生成长需求，构建具有可操作性、可推广性、可复制性的“大学英语第二课堂+价值思辨引领”的育人机制，着力引导大学生养成积极心理特质、提升价值思辨能力。

（一）提升价值思辨引领的思想认识

价值思辨是一种认识问题，具有主观性，但事物本身所具有的价值具有客观性，要正确认识事物所具有的价值，就必然要加强价值思辨能力的培养。具有建设性和积极作用的人会对社会产生正面价值，相反，具有破坏性和消极作用的人，不但不会对社会产生价值，反倒会对社会造成破坏和阻碍。开展价值思辨引领贯穿大学英语第二课堂建设，将培养学生的价值思辨能力和积极人格特质作为一项长期坚持的工作任务，反映了新时代高校落实“立德树人”根本任务，在今后需进一步提高思想认识，站在“为党育人、为国育才”的高度开展价值思辨引领工作。

（二）发挥学生的主体性作用

学生对有些活动的整体满意度不高，这主要源于学生的主体性作用发挥不明显，直接影响学生的心理体验和效果感知。价值思辨引领贯穿大学英语第二课堂离不开教育主体的主导，包括方案制订、平台搭建、内容设计、实践运行、过程把控、质量评价等诸多方面，但也要加大对学生的认知规律和接受特点的研究，发挥学生主体性作用，形成价值思辨引领贯穿大学英语第二课堂“主客一体”的建设构架。

（三）加强活动内容与形式的有机统一

价值思辨引领贯穿大学英语第二课堂要坚持把“内容”与“形式”统一起来。内容与形式是唯物辩证法的一对基本范畴，马克思辩证唯物主义认为，任何事物都有其内容和形式。一方面，内容决定形式，形式依赖于内容，形式随内容的变化而变化；另一方面，形式对内容又有反作用，当形式适合内容时，就会促进内容的发展，当形式不适合内容时，就会对内容的发展产生阻碍。因此，要加强价值思辨引领贯穿大学英语第二课堂建设，发挥价值引领实效，有效培养学生的心理特质，首先要坚持以内容为王，突出精神实质，用内容来铸魂育人，然后丰富和创新形式，增强价值思辨引领贯穿大学英语第二课堂的吸引力和影响力，做到神形相彰。

第二篇 02

个性与品质

本篇运用积极心理学的视角及方法，结合大学生思想教育的实际工作中的毕业教育、入学教育、感恩教育、诚信教育、心理健康教育、学习指导、就业指导等主题教育内容，从方案和案例两个方面研究大学生积极心理品质提升的实践与探索。通过提升大学生积极的心理品质，使大学生有更多的积极情绪体验，增强大学生的自我效能感，用积极的心态去面对生活中的压力及挑战，促进大学生的身心健康发展。

第三章　个性与品质方案

新生入学教育方案*

内容摘要

新生入学教育是大学教育的第一课，是教育和引导新生尽快适应大学生活的有效途径。为切实做好新生思想政治教育工作，促进其健康成长，全面发展，为进一步促进新生尽快适应大学生活，结合积极心理学中的品格优势理论和自我决定理论等，特制订本方案，以此进一步提高新生步入大学后的适应性、使命感、归属感、幸福感和感恩情。

一、指导思想

为深入贯彻落实党的十九大精神和《中共中央国务院关于加强和改进新形势下高校思想政治工作的意见》文件要求，深化“围绕学生、关照学生、服务学生”内涵，以“强化归属感，提高适应性，促进新生实现‘四个转变’”为目标，以坚持“问题导向，效果优先，学生为主，促进自觉”为理念，以增强新生的归属感、自豪感、使命感和幸福感为基本要求，开展新生入学教育相关活动。

二、基本内容

新生入学教育“以学校为主导，以院系为主体，以班级为核心，以寝室为基本单位，以学生个体为补充”多层次、多角度、全方位地开展各项活动。主

* 本文作者：张彬，哈尔滨工程大学学生工作部（处），副教授。

要内容包括参观哈军工纪念馆、新生的团体辅导、写一封感谢信、记一件好事日记、个体的品格优势活动等，具体内容如下：

（一）学校层面——使命感教育

在新生入学后的军训期间，组织新生参观哈军工纪念馆、船舶博物馆、海洋博物馆等，观看《揭秘哈军工》等纪录片，加强爱国主义教育的同时，引导学生进一步坚定自己的信念，树立投身国防建设，投身建设海洋强国的报国理想，增强自己的使命感。

（二）院系层面——适应性教育

在新生入学后，分别以“相识”“相处”“奋斗”和“幸福”为主题，组织新生开展团体心理辅导活动，在增进学生之间的相互了解的同时，进一步加强学生对大学生活的认识和理解，增强新生的人际交往、大学适应性。

（三）班级层面——感恩教育

在新生入学后，组织新生写一封感谢信的形式，感谢自己的“家长、老师、同学、朋友”，感谢父母的养育之恩，感谢老师的教育之恩，感谢同学和朋友在自己的人生道路上给予的帮助，以此进一步增强学生的社会责任感和感恩的情怀。

（四）寝室层面——认同感教育

在新生入学后，组织新生开展以“我的成长日记”为主题的活动，记录每天发生的一件好事情，通过这一活动教育引导学生在大学的学习生活中学会发现大学的美，从而进一步增强学生对大学的认同感和满意度。

（五）个人层面——幸福感教育

在军训结束后，对个体开展品格优势活动，引导学生在大学的学习和生活中有效识别并运用自身的品格优势，增强自己的责任感和幸福感，促使学生获得更多的积极体验，从而积极地适应大学生活，形成良好的校园氛围。

三、形式和举措

入学教育将采取“学校—院系—班级—寝室—个人”五位一体的教育模式逐级开展。

（一）使命感教育活动

1. 教育主题：传承哈军工精神，增强使命感

2. 教育时间：新生入学后 10 天内完成

3. 教育措施

（1）参观哈军工纪念馆，时长 1 小时。

（2）参观启航船舶馆，时长 1 小时。

（3）参观海洋馆，时长 0.5 小时。

（4）观看《揭秘哈军工》，并开展讨论，时长 4.5 小时（分三次进行，每次 1.5 小时）。

4. 教育目标：增强学生对学校历史的了解，增强学生的归属感和使命感。

5. 负责单位：学生工作部（处）、各院系

6. 积极心理学原理：积极心理学的自我决定理论提出人具有三种心理需要，分别是自主的需要、胜任的需要和关联的需要。当这三种心理需要满足时，人们会感到很幸福。本环节的使命感教育，正是以通过增强学生胜任的需要为着力点，使学生明确意识到肩负的国家使命和社会责任，从而满足自己的心理需要同时提高幸福感。

（二）适应性教育活动

在新生入学期间，分别开展以“相识”“相处”“奋斗”和“幸福”为主题的团体辅导，消除新生陌生感、孤独感，加速新生对大学生活的适应性，促进新生尽快认识新同学，结交新朋友，适应新生活。

1. 教育主题：同学间的认识与大学适应性教育

2. 教育时间：新生军训期间完成

3. 教育措施

（1）新生团体辅导——相识篇，时长 1 小时。

（2）新生团体辅导——相处篇，时长 1 小时。

（3）新生团体辅导——奋斗篇，时长 1 小时。

（4）新生团体辅导——幸福篇，时长 1 小时。

4. 教育目标：促进学生之间的彼此相识，尽快融入集体，适应大学生活，进一步增强凝聚力。

5. 负责单位：军训团、各院系

6. 积极心理学原理：心理学家卢卡斯和迪纳在一项研究中发现，无论是内向的人还是外向的人，都是在有人陪伴的时候更快乐，幸福感指数更高。因此，开展团体活动可以有效提高学生之间的交流和互动，从而直接增加学生的幸福感指数。

（三）我的一封感谢信活动

在新生入学期间，开展“我的一封感谢信”活动。组织新生给自己的“家长、老师、同学、朋友”写一封“感谢信”，可通过实体邮寄的方式，将写好的感谢信邮寄出去，感谢他们的帮助。

1. 教育主题：给他的一封感谢信

2. 教育时间：新生军训结束后一周内完成

3. 教育措施

（1）给家长的一封感谢信，时长 1 小时。

（2）给老师的一封感谢信，时长 1 小时。

（3）给同学的一封感谢信，时长 1 小时。

（4）给朋友的一封感谢信，时长 1 小时。

4. 教育目标：增强学生对父母、老师、同学和朋友的感情，学会感恩他人，从而进一步适应大学的学习和生活。

5. 负责单位：各院系

6. 积极心理学原理：积极心理学之父塞利格曼的研究发现，人们在一周之内写一封感谢信给他从未感谢过的人，并邮寄出去，在未来一个月之内会引起显著的积极行为。本活动可以有效地激发学生的积极行为，增加学生的积极体验。

（四）我的成长日记活动

在新生入学期间，开展“我的成长日记”活动。组织新生在日记本中记录一件发生的好事，并记录其原因。日记至少持续一周时间，时间可根据学生实际适当延长，并在合适的时间以班会的形式，向同学们分享日记中的一件事，并详细阐述其原因。

1. 教育主题：我的成长日记

2. 教育时间：新生军训结束后一个月内完成

3. 教育措施

（1）第一天的快乐成长日记，时长 1 小时。

（2）第二天的快乐成长日记，时长 1 小时。

……

（7）第七天的快乐成长日记，时长 1 小时。

4. 教育目标：进一步增强学生的认同感和幸福感。

5. 负责单位：各院系、各寝室

6. 积极心理学原理：积极心理学之父塞利格曼的研究发现，人们在一周之内每天晚上写下当天发生的三件好事，并说明原因，可以有效地增加幸福感，降低抑郁程度，效果可以持续 6 个月。本活动可以有效地提升学生的幸福感。

（五）我的品格优势活动

针对有需求的学生个体，通过进行品格优势的问卷测试，使其了解自己突出的品格优势，并在一周内，每天运用自己的一个突出的品格优势，做一件事情。

1. 教育主题：我突出的品格优势

2. 教育时间：新生入学第一学期内

3. 教育措施

（1）运用“智慧与知识的品格”，做一件事情，时长不限。

（2）运用“勇气品格”，做一件事情，时长不限。

（3）运用“仁爱品格”，做一件事情，时长不限。

（4）运用“公正品格”，做一件事情，时长不限。

（5）运用“节制品格”，做一件事情，时长不限。

（6）运用“超越品格”，做一件事情，时长不限。

4. 教育目标：了解自己的品格优势，增强幸福感。

5. 负责单位：心理咨询教师，学生个人

6. 积极心理学原理：积极心理学认为，识别并运用自己的品格优势可有效地提升自己的幸福感。品格优势对于学校适应和职业发展具有积极的促进作用。

四、总体要求

第一，新生入学教育各个层面在抓落实的同时更要抓细节，要将教育效果体现在每个新生身上。各院系应当根据学校新生入学教育方案的总体安排，制定院系层面、班级层面和寝室层面详细的入学教育方案和入学教育时间表。

第二，各院系要善于创新形式，丰富内容，开展灵活多样的入学教育，尽快实现学生“四个转变”。对于新生教育过程中好的做法和经验，学校将大力宣传；对于出现的问题，各院系要及时上报。

第三，请各院系根据本院系实际情况制订本院系入学教育方案，并于××××年×月×日前报送至学生工作部（处）（主楼××办公室），电子版发至×××。联系人：×××，电话：8251××××。

五、效果评价

新生入学教育将采取以下几种方式对新生入学教育效果进行评估：

（一）开展新生入学教育过程的情况通报

各项活动结束后，学校将对各项活动的开展情况进行通报，对于完成较好的学院进行通报表扬，对于未完成的学院进行通报批评。

（二）开展新生辅导员、班主任、学生代表座谈

入学教育完成后，学校将分别组织新生辅导员、班主任和学生代表开展座谈会，对入学教育中出现的问题进行深入的了解，并在以后的工作加以改进。

（三）开展新生入学教育效果调查

学期末，学校将针对新生入学教育工作以问卷的形式开展调查，将入学教育各项工作的学生满意度进行量化，了解各院系工作的开展情况和学生评价。

积极心理学视域下的毕业教育方案*

内容摘要

毕业教育是大学生在校的最后一课，更是大学教育和大学文化的延伸，是对整个大学教育效果的反映、检验和应用。结合积极心理学的原则和方法，促进毕业生长久保持积极向上、健康幸福的品质，充分利用学生离校前的契机进行生动深入的爱校、敬师、感恩、奋斗方面的教育。

一、指导思想

为深入贯彻落实党的十九大精神和《中共中央国务院关于加强和改进新形势下高校思想政治工作的意见》文件要求，在整个教育过程中坚持“文化导向，需求引领，引导为主，以情育人”的理念，开展毕业教育。推动我校毕业生以执着的信念、优良的品德、丰富的知识、过硬的本领，顺利迈向新征程，勇敢担当起国家工业化、信息化和国防现代化的历史重任。

二、教育内容

毕业教育内容以促进母校情、师生情、亲子情、同学情的四情互动作为主要因素，以增强感染力、把握亲和力、体现凝聚力、富于责任感、强化归属感作为基本要求，在正确引导学生情绪、情感上下功夫，内容主要分为学校层面教育和院系层面教育。

（一）学校层面教育内容

主要有 3 个环节：一是感恩留念环节，包括种植毕业留念树、爱心传递活动、学士服留念和寝室卫生打扫等内容；二是职前激励环节，包括毕业星语、毕业生留言卡、诚信教育、评选毕业金榜和优秀毕业生等内容；三是毕业送别环节，包括毕业升旗仪式、在校最后一次党课、毕业宣誓暨丝带留念、毕业典礼等内容。

（二）院系层面教育内容

主要包括：“毕业一封信”活动、“送老生”活动和“文明离校”活动。

---

* 本文作者：叶紫丁，哈尔滨工程大学学生工作部（处），助理研究员。

三、学校层面毕业生离校教育的形式和举措

（一）感恩留念环节

1. 应用积极心理学的方法

积极心理学之父赛利格曼曾招募 411 名参与者，随机分配 5 种练习方法来帮助人们提高幸福感（Seligman，Steen，Park & Peterson，2005）。对比发现，所有方法都可以显著提高幸福感，而感恩、记录好事和运用自己的优势这三个方法在 6 个月以后仍然有效。基于此，本环节的教育举措侧重于通过感恩、留念、传递和做好事等元素，来持续性地提高学生幸福感。

2. 具体教育形式及举措

（1）种植毕业留念树。为抒发毕业生对母校的留念之情，组织毕业生以班级为单位种植留念树，寄托留念之情，把根留住。

（2）爱心传递活动。号召毕业生将闲置物品捐赠出来，组织毕业生闲置物品二手交易市场，给经济困难的师弟师妹们提供精神上的关爱和物质上的帮助，以实际行动回报母校、表达对学弟学妹的关心和支持，将爱心传递下去。

（3）学士服留念。利用学士服这种有形可见的离校教育载体，通过设立租赁学士服平台、制作学士服留念印章和组织班级集体学士服合影等形式，满足毕业生需求。同时引导毕业生树立责任感，做到借用学士服归还时跟借出时一样干净整洁、配件完整，反映大学教育效果。

（4）寝室卫生打扫。号召毕业生打扫寝室，传承我校毕业生文明离校的优良校风，为在校学生做好表率。

（二）职前激励环节

1. 应用积极心理学的方法

赛利格曼称，幸福没有统一的标准，但却随着精神的投入而有着不同的蓬勃程度。当人生丰盈时，才会充满生机和快乐的情绪。实现幸福人生应该具有 5 个元素，要有积极情绪、要投入、要有良好的人际关系、做的事要有意义和目的、要有成就感。这五要素不仅能帮助人们笑得更多、感到更满足，还能带来更好的效率和更多的健康。基于此，本环节的教育举措侧重于通过激励、互动、表彰等元素，来持续性地提高学生幸福感。

2. 具体教育形式及举措

（1）毕业星语。征集毕业生的毕业感言，将每个优秀毕业生感言与照片制作路灯展板，悬挂于学校主干道路两旁，以达到鼓舞全校学生的目的。

（2）毕业生留言卡。通过制作精美的留言卡片，号召毕业生给母校、新生、

未来自己留言，在校生请师长为自己写下临别祝福，为毕业生提供一个表达留念之情、交流思想的平台，进一步促进四情互动。

(3) 诚信教育。大力搞好诚信教育，通过诚信教育会等形式，增强毕业生诚信意识，在以后的生活中勇于说诚信话、行诚信事、做诚信人，树立起诚实守信的良好道德风尚；组织贷款毕业生签订还款协议，同时发放国家助学贷款还款手册和还款确认函，确保贷款毕业生诚实守信，按时足额还贷。

(4) 评选毕业金榜暨优秀毕业生。开展毕业金榜、优秀毕业生评选工作。对毕业生群体中学习表现突出的集体和个人进行奖励，发挥毕业生典型的引路示范作用，反映新一届毕业生昂扬的精神风貌，激励在校学生以他们为榜样。

(三) 毕业送别环节

1. 应用积极心理学的方法

积极心理学家乔纳森·海特认为，在幸福之外，还可以将幸福的价值进一步放大，实现超越自我局限的人生升华。而超越自我的一个有效方法，就是融入一个比自我更大的群体之中，一起为着利他的目标努力，就能有效获得提升感，获得持久的幸福。基于此，本环节的教育举措侧重于通过融入、提升、信念等元素，来持续性地提高学生幸福感。

2. 具体教育形式及举措

(1) 毕业升旗仪式。在毕业典礼第一天，以举办全体毕业生最后一次升旗仪式的形式，对毕业生进行爱国主义教育和集体主义教育。期盼毕业生走向社会时，能够理解国家所寄予他们的厚望，深刻体会到自己肩上的使命。

(2) 在校最后一次党课。以组织毕业生党员听党课的形式，深化学生党员的教育与培训，激励毕业生在今后的人生道路上成为立德表率、学习表率、创新创业表率和实践奉献表率。

(3) 毕业宣誓暨丝带留念活动。号召毕业生为“陈赓像”“受命群雕”献上献花，表达感恩母校之情。组织毕业生宣誓仪式，引导毕业生总结过去，展望未来，深化对自身的社会责任和人生追求的认识。并以黄丝带留念的形式，让每位毕业生在黄丝带上认真写下对母校、对恩师、对同学的留念心语，系在留念牌上寄托留念之情。

(4) 毕业典礼。为形成大学教育完整闭环，举办全校性的毕业典礼，力求突出特点、内容丰富、形式多样。积极促进毕业生情感的升华。将毕业典礼办成品味收获、增进情谊、感恩生活、展望未来的典礼。

四、院系层面毕业生离校教育的形式和举措

院系层面的毕业生离校教育除继续强化学校层面有关内容外，重点是尊师爱校教育、行为规范教育、文明离校教育。各院系可根据自身特点，对毕业生进行针对性的教育，形成本院系毕业生离校教育方案。主要开展以下活动：

第一，“毕业一封信”活动。在毕业典礼前各院系以学生工作办公室或毕业生辅导员的名义向毕业生家长邮寄一封信。致家长信应当体现以下内容：一是对学生顺利毕业，向家长表示祝贺；二是邀请家长在条件允许的情况下参加学生毕业典礼；三是提醒家长及时关注学生的思想动态，在毕业生离校期间经常与辅导员沟通、交流。

第二，“送老生”活动。倡导在校学生为毕业生举办叙旧班会、送别歌会、科研心得座谈等各具特色的“送老生”活动，为毕业生送去在校生的祝福。

第三，“文明离校”活动。各院系要对毕业生离校期间的行为规范提出明确要求，严肃校规校纪，提倡以积极向上的心态处理和面对就业中遇到的各种问题，坚决反对和杜绝损坏公物与扰乱校园秩序的行为。

五、效果评价

毕业生离校教育结束后，学校将进行毕业生离校教育效果调查研究工作，以便于改进明年毕业离校工作。同时还将对各承办单位所承办活动的效果和组织情况进行评价，作为院系学生工作评价体系的组成部分。

就业困难毕业生指导帮扶方案*

内容摘要

毕业生就业工作是事关学生“出口”路径与未来发展的“民生工程”与“惠民工程”，为毕业生提供就业指导、帮扶与服务是落实相关文件会议精神的重点工作，做好就业困难毕业生的指导帮扶工作更是就业工作的重中之重。通过精准识别就业困难对象、动态掌握就业困难群体需求、建立“六位一体”协同工作专组以及离校后持续关注等措施，帮助毕业生培养积极的心理品质、正确面对就业问题、改善就业心态、提升就业能力、激发就业潜能、解决实际就业困难，“顺利毕业，尽早就业”。

一、指导思想

深入学习领会习近平新时代中国特色社会主义思想，贯彻落实党的十九大精神，坚持就业优先战略和积极就业政策，实现更高质量和更充分的就业，鼓励高校毕业生等青年群体多渠道就业创业。“就业是最大的民生”，每年的全国就业工作座谈会上都基本把高校毕业生就业放在了全国就业工作的首要位置，就业困难毕业生的就业问题又是高校毕业生就业工作的细化与深入。《教育部关于做好2020届全国普通高等学校毕业生就业创业工作的通知》要求“强化就业困难群体帮扶”，其中就要求各地高校做到实行分类帮扶和“一人一策”动态管理，优先推荐岗位，做到就业帮扶精准发力。受新冠肺炎疫情影响，今年高校毕业生就业形势更加复杂严峻。稳就业工作是“六稳工作”的首要任务，高校毕业生就业更是稳就业工作的重中之重，习近平总书记指出，要注重高校毕业生就业工作，统筹做好毕业、招聘、考录等相关工作，让他们顺利毕业、尽早就业。

二、教育内容

进一步强化对就业困难毕业生的就业指导服务，健全就业困难毕业生就业指导服务工作体制机制，增强就业指导教师帮扶意识，开展卓有成效的思想政

* 本文作者：柴雨萌，哈尔滨工程大学学生工作部（处），讲师。

治引导工作，提升指导服务工作水平。转变毕业生不正确的就业观念，对于就业期望值过高或者有依赖心理的学生，要让其认清当前的就业形势，找准自身定位，正确对待自身的优缺点，同时加强对毕业生的思想政治教育，正确处理国家、集体和个人三者之间的关系，拓宽其就业思路，引导其树立先就业再择业的就业观。另外，要加强对就业困难毕业生的心理健康教育，定期排查毕业生是否存在心理异常的情况，建立动态预警机制，发现存在心理异常的学生要及时加以干预，并通过一系列的就业指导帮扶举措，培养毕业生积极就业的心理品质，这能够让毕业生正确面对就业问题，改善就业心态、提升就业能力、激发就业潜能，解决实际就业困难，解决困惑、消除焦虑、实现理想就业。

三、形式与举措

深入贯彻习近平总书记“要多措并举做好高校毕业生等群体就业工作，确保就业大局稳定”的重要指示精神，采取切实有效的措施，全力做好就业困难毕业生的就业工作。

（一）调查摸底，把握就业困难对象

深入调查摸底，准确识别认定就业困难毕业生。在对就业困难毕业生的认定过程中要改变以往传统的认定模式，由被动的学生申报变为主动的积极调查，学生工作处就业指导服务中心要联合各相关院系精准识别出就业困难毕业生和无就业意愿毕业生，摸清就业困难毕业生的相关信息，具体分析每一位就业困难毕业生难就业的原因，基本实现掌握数据、分析原因，精确指导，一对一帮扶。

就业困难对象的精准识别是做好精准帮扶的首要工作，学生就业困难群体是长期各方面困难累积形成的结果。主动地深入学生群体积极调查有利于及时准确地挖掘就业困难潜在对象，能更好地帮助他们分析就业困难原因和市场对人才的需求方向，对就业困难群体进行分类指导，有针对性地提供指导服务。

（二）建立台账，把握就业困难群体需求

准确把握就业困难毕业生的求职需求，健全就业困难毕业生就业工作台账，台账需落实到每一位就业困难毕业生，动态了解毕业生就业状态。“台账”字段须包括“学院”“专业”“姓名”“学号”“联系方式”“未就业原因”“就业困难类别”“意向单位性质”“意向单位行业”“意向职位类别”“意向就业地域”“理想薪资待遇”“是否签约”“签约单位”“到企业报到时间”“目前就业状况（上述字段不能说明的情况需填写此字段）”，随时动态掌握学生情况。

就业求职是一项动态的工作，需要长期跟踪和调整，我们在早期发现的就业困难毕业生，在经过一段时间的指导和帮扶下，可能就会成为非就业困难毕

业生，顺利地找到理想工作。早期我们认定是正常可以就业的毕业生，也可能经过一段时间的求职失败后，心态发生了变化，可能就变成了就业困难毕业生。建立就业工作台账，可以动态地了解毕业生就业状态，根据就业困难群体的需求，及时调整帮扶方案，开展个性化辅导和推荐岗位信息。

（三）建立就业工作专组，分类指导精准帮扶

根据就业困难毕业生难就业的原因以及求职需求，建立“心理疏导、生涯规划、学业帮扶、经济资助、市场拓展、信息管理”六位一体的协同工作专组，健全校院两级联动全员参与就业机制，对每一位就业困难毕业生进行就业帮扶，务必做到“一人一案”“一人一策”，尤其要建立与就业困难毕业生“一对一”“多帮一”的结对帮扶机制，顺利实现就业困难毕业生“顺利毕业，尽早就业”。建立良好的社会支持系统，可以增强学生对社会支持的感知与利用，当学生在就业时如果能够感受到来自学校、学院、辅导员等的关心与支持，可以很好地缓解学生的就业压力。

1. 心理疏导专组，依托学生发展指导中心，对因心理健康问题就业困难以及在求职过程中产生心理压力的毕业生开展个体咨询。积极的情绪推动人们主动地从事物的积极面思考，而且可以提高人的意志品质，使个体做出良好的适应性行为。通过开展个体咨询培养积极的情绪体验，使人的身心都处于积极的状态中，能够勇敢面对就业，迎接就业过程产生的各种困难。

2. 生涯规划专组，依托学生发展指导中心，对无意向单位、职业规划存在盲目性的毕业生积极开展个性化咨询。积极的人格品质有助于个体适应社会，应付生活中存在的各种压力。积极的人格品质内涵是丰富的，在就业方面主要表现为对自身的认识正确，对自己奋斗的目标明确。通过开展个性化咨询，树立正确的就业观念，形成积极的就业意识。

3. 学业帮扶专组，依托学习指导中心对学业有困难的毕业生积极开展学业指导帮扶，帮助学生完成学业，对暂不就业继续考研类学生中存在盲目性的毕业生积极开展个性化咨询。自我效能是指个体以自身为对象思维的一种形式，指个体在执行某一行为操作之前对自己能够在什么水平上完成该行为活动所具有的信念、判断或主体自我感受，学业帮扶专组可以帮助他们解决目前存在的学业问题，增强自信心，提高自我效能，有利于学生成功就业。

4. 经济资助专组，依托助学工作办公室，开展家庭经济困难学生就业经济资助，从困补专项资金和一分阳光社会基金对疫情影响不同程度的困难学生给予资助，对困难学生进行流量包资助，保证顺利参加“空中宣讲会”，帮助学生顺利求职，顺利就业。

5. 市场拓展专组，依托就业指导服务中心，行业工作组和院系就业工作组积极开展就业市场拓展，组织召开大型“空中宣讲会”、不同行业专场“空中宣讲会”和重点单位“空中宣讲会”，并结合学生实际情况，积极主动向用人单位推荐就业困难毕业生，实现精准对接。

6. 网络信息专组，依托就业指导服务中心充分利用教育部“24365 全天候网上校园招聘”平台和省就业平台，保持与我校重点单位联系，积极了解、收集“东北五校”“国防七校”等协作体高校发布的“空中宣讲”信息，根据企业需求、专业类别、学生意愿等精准推送院系及毕业生，帮助毕业生高质量就业。

（四）持续跟踪关注，就业服务不断线

针对离校时仍未就业的就业困难毕业生，学校建立“离校未就业毕业生库”，加强和生源省区人社部门的联系，做好衔接以及跟踪帮扶工作。就业困难毕业生经过在校期间的系列指导和帮扶，可能仍存在未就业的情况，开展对其离校就业持续跟踪关注工作，可以为其提供不断线的岗位推送、不断线的指导培训、不断线的重点帮扶以及不断线的接续服务，帮助其在顺利毕业基础上实现尽早就业。

四、效果评价

（一）利用分层抽样的研究方法，通过电话回访来了解就业困难毕业生是否顺利就业

在就业困难毕业生就业工作台账中，以学院、学历、性别三个因素为分层，随机从每一个独立层次中单纯随机抽取样本进行电话回访，了解毕业生是否顺利就业。利用分层抽样的方法，能够抽取更有代表性的样本，并且误差相对更小，访问结果更具有说服力。

（二）通过 8 月 31 日初次就业数据对就业困难毕业生指导帮扶效果进行检验

利用分层抽样的方法主要是从个体的角度来看帮扶是否有效果，学生是否就业。通过 8 月 31 日“省教育厅关于全省普通高校毕业生初次就业状况的通报”，可以从整体的角度来看我校就业率是否提升，来反馈就业帮扶的成效。

（三）通过 11 月 30 日年终就业数据对就业困难毕业生持续跟踪帮扶效果进行检验

每年年底学校需要撰写本年度毕业生就业质量报告，需要在 11 月 30 日前对该年度毕业生就业情况进行再次核对，生成该年度毕业生年终就业情况数据库。利用该数据库对与离校时仍未就业的就业困难毕业生信息库进行比对，看其是否顺利就业，来反馈对离校时仍未就业的就业困难毕业生持续跟踪帮扶的效果。

家庭经济困难学生学业帮扶方案*

内容摘要

大学时期是一个人发展的重要阶段。近年来，由于贫困、自身性格等造成学业困难的学生不在少数，他们需要他人的开导、引领与帮助，尤其家庭经济困难学生更需要我们去关注，更需要我们更早地去发现、去帮扶。采用积极心理学的方法在学习、心理、创新创业、生涯规划与就业指导、社会实践、榜样引领等方面对他们进行系统性帮扶，通过某一点或者多点激发起他们的学习动力，从而完成转变达到帮扶的目的。通过实际案例验证，这些帮扶取得了良好的效果，帮助他们取得了良好的学习成绩，改变了他们的消极情绪，使他们保持积极乐观的态度面对学习与生活。

一、指导思想

高校家庭经济困难学生相较于普通学生更容易产生自卑、焦虑、抑郁和压力等消极情绪，常常自我封闭，人际关系紧张。将积极心理学的相关理论与研究作为指导思想引入学生工作中，从学习、心理、创新创业、生涯规划与就业指导、社会实践、榜样引领等多方面对家庭经济困难学生进行系统性帮扶，帮助他们增加自信心，找到学习兴趣，进一步提升能力进而解困心理，有利于从本质上实现家庭经济困难学生的“心理脱贫”和“思维脱贫”，帮助他们适应大学生活。

二、教育内容

（一）心理帮扶

将积极心理体验活动运用到高校对家庭经济困难学生的心理健康教育和引导中，主要工作目的是让学生能以积极的心理情绪来代替消极的心理情绪，以此方式引导学生以正确的思维方式认识和看待生活，并以积极的心态去处理生活和学习中可能遇到的问题和困难。

朋辈帮扶让他们感受到了集体的温暖与快乐，积极开心地融入集体生活中。

---

* 本文作者：高明，哈尔滨工程大学航天与建筑工程学院辅导员，讲师。

参加校内活动完成自己的作品增强他们的成就感与幸福感。积极参加志愿者活动，这样的经历让他们体会到与人交流、沟通的乐趣。更多地参加集体活动让他们体会到了坚持与奋斗的乐趣。参加这些活动，能够使他们变得更加热情、更加积极地面对学习生活，并且能够享受学习生活。

开展积极心理体验活动，积极引导高校家庭经济困难学生参与其中，能够帮助他们以积极的心态去面对各类负面事件，从而采取正确的方法去处理学习与工作中的问题，他们还能够从活动中获得健康和积极心理状态的体验，使他们的幸福感得到增强。

（二）学业、双创、生涯、就业多方面帮扶

基于积极心理学的心理指导，让帮扶学生抛开消极悲观的情绪，挖掘并培养他们潜在的积极品质，让他们肯定自身的价值与优点。引导他们的身心健康向积极和有益的方向发展，并在学习和生活上保持积极乐观的态度。

学业上的指导与帮扶，让学生不断增强学习的自信心，避免成绩导致的自卑感以及其他问题。创新创业的帮扶教育提升家庭经济困难学生的创新能力，激发他们的创新热情。同时也加强了他们对自己专业的学习兴趣，从而增强学习动力，为良好的学风形成提供支持。

生涯规划与就业指导帮扶让他们有了明确的方向，帮助他们打消了就业的焦虑，并教会了他们一些求职就业的技巧。他们有了更强的学习动力，现在在为自己的目标而不断奋斗。他们在不断地提升自己的能力，要通过自己的努力改变自己现状。他们对生活充满了信心与希望，有了更强的学习动力，他们会用学习改变自己的命运，给自己创造一个未来。

社会实践的参加不仅让他们在过程中正确认识自己，找到自己的价值所在，使他们抛掉消极的心理情绪，以积极的心理情绪面对学习与生活，还能让他们以正确的心态面对困难，能够学会处理压力事件，这也帮助他们在今后的学习中如何解决难题。

（三）榜样教育

榜样的力量是无穷的，尤其是具有相同经历的同学，他们走过的路会让被帮扶教育的对象增强学习动力，同时激励他们向优秀学长学习，坚定理想信念，为日后学习发展提供成长坐标以及精神和榜样支持。

三、形式与举措

通过积极心理学的方法指导对家庭经济困难学生进行引导。首先，在学生最主要的学习方面帮助家庭经济困难学生的弱项，让他们能够有信心、有动力搞好学习。其次，通过心理指导和其他的一些帮扶力量，让他们抛掉消极的心理，充分挖掘他们潜在的自身能力，鼓励他们发挥自身优势，帮助他们培养和强化适应现实的能力，以帮助他们形成良好的社会心理品质和正确的行为模式面对新的学习和生活。具体的措施如下：

（一）进行老师、同学、室友多方位的学习帮扶

为更加有针对性地完善学业困难学生帮扶和管理，时刻关注着家庭经济困难学生的学习情况。鼓励他们多参加学院的交流活动：学院内进行老师的经验交流讲座，帮助他们更多地了解专业背景和方向，并结合培养方案，帮助他们确定自己的学习目标，将整个学习阶段做一个明确的规划，从而使他们高效而稳进地进行学习；高效利用课余学习时间，与舍友们谈心谈话，鼓励舍友们帮助他们薄弱学科方面的学习。成立以学生党员为主体的帮扶团队，交流分享难度较大以及挂科率较高学科的学习方法和经验并将其分享给学业有困难的贫困学生。

（二）开展个体辅导、朋辈辅导心理帮扶活动

第一，引导家庭经济困难学生选修学校的有关心理健康教育的选修课，大学生心理健康教育，朋辈心理辅导等，通过老师的讲授来增强他们对心理健康知识的了解。第二，鉴于积极心理学，辅导员对家庭经济困难学生以个体辅导以及朋辈辅导相结合的方式，不断鼓励其打开心结。并定期开展心理健康教育活动，针对家庭经济困难学生的心理辅导、生涯体验，以心理健康教育为主题的团活。同时通过各种主题班会的机会不断增加他们的发言参与，并以此增强集体主义、爱国主义教育，增强这些学生的参与度和自信心。第三，招募大学生志愿者加入帮扶队伍，对学院具有心理问题的困难同学进行朋辈帮扶，并定期邀请专业老师来对志愿者们进行培训。针对不愿前往咨询室进行咨询的同学，在每个班级选定一个心理委员并对他们进行心理健康知识培训指导，让他们能够对班级中的家庭经济困难学生进行心理帮扶。同时在一定的时间段内听取他们的汇报工作，对重点关注对象进行持续跟踪。

（三）举办双创教育与实践活动

对家庭经济困难学生做好专业创新创业引导教育，开展专业实践教育，引导并帮助他们重视提高自己的实际运用能力和动手能力，培养良好的创新思维能力。第一，培养家庭经济困难学生参赛热情。鼓励他们积极参加引导型立项、启航杯等面向低年级的创新创业比赛，培养基本的创新思维和团队合作能力，为他们参加专业领域内各类创新活动做好心理和能力上的准备。第二，锻炼学生参赛能力，通过学院双创导航员队伍举办科创沙龙等讲坛宣传创新创业知识，

使他们能够依托专业背景和个人兴趣选择参加科创比赛，逐步提高参赛能力。第三，增强学生科研信心。鼓励他们参与国家大学生创新创业立项、学校重大型立项、普通型立项，通过师生共同创新、教师直接指导等形式，鼓励他们积极主动地参与专业老师的研究项目、课题等，同时完成创新训练，帮助他们尽快建立起科研信心。通过三方面综合方法，使学生由内而外加强学生创新能力，同时激发学生创新热情，使他们能在参与的过程中找到自己感兴趣的学习和研究方向，注重以创新实践的形式帮助他们树立科创、科研信心。

（四）开展生涯规划与就业指导帮扶活动

为了帮助家庭经济困难学生解决家庭贫困引发的就业烦恼，要依托学院已有的就业和帮扶资源对学生进行生涯规划和就业指导帮扶。首先，对于存在就业优虑的学生，鼓励他们选修大学生职业生涯规划、大学生心理健康等课程，解决认识自己，认识就业问题。通过学校已有的生涯规划、辅导员谈话等帮扶服务，进行就业指导帮助他们完成具有专业特色的职业生涯规划，明确自己的学习目标，了解就业形势，并确定自己的发展方向。然后，对于有志于自主创业的学生，通过学校已有的创业平台，如多种创业课程，多类创业赛事，多项创业帮扶政策，鼓励他们进行自主创业，依托学院科创沙龙分享学院已有的优秀成功创业案例，分享创业经验，鼓励并帮助有能力的学生主动参与创业。最后，对于高年级就业困难家庭经济困难学生，要通过辅导员谈话的形式帮助他们减轻就业优虑；帮助他们认识就业问题；还有建立就业帮扶群的形式，集中通知就业信息与各项政策，提供相关招聘信息，帮助他们实现就业。

（五）举办优秀学长事迹分享会

第一，组织优秀学生开展学习经验交流会。给困难学生树立一个优秀的榜样，并向他们传授良好的学习习惯以及科学高效的学习方式，引导他们通过刻苦学习来改变自己的家庭状况。针对学习能力较差的同学，可以让其所在班级学习成绩较好的同学进行一对一的辅导。第二，邀请往届优秀毕业生回校开展讲座。通过分享往届毕业生的大学生活以及现在的生活，让困难同学思考自己的大学生活应该如何度过，同时增强他们对于自己未来的信心。第三，组织曾经有过相同问题的学长分享自己的经历。通过这些学长自身经历的分享，来帮助和引导困难学生正确面对自身问题，从而更有针对性地进行帮扶。

四、效果评价

第一，帮扶对象个体跟踪。通过追踪帮扶对象校园各种生活、学习等方面活动，尤其是成绩等方面信息，掌握其经过帮扶之后的每学期学习生活情况，对所采取的帮扶教育方案进行评价。

第二，被帮扶对象自我反馈。被帮扶对象自我评价被帮扶前后的差别，直接判断学生被帮扶效果。

第三，家长反馈。定期与家长沟通，对帮扶教育的效果进行侧面调查，了解真实效果。

参考文献

[1] 张悦欢．积极心理学：提升高校资助育人成效的有益路径 [J]．佳木斯职业学院学报，2020，36（7）：165－167.

积极心理学视域下的学优生学业指导方案*

内容摘要

归纳和剖析学优生学业成长遇见人格成长困惑和发展困惑，从积极心理学角度提供有利于学生个性成长的方案，为学优生提供一对一、个性化的学业指导，真正促进学优生更全面、更长远的发展。

一、指导思想

学优生学业指导应该从“全才培养”的思维出发，根据学生个性成长的需求提供有利于发展和有利于独立人格成长的教育。针对学优生人格成长困惑和发展困惑，方案运用积极心理学理论，构建校院二级学业发展指导体系、学习方法工作坊、同辈辅导计划、一对一学业发展咨询：通过对学生进行人生规划、学术兴趣和科研方法的指导、跨文化交流等环节整合资源，因材施教，优化学优生能力提升体系，为学优生的个性化发展提供订单式的服务。

二、教育内容

在教育管理上，不仅要看到学优生身上的闪光点，更要深入了解他们的内心世界，有针对性地从积极心理学的角度对学优生进行学业指导、心理指导。

（一）加强思想政治教育，树立正确的世界观、人生观和价值观

世界卫生组织提出21世纪健康观，把健康定义为身体健康、心理健康、社会适应良好和道德健康，道德健康是统帅。加强“三观”教育，能够帮助学优生正确处理个人与社会和国家的关系，正确处理个人奋斗和团结协作、服务与索取的关系，有利于他们把握人生方向，正确处理各种矛盾，从以自我为中心的思维模式中摆脱出来，更健康地成长。

（二）树立正确的竞争意识，培养团队合作精神

为了促进学生的全面发展，学校、院系制定相关综合测评条例，在德智体各方面都有具体的要求。针对学优生存在的问题及时予以引导以及教育，明白社会的需求和竞争需要的能力。同时还应引导学优生学会正确地交往与合作，

---

* 本文作者：郭鑫，哈尔滨工程大学学生工作部（处），副教授。

在团队合作中去学习如何处理人际关系。

（三）开展挫折教育，提高学优生的心理调适能力

学优生往往勇于追求成功而承受不住失败，遇到困难和挫折时往往不知所措，进而变得萎靡不振。要使学优生保持良好的心态去感受事物、处理问题，就必须不断提高他们的心理调适能力，严格要求并实施挫折教育：同等对待，不搞特殊化；制定合理的干部选拔制度，鼓励学优生积极参与竞争，引导他们正确面对工作的压力和挫折；适度地批评与鼓励教育相结合，帮助学优生正确认识自己的弱点和不足之处；客观、公正地给予评价，及时做好学优生的思想疏导工作，注重健康心理的培养。

（四）家庭、学校、社会共同协作，创造良好学习环境

培养优秀的知识人才，需要学校、家庭、社会的共同努力，去创造一个良好的学习环境。首先，引导学优生树立正确的学习目标，学会正确地自我认识、自我评价、自我教育。其次，加强思想道德教育、情感教育、人格教育和心理健康教育，促进学优生的思想健康发展。再次，建立大学生心理危机干预机制，开展大学生心理危机预防教育和心理辅导，对陷入心理危机的学优生采取快速、及时、有效的干预。

三、形式与举措

（一）建立专门的学业指导工作机构，组建专兼职工作队伍

1. 建立学业发展指导中心。中心以“为学生的学习与发展提供专业化的指导、咨询和支持服务，提高学生学习质量，服务学生成长成才”为宗旨，吸取各高校学生学习辅导机构的经验，整合各类学习资源，让学生在获取学业成就的同时，形成良好的学习态度并掌握有效学习和终身学习的技能，为今后的学习和工作打好坚实的基础。

2. 组建专兼结合的学业指导工作队伍。学业发展指导中心选配的专职人员应具有生涯规划、高等教育学、心理学、学生事务等领域的相关知识和专业背景，有相关的资格证书。学业发展指导中心的兼职工作人员应由学校高层次的专业教师和学业优秀的本科生组成。

（二）开展形式多样的学业指导活动，构建学业指导工作体系

针对不同特点的学生群体，学业发展指导中心须构建以学生为中心的学业发展指导体系，尝试为学习困难学生提供专业而切实的帮助，为某方面有专长的学生提供个性化指导和支持，探索因材施教的新理念和新方式。在此基础上设计了学业发展一对一咨询、乐学工作坊、学霸答疑坊、学业发展规划大赛和

“科大之星”校园巡回报告会五类活动。这样一套完备的指导体系充分尊重了学生的个体差异，促进了教师深度指导的师生互动平台搭建；促进了朋辈互助文化的朋辈辅导计划设计。

1. 学优生学业发展一对一咨询

学业发展咨询主要针对来访学生学习与发展问题进行个性化的指导，中心有专职的教师担任咨询师，设立专门的咨询室，以预约面谈的方式为学生提供学业咨询服务，每次咨询时长大约为 1 小时。咨询的主要方向为学习方法与习惯养成问题、学业规划设计与实施问题，咨询的主要内容包括适应大学生活、掌握学习方法、开发个人潜能、拖延、考试焦虑等。咨询师通过和学生之间的交谈互动，帮助学生思考如何完成学业，如何提高技能和学习效率，找到学习动机和兴趣，以便做出真正适合自己的学业选择。

2. 乐学工作坊

针对学生提升学习能力和可迁移能力的需求，学业发展指导中心通过举办开设工作坊，举办讲座、茶话会、集体见面会、艺术沙龙等多种方式，让参与学生在小组中自由对话，在和主持人与其他学生的交流中，帮助学生提高学习能力，交流合作、解决问题等综合能力。中心目前开设的有大学学习方法、时间管理、学业发展规划、领导力提升、团队协作、学习资源利用等系列工作坊。

3. 学霸答疑坊

学霸答疑坊是通过在全校范围内招聘品学兼优的学霸志愿者，组成“学霸答疑坊”志愿服务团，于固定的时间、固定的地点，为低年级同学提供朋辈学习辅导服务。目前工作主要有基础课程答疑、英语 CET 小班辅导、班级预约上门辅导等。

4. 学业发展规划大赛

学业规划的制订与实施是帮助大学生实现其所确立的学业目标的过程，规划的内容涉及专业观的培养以及在自我分析的基础上学业目标的制定、实施、评估与调整等多方面的内容。个性化的学业规划充分尊重了学生的个体差异，有效帮助学生全面地认识自我、探索并明确未来的发展方向，从而确立大学期间的学习目标与实施方法，保证学生能合理安排自己的大学学习生活。

5. “校园之星”巡回报告会

为了发挥优秀学生的榜样示范作用，学业发展指导中心每年 10 月在新生入校期间开展“校园之星”巡回报告会（“校园之星”包含学习之星、创新之星、志愿服务之星、文艺之星、体育之星），学生与优秀学长之间进行了自由的互动。优秀学长就学生的一些困惑作切身体验式的答复，并分享自身大学学业生活的有益经验，为学生学业方面的决策提供良好可行的范本。

（三）二级学院需构建和完善学业管理制度

学业规划指导工作是一项系统而长期的工作，不可能一蹴而就。建立和完善学业规划指导的相关制度和规定，可以促进工作的制度化、规范化开展。二级学院应有一套适用于学业规划指导的具体制度和规定，明确学业规划指导工作的具体职责、工作范畴、工作要领、指导方法、实施细则、学业规划评价、教师工作要求等具体的制度、规定和要求。以便科学指导，逐步规范，并形成制度。建立学业辅导制度。通过提供学业咨询、讲座和学业培训课程等形式帮助学优生进一步提升学习成绩，战胜困难，顺利完成学业；还可以帮助那些虽无退学风险，但仍有进步潜力的学生最大化地提升学习成绩，从而为下一步的发展打下更好的基础。完善学业预警制度。改变传统的“事后处理型”管理为“事前预防型”管理，建立学业规划动态监测机制，对学生每学期的学习以及学业规划实施情况进行监测，提醒和督促大学生就学业规划的内容达成情况进行自查，并根据阶段性特征，及时地对环境和条件做出分析和评价，对下一阶段的学业规划进行合理的调整，不断拓展知识结构，提升综合素质。对学生在学习过程中可能出现或已经发生的不良后果，进行及时提示、告知，让学生可以有针对性地采取相应的补救和防范措施，帮助学生顺利完成学业。同时，密切家校联系，注重师生互动，充分发挥家校教育合力，汇聚师生正能量，实现大学生学业规划的动态良性运行，不断提高学业规划的质量与效益。

（四）建立健全学业预警激励机制

加强专业教师、辅导员、班主任、学业咨询师、学生骨干与家长、学生之间的学业沟通，线上线下联动，及时预警，有效干预。扩大心理健康教育的覆盖面，强化心理辅导，着力提升学生面对学习压力的自我调适和抗挫折能力。注重培养认真细致的学习态度和勇于面对挫折的态度，避免学生因为一时的失败影响持续学习的积极性，为面对人生的起伏打好心理基础。通过对学生学习时间、出勤率、学情预警方面的监督，及时发现学生的情绪变化，及时进行干预，帮助情绪低落的学生尽快恢复积极的学习生活状态。

四、效果评价

第一，开展学优生自评调查问卷，对学业咨询效果进行调研。开展学优生学业发展一对一咨询工作，对教学效果进行调查研究，以便于改进日后的学优生学业指导工作。

第二，建立新的学业评价体系。改变传统的课堂终结性考试评价方式，推进形成性与终结性评价相结合的评价模式，鼓励多种形式的课堂考核方式。合理确定与审核平时成绩在总成绩中的比重，增加课堂表现、平时测试、作业测评等在成绩中的比重。重视学习的过程，重视学生在学习中的体验。积极推进学分制管理，建立学习成绩、学分绩点与评优评奖、学位授予相挂钩制度。

少数民族预科生心理韧性提升方案*

内容摘要

心理韧性培养旨在建设积极的心理状态，探索保持良好心理健康状态、积极情绪状态以及高强度心理耐受性的方法。传统以问题为导向的高校少数民族预科生心理教育方法难以适应当前的教育环境，应当以积极心理学提升少数民族预科生的心理韧性，在少数民族学生的日常学习生活中，通过组织活动，赋能学生成长，提升学生心理韧性和抗挫折性，培养锻造学生坚韧的心理品质，实现学生健康成长。

一、指导思想

积极的心理状态是学生积极面向自我、实现身心协同发展的良好状态。积极心理学指向积极的心理状态，将良性的心理健康状态保持、积极的情绪发展、心理韧性的提升作为教育的核心目的，并进而发挥积极心理状态对行为的引导作用，建立良性的“心理—行为”路径。以积极心理学提升少数民族预科生的积极性，挖掘少数民族预科生的积极天性，挖掘其内在品质和精神力量，均具有思想价值和现实价值。这也是夯实少数民族预科生精神内核，塑造学生良好身心状态的重要环节。

结合中共教育部党组关于印发《高等学校学生心理健康教育指导纲要》中对高校学生心理健康发展所提出的倡导，其要求加强高校人文关怀和心理疏导，规范发展心理健康教育与咨询服务，更好地适应和满足学生心理健康教育服务需求，培育学生自尊自信、理性平和、积极向上的健康心态，促进学生心理健康素质与思想道德素质，基于少数民族学生在教育发展方面需提升专业性的特征，本文针对少数民族预科生提升心理韧性问题进行定向研究。

二、教育内容

我们在进行少数民族预科生心理韧性锻造和积极心理状态培养的过程中，形式上采用的是学校教育和社会教育相结合的方式。在学校教育中，采用“预

* 本文作者：李佳，哈尔滨工程大学学生工作部（处），讲师。

科课程教育 + 心理健康教育 + 文化体验 + 素质教育”的方式；在社会教育中，以“课外体验 + 社会参与 + 文化娱乐”作为教育主线，降低文化和民族差异性对少数民族预科生身心健康状态的影响，为少数民族预科生融入主流文化场域和大学校园生活中进行铺垫，促使少数民族预科生在文化教育和社会参与中提升心理韧性，关照自我，认识自身和社会，正确认识自身社会定位和价值。

第一，抗挫折教育。抗挫折教育是少数民族预科生积极心理引导中的重要教育内容。少数民族预科生在预科阶段往往会面临各种挫折，这些挫折类型并非直指少数民族预科生的个人能力，而是背后具有深刻的思维惯性、民族文化传统、民族生活方式和社会发展传统动因。应当首先将抗挫折教育作为少数民族预科生心理韧性教育中的构成部分，提升少数民族预科生在面对主客观身心挫折时的积极心理建设水平，降低消极情绪对其身心的影响。

第二，沟通教育。沟通教育是少数民族预科生在高校预科学习阶段中面临的普遍问题，这主要是基于民族聚居地区在文化传统、语言习惯、沟通习惯方面的差别性而言的。辅导员等学生工作者在少数民族预科生积极心理学建设中，应当将“形式 + 实质”的沟通教育内容作为积极心理学教育内容，关注沟通形式和沟通内容，将此作为引导少数民族预科生建设积极心理路径的措施。

第三，社会与文化教育。学生工作者应当将社会与文化教育作为少数民族预科生积极心理学引导的任务，教育其形成对汉族主流文化的认识并逐步提升对它的其文化认同度，降低少数民族预科生在经济社会生活、文化娱乐传统、宗教信仰差别性等方面与汉族学生的差别，将文化融通和社会生活习惯方面的理解与包容作为少数民族预科生心理韧性教育的任务和内容。

三、形式与举措

积极心理学对于促进大学生实现身心协同、平衡发展具有关键意义，其有助于实现大学知情意的协同发展。在少数民族预科生心理韧性培养活动方案中，将定向物质帮扶与心理健康成长项目、分享会与寝室文化活动、社会与文化教育作为主要的活动构成部分，塑造少数民族预科生良好的心理状态。

结合上述思想和活动设计思路，将活动流程规划如下：

（一）定向物质帮扶与心理成长支持项目

1. 少数民族预科生定点帮扶立项

哈尔滨工程大学辅导员进行少数民族预科生的特困帮扶，结合国家励志奖学金项目、国家及工程大学学生勤工助学项目等开展特困生帮扶工作，进行定期人员申报，每学期组织 1 次特困生帮扶建档。通过定期与学生工作处、校团委及院系少数民族工作团体进行沟通，实现特困学生100%资金帮扶，80%以上的项目帮扶，并实现对特困生不低于65%以上的帮扶效果回访，对特困生在享受学校及专业帮扶中的身心成长状况进行跟踪调研。

2. 素质拓展教育

以初赛和复赛的方式进行少数民族预科生的竞技，初赛单元设计为并足运球、盲人背瘸子，预赛单元设计为生死电网、潮起潮落，采用标准化素质拓展的流程和活动评分方法，在素质拓展中提升少数民族预科生的团队协作能力和沟通合作水平。

3. 常规性心理健康周/月活动

哈尔滨工程大学学生发展指导中心建立多维度少数民族预科生心理疏导机制。设立每年5月作为心理健康月，坚持学生1次/学期的心理健康管理，对于经由跟进后证明存在心理健康问题的学生，由学校心理健康教师牵头辅导员共同进行学生的心理辅导。

（二）分享会与寝室文化活动

1. 学生分享会

类型一，读书分享会。读书分享会有助于少数民族预科生通过阅读读物，阅读汉译外国名著，通过阅读积极心理学专业书籍，国内外小说等，在读书分享中反思自身。读书会的频次为15次/学年，阅读的书籍不低于4册，单次发言学生为5名，每人10分钟。具体时间及活动安排可以结合少数民族预科生的课表进行调整。

类型二，经验分享会。辅导员召集在心理韧性培养和积极心理锻造方面的优秀少数民族预科生代表进行经验的分享。每学年经验分享会的召开次数设定为15次，单次分享学生数量为3名，发言时间为20分钟，其他学生可以向学生代表进行提问，总体活动时间控制在2个小时左右。

2. 寝室走访和学生谈心

辅导员坚持4次/月的少数民族预科生寝室走访，对少数民族预科生在哈尔滨工程大学学习过程中的挫折及困难进行掌握。辅导员深入学生工作一线，对少数民族预科生的挫折状况和动因进行挖掘，并进行1次/月的汇报学习和集中商讨，对学校方可以解决的问题进行沟通解决，建立少数民族预科生多维度关怀和照顾。在寝室走访中，辅导员着重关注的项目是寝室关系融合度（10分）、寝室文化融合度（10分）、寝室学生互评（10分）。

（三）专题文艺汇演与少数民族文化节

1. 专题文艺汇演活动

哈尔滨工程大学学生工作处联合各学院组织专题文艺汇演活动，在活动中设置少数民族预科生表演环节，主要类别如下：

第一，舞蹈表演。藏族舞蹈《缘定萨玛志》、傣族舞蹈《彩云之南》等舞蹈表演可以直观诠释少数民族预科生的文化底蕴；第二，服装表演。朝鲜族、白族、哈萨克族、维吾尔族等民族的预科生进行民族服装展示表演，其也可以在服装表演的同时放映少数民族服装制作视频，对民族文化进行进一步宣传；第三，多民族合唱。汉族师生和少数民族预科生合唱《我和我的祖国》《爱我中华》等歌曲，牢固树立少数民族预科生的民族理念，使少数民族学生在哈尔滨工程大学拥有更为良好的体验感，促进汉族学生和少数民族预科生和谐发展。

2. 举办少数民族文化节

哈尔滨工程大学少数民族学生服务中心每年于5月中下旬举办少数民族文化节。少数民族文化节是与少数民族预科生积极心理状态培养和身心健康保持直接相关的娱乐项目。少数民族文化节共计分为三个部分：第一部分民族文化展，辅导员组织预科生以文字介绍、图片、工艺品、乐器、服饰、特色食品等形式进行本民族文化展示；第二部分少数民族电影放映，少数民族影视文化融入校园文化，形成好的价值观教育环境，弘扬社会的真善美，丰富学生的内心世界；第三部分是人生分阶游园，鼓励学生进行生命展望和体验，升华少数民族文化内容，将人生感悟赋予少数民族文化中。少数民族预科生将在该互动中培养团体精神，塑造自信内在品质，有效处理人际关系，发挥该类艺术活动对少数民族预科生积极心理状态和良好心理韧性的培养。

四、效果评价

少数民族预科生在接受了课业和社会教育后，其整体心理韧性水平将得到显著提升，逐步树立了积极的心理健康状态。以如下方式进行学生心理健康状态评估：

第一，进行少数民族预科生心得体会座谈，使少数民族预科生在自我反思和自我完善视角下提升校园生活融入度，以坚韧的心理状态迎接生活和学业的挑战。

第二，开展少数民族预科生心理韧性教育效果调研，学校将进行少数民族预科生教育效果调研，以便于顺利帮助少数民族预科生进入本科学习阶段。

第三，进行少数民族预科生互评留言，通过互评留言提出3个值得学习的优点，学生间相互激励，使学生在自我接纳、群体接纳和群体融入方面逐步建立起了积极的心理应对机制，以自主性面对人际互动和自我认知方面的问题，建立积极的心理状态面对挑战。

积极心理学视角下的学生党员教育管理方案*

内容摘要

在党员及入党积极分子中开展经常性的教育管理是保证党员发展质量、保持党员先进性的重要措施之一。从高校学生党建工作开展的情况来看，大学生党员教育管理存在着以下问题：入党动机多元化、学生党员发展质量不均衡、党课教育方式单一等，这些现状影响了党员的发展质量和发挥作用。因此本方案结合工作中遇到的情况，利用积极心理学的知识，创新党员日常管理和教育培训方式方法，推动学生党员先进性的发挥。

一、指导思想

习近平总书记在全国高校思想政治工作会议上指出："要做好在高校教师和学生中发展党员工作，加强党员队伍教育管理，使每个师生党员都做到在党爱党、在党言党、在党为党。"[1]同时，高校学生党员是青年储备力量的重要来源，是我党永葆青春活力的重要保障，对高校广大青年学生树立正确的理想信念和人生目标起着重要的示范和引领作用。新时代背景下，提升高校学生党员培养质量，加强高校学生党员建设具有相当重要的作用。积极心理学是研究人如何发挥潜能和美德的学科，将积极心理学与党建工作相结合可以有效提升高校学生党员培养质量。

二、教育内容

党建工作不同于普通的思想政治教育工作，尤其是发展党员和党员教育管理工作，带有很强的规定性，违反入党程序就不能保证发展党员的质量。在实际的工作中，要做好积极心理学和传统教育的有效结合，在宽容的环境下做到严肃认真，才能保证工作质量。

从入党启蒙教育到党员培训和党员日常管理，将积极心理学的知识融入学院党建工作中。利用积极心理学知识最大程度地调动学生参与活动的积极性，引导学生积极地完成党组织布置的任务，激发学生的成长成才的积极人格力量。

---

* 本文作者：梁艳艳，哈尔滨工程大学航天与建筑工程学院辅导员，讲师。

在工作中，营造积极的工作氛围，变通方法手段，创造性地落实和开展日常管理、教育培训，形成党员先进性发挥的长效机制。主要从以下几方面开展工作：

第一，党员日常管理。党支部应当运用“三会一课”制度，定期召开主题党日、组织生活会和民主评议党员，对党员进行经常性的教育管理。

第二，党员的教育培训。加强党员培训，引导党员坚定共产主义远大理想和中国特色社会主义共同理想，增强“四个意识”、坚定“四个自信”、做到“两个维护”，增强党性，提高素质，认真履行义务，正确行使权利，充分发挥先锋模范作用。

第三，党员榜样引领。通过树立、学习身边的榜样，设立党员示范岗、党员责任区，实施定岗明责，鼓励和引导党员在学习之余，参与志愿服务。

三、形式与举措

针对目前党员教育管理中出现的学生入党动机不明确、培养质量差、党员发挥作用不明显等情况，常规的工作方式方法已经满足不了新时期的要求。本文将积极心理学的知识和党建工作相结合，来提高学生党员的培养质量，主要有以下措施：

（一）党员日常管理

1. 政治理论教育。组织党员学习党的基本理论、基本路线、基本方略，深入学习党的十九大精神、习近平新时代中国特色社会主义思想等，同时要求每名党员，学习强国 App 每天需要达到 30 分并完成极光新闻学习，由党支部组织委员进行统计上报。

2. “三会一课”和党日活动。每月固定一天进行党日活动，每个支部每学期至少组织学生入党积极分子和学生党员进行一次参观军工纪念馆、走访红色革命基地、三下乡等党日活动，把党的各项方针政策的知识融入实践活动中，使学生在与老百姓的接触中，真正感受到党的伟大历史和社会主义制度的优越性，使学生能够亲身感受到入党的意义，对未来充满希望，进而端正入党动机，增强内在情绪体验。

（二）加强积极分子和党员教育培训

1. 教育培训时限。按照发展党员工作细则，对入党积极分子和预备党员进行培训，同时对发展对象进行集中培训不少于 24 学时，党员每年参加培训不少于 32 学时。

2. 教育培训内容。根据学校政治理论学习计划，制订学院学生党支部政治理论学习计划，每月进行政治理论学习；制订预备党员和入党积极分子培训教学计划，积极分子培训内容有：党的理论知识、端正入党动机、党员的权利和义务、发展党员的程序和手续；预备党员培训内容有：党的发展历程、如何做一名合格的共产党员、坚守纪律规矩底线自觉维护中央权威、哈军工纪念馆与哈军工、共产主义理想与当代知识分子的历史使命；发展对象的培训内容有：学习《中国共产党章程》《关于党内政治生活的若干准则》、参观哈军工纪念馆、海洋文化馆、船舶博物馆、指导填写《入党志愿书》、讲解发展党员程序等。

3. 教育培训和考核的方式。改革党课教育模式，在积极分子和预备党员党课培训课上增加研讨与答辩环节，以微型讲坛教育为载体，学生由"被动听"到"主动讲"，构建党员及积极分子自我展示、互动交流、自我提高的平台，激活党员及积极分子自我教育的原动力，增强党课教育的吸引力。

结业考试改变以往单一的试卷考试形式，在全体学生党员及入党积极分子中开展"微型讲坛"教育活动，即以短小精悍的形式，由党员及积极分子在10分钟内围绕一个主题，联系自身情景感受和经历体验进行深入浅出的讲演，透彻讲解一个鲜明正确的观点。以此为牵引，全面提高党员及入党积极分子的教育质量。

同时，在实际工作中，运用积极心理学相关的工作模式，提高党员的培养质量；为学生党员开展积极心理学相关的课程，引导学生积极面对工作、生活、学习，优化了党建组织系统。

（三）发挥党员榜样引领作用

1. 创建党员之家。创建了党员之家，使广大党员学习有场所、活动有阵地、作用发挥有舞台，增强学生党员的归属感。

2. 实施定岗明责机制。结合积极心理学的特点，坚持以人为本，不断地发现学生的特点，通过在日常学习生活中为每一个学生党员提供一个实践岗位，把党员的责任义务明确化、具体化，在实践中服务同学，满足党员社会归属的心理需求，展示党员的先进性，高效地激发党员积极参与社会实践的内在动力，使学生党员的积极人格力量得以发挥，自身素质得以提高。

每学期进行一次线下分享会、线上微视频，每两年进行一次党员风采大赛，通过优秀学长、优秀党员校友的事迹分享，充分发挥先锋模范作用，增强党员的学习动力和发挥人格力量。

四、效果评价

第一，把积极心理学知识融入党员日常管理中，创建了学院党建工作的新模式，激发了学生的积极性和主动性。通过问卷调查发现，学生党员在党员意识、责任意识、批评与自我批评、同学认可度等方面都有较大的提高，进而学生党员在先进性发挥方面取得了较大的体现，同时增强了党员的归属感和满意度。

第二，基于积极心理学的党课教育模式，为党员与积极分子提供自我展示、互动交流、自我提高以及激发原动力方面的平台，同时通过党员风采大赛等形式，激发了党员先进性发挥的原动力和活力，取得了显著成效，对学院的党建工作产生了持续的推动作用。

参考文献

[1] 习近平：把思想政治工作贯穿教育教学全过程 [EB/OL]. 新华网，2016-12-08.

[2] 童林，李霞. 积极心理学与大学生心理健康教育 [J]. 武汉工程大学学报，2010 (10).

积极心理学视域下的大学生感恩教育的方案*

内容摘要

当代青年人在步入大学前所接受的教育往往偏重于知识性的文化课程，因此大学生群体感恩意识缺失的现象时有发生。为培养新时代大学生的健康心理，塑造当代青年人的健全人格，感恩教育应当作为思想政治教育的重点得到重视。本方案本着层次性、主导性与多样性相统一的思政教育原则，试图通过感性的形式带领学生回忆成长经历，使学生深刻感受到来自家庭、学校、社会和祖国的恩情。同时，注重引导学生理性对待负面情绪，避免形成冷漠、自私和脆弱的人格。

一、指导思想

为深入贯彻落实党的十九大精神和《中共中央国务院关于加强和改进新形势下高校思想政治工作的意见》文件要求，以“立德树人”为核心，将感恩教育作为帮助当代大学生塑造健全人格的重要基础、树立正确三观的必要保障，以培养大学生的感恩意识，将感恩之情转化为感恩行动为目标，强化“文化导向，需求引领，引导为主，以情育人”的理念，开展感恩教育的相关活动。

二、教育内容

面对当下大学生普遍是独生子女的现状，源于学校的感恩教育不再适合以往的“粗放式”说教，从积极心理学角度出发显然成为大学生感恩教育的一条新路。

从积极心理学角度讲，感恩是一种可以练习出来的能力。感恩教育主要分为“培养感恩意识”“强化感恩行动”两个方面，二者同时展开，相互关联，不可分离。感恩意识使学生认识到感恩行动的意义并投身其中，感恩行动使学生在实践中深化感恩意识。只有二者有机结合，才能在有限的时间内进行较为成功的感恩教育。具体内容如下：

---

* 本文作者：刘浩然，哈尔滨工程大学计算机科学与技术学院辅导员，讲师。

（一）培养感恩意识

大学生感恩意识形成的影响因素是多元的，感恩意识的培养过程具有长期性、系统性的特征。在感恩教育研究中发现，大学生的感恩意识的形成主要源于家庭、学校、社会的合力，因此学校应当在推动大学生形成感恩意识的合力中发挥应有作用。学校应该充分利用各类资源及平台加强大学生的感恩意识培养，同时在大学生感恩意识培养的过程中，可以从积极心理学的视角出发，注意培养大学生积极、乐观的解释风格，激发其内在感恩动机；用心贴心、面对面等方式拓宽大学生感恩意识形成的途径。积极心理学的研究发现，具有乐观解释风格的个体在生活中能更多体验到积极情绪、生活满意度更高，对社会更容易充满感恩、更多地体现出亲社会行为。

（二）强化感恩行动

积极心理学的大量研究表明，个体能够在积极的活动中获得积极情绪体验。因此，组织并引导大学生参加各种感恩活动，不仅能够让其获得积极情感体验，还能够促进其将感恩认知转化为回报他人等亲社会行为、利他行为，是强化大学生感恩行为的有效途径。因此，学校可以通过志愿服务活动等社会实践设置或渗透感恩教育内容及活动；通过学生第二课堂平台设置感恩训练工作坊等；搭建各类社会公益活动，比如：感恩义卖活动。让大学生在各种感恩行动中，体验到感激等积极情绪，有利于提升他们的感恩意识，激发感恩情感及行为；开展以感恩为主题的教育活动，学校可以以传统节日为契机，思考中华传统文化中与感恩教育的共同之处，引导学生在活动中体会感恩的力量，学习感恩表达的方式，并将感恩行动落在实处。

三、形式与举措

感恩教育将分为“培养感恩意识”“强化感恩行动”，两个方面同时展开。

（一）培养感恩意识

1. 参观团

从积极心理学成就的角度看，进行家国情怀的主题参观，能够激发学生热爱祖国、建设祖国的热情，从而使这种积极的主观体验转化成不断努力的动力。

由团委牵头组织家国情怀参观团的形式，让学生们深刻认识到，我们今天的繁荣富强来之不易。引导学生思考国家和民族命运，当学生满怀对国家对先烈的感激之情时，因势利导使学生明确在今天衡量人生价值的标准中，最重要的就是看一个人是否用自己的劳动和聪明才智为国家和社会真诚奉献，为人民群众尽心尽力服务。

2. 分享会

积极心理学之父塞利格曼的研究发现，人们在一周之内写一封感谢信给他从未感谢过的人，并邮寄出去，在未来一个月之内会引起显著的积极行为。学生们把埋在心底的感恩讲出来，事半功倍。

以“感恩的心——我要感激谁”主题，通过班会的形式，让学生们讲述自己成长过程中的故事，既能给每名学生提供展示自己的舞台，又能通过每个人不同成长环境和经历，引起学生们的共鸣和思考。通过每个人的亲身经历，共同分享成长路上获得的来自家庭、学校和社会上的帮助和关爱，共同感恩成长路上所得到的帮助。唯有心存感恩，才知报恩，努力学习，做好现阶段自己该做的事情，才能做到既不辜负这份恩情，也能回报这份恩情去帮助更多的需要帮助的人。

3. 谈心谈话

谈话谈心面向全体学生，重点针对问题较为突出学生，进行一对一的谈心谈话引导。根据学生家庭的个性情况，与学生共同回忆成长的经历，以及个人成长过程中父母所付出的辛勤汗水，尤其是经济困难家庭的学生。并且在谈话谈心中注意关心学生在学习、生活中的困难。通过此种形式使学生摆脱日常生活中所积累的负能量，激发学生的积极行为，增加学生的感恩意识。

（二）强化感恩行动

1. “三下乡”

开展科技下乡、文化下乡、医疗下乡的社会实践活动，一方面磨炼了大学生的意志，奉献了爱心，收获感恩，反过来使得学生更加懂得如何去感恩；另一方面提高了同学们的组织协调能力、独立思考能力和分析解决问题的能力，提高了自身的综合素质。同时学生在“三下乡”社会实践的过程中，由于在一起住宿、一起调研、一起工作，相互照应、同甘共苦，大大增强了互相之间的团结协作精神。

2. 主题团日活动

主题团日活动是广大团员青年参与团组织生活的重要途径，加强青年团员思想政治教育的良好载体，同时也是开展感恩教育的有效途径。由各团支部组织同学开展主题团活，看望养老院的老人，帮助老人打扫房间、整理个人物品等从帮助别人的过程中收获快乐；志愿者活动，通过志愿服务活动，倡导和推进爱心助人、奉献社会，这既能够让学生们收获感恩，感受到助人为乐，也能够继承中华民族互帮互助的优良传统。

3. 利用传统节日开展感恩实践活动

我国传统节日具有鲜明的传统美德和感恩思想的内涵，是新时代大学生进行感恩教育极好的契机和方式。依托传统节日对新时代大学生开展感恩教育实践活动，有利于培育新时代大学生尊重师长、孝敬父母和感恩他人的优良品德；对于增强民族自豪感和自信心具有重要现实意义；有助于大学生最大程度获得感恩教育的益处，增强感恩教育体验，享受感恩实践活动的乐趣，促进大学生思想道德素质的提高。

例如：清明节组织大学生到附近的烈士陵园、英雄纪念广场开展扫墓祭祀活动，感恩先烈、感恩英雄；中秋节通过诗歌朗诵等感恩父母辛勤劳作和养育之恩。

四、效果评价

感恩教育将采取以下几种方式对感恩教育效果进行评估：

第一，开展以感恩为主题内容的问卷调查，了解学生对感恩教育内容及形式的认可程度，同时征集学生们的反馈意见，对方式方法进行必要的调整，使主题教育内容更易于被学生们接受。

第二，邀请辅导员、班主任和学生代表进行感恩专题座谈，了解学生们学习状态和课余生活的变化和调整，以及课余生活中与父母沟通的情况，通过情况汇总分析对效果进行评估。

第三，对三下乡活动、主题团活组织评比，以感恩社会、团结协作为导向，激发学生们的参与热情，邀请心理中心教师、辅导员和学生代表作为评委，对活动实现效果进行评估。

第四，通过与学生家长沟通，了解学生假期返乡后的变化情况，是否做到了感恩报恩，能够主动分担家务和自己力所能及的事务，以此进行效果评估。

感恩是指对自然、社会和他人给自己的恩惠和帮助由衷地认可，并发自内心真诚回报的一种认识、情感和行为。通过一系列多种形式的活动，让学生们学会感恩、懂得知恩图报是当前大学生感恩教育的一项重要内容。感恩是一种品德，感恩不仅是一种发自内心的感激，而且能提高大学生自身的思想品德修养，传递“正能量”，激发大学生为实现“两个一百年”奋斗目标和中华民族伟大复兴的中国梦而努力奋斗。

来华留学生适应性教育方案*

内容摘要

随着教育水平的不断提升，教育领域的不断扩大，我国的教育国际化进程不断加快。来华留学生教育正从“规模扩张”向“提质增效”进行转变。跨文化适应教育是来华留学生培养的关键环节，也是提高学生培养质量的突破口。本方案以积极心理学为理论依据，以塑造学生积极品质、培养学生积极能力为目标，通过入学教育、心理健康教育、学业指导、文化交流、实践活动等手段，帮助学生克服语言障碍、人际交往、饮食起居、文化适应等困扰，以健康、积极的状态投入到学习中，并在重塑自我的过程中，实现个人的持续发展。

一、指导思想

来华留学生的适应性问题归根结底是由跨文化所导致的个体原有的文化社会期望、价值观、信仰和态度的失衡。跨文化所引发的这种失衡状态不仅会带来心理压力，而且会给个体带来产生恢复平衡的动力。因此本方案将通过外在手段和措施，运用积极心理学的方法调动来华留学生认识自我、改变自我的动力，调动自身优势和资源，挖掘潜在能力，培养积极品质以适应新的文化环境，在身心重塑的过程中，实现个人的成长成才。

二、教育内容

根据积极心理学理论，从塑造积极人格特质和培养积极的个人能力两个方面，将自尊、自爱、自信根植于留学生心中，通过提高留学生学习能力、抗压能力和社交能力使留学生尽快适应新的环境。具体教育内容设计如下：

（一）入学教育

首先，为留学生提供人性化服务。在学生入学前提供翔实的入学指南，方便学生顺利完成入学报到手续，规避学生报到不畅导致的受挫心理。其次，开展畅游校园活动，帮助留学生尽快熟悉校园，减少陌生环境带来的不安全感。开展校史校情教育，使学生具体认知学校情况；举办开学典礼，使留学生感受

---

* 本文作者：刘旭，哈尔滨工程大学国际合作教育学院辅导员，讲师。

到学校对新生的重视与关爱，增强其归属感。最后，充分发挥留学生朋辈关系的作用。根据国别，安排同胞参与到新生入学的各个环节中，减少新生对新环境的陌生感。组建来华留学生团体，例如：来华留学生学生会、来华留学生社团等，吸引新生加入其中，在各种活动中了解并融入校园文化。

（二）心理健康教育

在来华留学生成长的关键点，进行适时的心理健康教育。第一，进行入学心理健康普查，对来华留学生心理状况进行整体评估。第二，对存在适应性问题的来华留学生进行援助，帮助学生确立学习目标、个人发展目标，并在学生付诸实践的过程中进行指导。第三，结合不同类别的学生以及学生所处的不同阶段开展有针对性的心理健康教育活动。第四，开展挫折教育、生命教育等主题活动，培养留学生坚强的意志品质。

（三）激励教育

激励也是增强自信心的有效手段。激励是指在外在诱因的作用下，个体通过有效的自我调节，从而达到激发、引导、维持和调节个体朝向某一既定目标而努力奋斗的心理过程[1]。第一，营造良好的语言学习环境。实现课外活动与课上教学的紧密结合，课下语言环境与课上学习环境的相辅相成，为留学生搭建了解中国文化，吸收中国文化的平台，在文化氛围的熏陶下快乐地学习汉语。第二，通过调研、访谈了解留学生来华学习的目的及需求，掌握留学生成长的关键节点。第三，根据留学生的特点和层次，为学生绘制个性化的成长路线，激发其内在的持久动力，从而更好地应对挑战。第四，建构留学生激励机制。为表现突出的学生提供物质及精神奖励，并提供更为广阔的自我展示平台。

（四）学业指导

第一，开展留学生学业生涯规划。了解学生来华学习的动机，为学生制定学习目标，并以此进行个性化学业生涯规划指导。第二，建立学习团队。根据留学生的专业及研究方向成立学习小组，学生之间互帮互助，共同进步。教育者还能随时发现留学生学习的共性问题，以便及时帮助学生。第三，进行学习交流。举办学习交流、专业讲座、学科竞赛，搭建广阔的学业交流平台，增强跨学科互动，拓宽学生专业视野，提高留学生学习兴趣。第四，以赛带学。通过举办学科竞赛，科创赛事，引导留学生通过实践夯实知识、增长才干。激励来华留学生与中国学生合作，参与到校级以上的比赛中，通过不断地进步增强自我认同感。

（五）营造积极的社交环境

第一，开展国际文化活动。借助国际文化活动，留学生在展示本国本民族文化的同时，了解并接受其他国家的优秀文化，结交各国朋友，打破文化壁垒，扩大交际圈。第二，建立畅通的信息沟通渠道。充分利用网络信息技术，搭建高效便捷的信息服务平台，及时为学生解决学习、生活问题，增进师生之间的了解，扩大学生交际范围；引导学生自主建立沟通渠道，建立学习交流群、同胞群，排解身在异乡的孤独感，营造互帮互助的良好交际氛围。第三，发挥朋辈支持作用。通过建立朋辈支持体系，建立学生之间的信任关系，辅助新生尽快适应新的学习及生活环境，并结识更多的朋友。

三、形式与举措

（一）入学服务解决后顾之忧

针对新生，开展入学教育系列活动，帮助学生快速适应环境。第一，接机服务。组建志愿者团队，由老生赴机场接机，在返校路上介绍办理入学手续的基本流程，使学生提前做好准备，提升安全感。第二，一站式注册报到服务。学生无须多点完成报到流程，只需在同一地点根据报到流程办理入学手续，全过程由志愿者进行引导和帮助。第三，游览校园。由老生带领新生游览校园，了解主要教学楼、办公室、医院、超市、餐厅等学习生活常去的场所，并介绍学校基本情况。第四，举办开学典礼。增强留学生入学的仪式感，使学生感受到学校对其的重视。招生、教学、管理部门共同参加留学生开学典礼，介绍中国法律法规、奖学金评审制度、学校规章制度、签证、保险办理等，方便学生全面了解相关政策和要求。第五，制作留学生手册。从留学生学习生活实际出发，制作学生手册，介绍学校所在城市的历史文化、学校概况、院系情况及开学典礼上涉及的全部规章制度。

（二）心理援助构筑心灵防线

第一，制定并不断完善留学生心理危机干预预防方案，开展留学生心理健康普查工作，对重点关注学生建立纸质和电子档案数据库，并持续跟踪，强化危机筛查和重点关注人员的干预。第二，以积极心理学理念为指导，强化积极情绪体验和积极品质培育，不断提升留学生心理健康意识和抗挫能力。针对不同留学生群体、不同时期、不同状态开展主题心理健康教育活动，例如，针对新生开展留学生适应性团体辅导，分阶段开展主题心理健康教育活动。第三，充分发挥网络媒体优势，多种渠道普及心理健康知识，营造积极的心理健康教育氛围。第四，组建留学生心理健康指导工作团队。强化留学生管理人员心理健康知识培训，培养留学生心理联络员，为留学生心理健康工作提供人员支持。

（三）学业监督与帮扶助力学业发展

学业监督与帮扶始终贯穿学生学习全过程。第一，学业监督常态化。针对留学研究生专业分布广泛，不易掌控学业情况的问题，学校在落实导师责任制的基础上，每学期对学生学业情况考核，以加强学生与导师的联系。留学生与导师共同完成学期学业考评表。每学期的考评结果作为留学生奖学金年审的重要依据。第二，目标导向做规划。引导留学生确立学习目标，结合学生实际和留学生成长路线，制订学业生涯规划，有序推进留学生学业进展。第三，多种方式促学业。学校从留学生的兴趣入手，通过组织学生赴企业、实践基地参观学习，举办学术讲座，学习经验分享等，增进学生交流，引导学生学以致用，从而加深对知识的理解，增强对知识的应用。另外，针对学业上存在较大困难的学生，开展跟踪帮扶，联合班长、同胞、辅导员、班主任、导师等多方力量协同助力学生学业。

（四）活动促进文化交融

着力打造体现地域特色的文化活动。第一，依托中国政府奖学金“感知中国”活动的平台，开展具有地域特色优秀品牌活动。第二，充分发挥留学生特长。体育运动是留学生文化活动不可或缺的部分。将不同文化主题融入体育竞赛中，在锻炼体质、增进友谊，提高团队凝聚力的同时，宣传优秀中国文化，促进地域文化的传播与推广。第三，多层面、多角度开展文化活动。以中国传统节日为主题的文化活动，以庆祝不同国家民族节日为主题的文化活动打造多文化交融的特色活动；结合留学生专业、学校地缘优势开展学科主题活动，向学生普及具有地域文化特色的专业知识；根据留学生所处的不同学习阶段开展文化活动，例如，新生系列活动，感恩诚信主题活动，毕业季系列活动等。

（五）自我教育强化自我认知

充分调动留学生的主观能动性，引导学生参与到留学生管理服务工作中，增强留学生的主人翁意识，强化对自我的积极认可。组建校级留学生团体，吸纳中外学生加入留学生工作中，使其成为师生之间的桥梁，多种文化融合的纽带，搭建留学生自我教育、自我服务、自我管理的平台。

四、效果评价

第一，心理状况测评。对比留学生入学初及入学后一年的心理状况测评结果，掌握学生适应状况，评估适应性教育效果。

第二，个别跟踪。通过追踪重点关注学生成长轨迹，掌握适应障碍的留学生近一年的学习生活情况，对所采取的适应性教育方案进行评价。

第三，学生满意度调查。设计调查问卷，面向教育对象对留学生适应教育的效果进行抽样调查。

参考文献

[1] 许学梅，嵇东海，许方维. 激励研究综述及展望 [J]. 经济研究导刊，2009（21）：116.

积极心理学融入大学生创业教育指导方案*

内容摘要

大学生创业教育是推进高等教育综合改革、提高人才培养质量的重要举措之一，面对众多的大学生创业者，高校有义务在传授创业知识的同时，开展大学生创业心理健康教育。积极心理学能够培养大学生的创业信心和创业意志力，有利于提高大学生的创业积极性和成功率，促进大学生个体的全面发展。结合积极心理学的方法和大学生创业的基本特征，制定本方案。

一、指导思想

2014年李克强总理在夏季达沃斯论坛上提出“大众创业、万众创新”的号召，同年，教育部发布《关于做好2015年全国普通高等学校毕业生就业创业工作的通知》。习近平总书记强调：“创新是社会进步的灵魂，创业是推动经济社会发展、改善民生的重要途径。青年学生富有想象力和创造力，是创新创业的有生力量。”加强创新创业教育，是推进高等教育综合改革、提高人才培养质量的重要举措。大学生创业不仅仅需要创新创业理论，还需要具备全面的综合素质，良好的心理品质就是其中的重要内容之一。积极心理学可以在某种程度上激发人类的良好品质与积极情绪，特别是在大学生心理素质的培养方面。积极心理学，能够使大学生的人格更加健全、显著增强大学生接触社会与适应社会的能力强。随着我国创新创业政策的不断发展，大学生自主创业人数不断增加，从积极心理学角度来看，通过对大学生开展积极心理学的教育和实践，可以在一定程度上帮助在校大学生挖掘其自身的创新潜能和创业能力，并能够塑造大学生在创业面临困境的时候，提高大学生的心理承受能力，有助于帮助大学生积极地寻找破解创业难题的方法，提升大学生创业的成功率，达到育人的目的。

二、教育内容

积极心理学视角的大学生创业心理教育应坚持“四个原则”，即导向原则、全员原则、协同原则、全过程原则，把握“三个结合”，即利用将课程讲授和课

* 本文作者：王超，哈尔滨工程大学船舶工程学院辅导员，讲师。

外作业相补充的“课内＋课外”结合，专业知识和第二课堂相互动的“理论＋实践”结合、指导教师和朋辈交流相融合的“长辈＋朋辈”结合，积极做好知识传授、基础培训、模拟训练、团体辅导等教育内容。围绕知识传授，通过创业基础课程讲解打好基础；围绕基础培训，通过创客训练营模拟做好提升；围绕团体辅导，通过创业心理素质训练提升心理素质。需要注意的是，在教育过程中要避免生硬捆绑而应该巧妙设计，避免机械套用而应该创新发散，避免形式单一而应该丰富多样。

三、形式与举措

将积极心理学与大学生创业相融合，目的就是希望通过积极心理学的教育，提升大学生创业者的心理素质。一般来说，心理素质是由个人的认知、情感、意志、行为等多样化要素互相影响并作用而形成的复杂心理特征。具体到大学生创业的心理素质，则应是大学生在开展创业活动的时候具备的心理特征，是创业过程中展现的创业思维、各项能力、意志品质等的综合素质。创业过程则包括创意和创业计划的产生、创业行动的开展、市场规模的调研、市场风险的规避、自我价值的实现等多个环节，良好的心理品质在每个环节都不可或缺，因此，积极心理学教育需要围绕大学生创业的全过程开展。

（一）开设创业基础课

高校应建立丰富的创业类课程。教育部已明确要求，各高校应创造条件，面向全体学生单独开设“创业基础”必修课。各高校目前都开设了与创业相关的课程。此类课程帮助学生系统梳理创业政策、创业途径与创业方法，同时引导学生自主挖掘创业项目，提高创业素养，识别商业机会，组建创业团队。同时，通过与授课教师的讨论，帮助学生正确地认识和评估自己的能力，发挥长处，补齐短板。在创业基础课程中，教师会根据学生不同的特点进行分组，学生在小组内展开讨论，学习如何建立团队，设定团队目标，划定成员分工。培养团队默契，树立团队精神。通过创业课程的学习，经过与教师的讨论，小组成员的协作，学生不仅能够习得创业的基本理论知识和技能，还能通过课堂互动，学习如何正确处理好团队间人与人的关系，有效提高知识结构和个人才智等方面的综合素质。

（二）开展创业大讲堂

高校应重视创业“第二课堂”建设。与创业基础课不同，创业大讲堂利用学生课余时间为有创业意向的学生提供“第二课堂”教育，该举措作为创业基础课的补充资源。通过创业导师对创始人复盘、团队复盘和创业战略的复盘，剖析创业历程中遇到的困难与克服困难的办法，寻找创业历程中的共性问题，规避其相应带来的风险，以提升学生创业实战意识和抵御风险的能力。通过身边大学生创业典型的实战经验分享，以朋辈的视角帮助大学生理性看待创业，寻找共同语言，建立有效朋辈支持关系。分享创业导师个人的创业历程，以第一视角去分析问题，对创业过程复盘，分享创业方法，拉近创业导师与学生的关系，提高学生在创业过程中规避风险与克服困难的能力。创业大讲堂的内容可以结合大学生的兴趣和爱好，也可以结合社会、家庭等社会生活的各个方面，或是结合创业心理素质相关内容，亦或是结合创业过程中所必需的能力与素养。此外，在形式上也可以举办诸如“创业沙龙”“创业论坛”“创业俱乐部”等活动。

（三）模拟创客训练营

高校应向大学生创业者提供平台。创客训练营是面向有创业意向的大学生提供创业实践平台。创客训练营由学校主导，以创业模拟、创业实训、创业竞赛、创业孵化为主要手段，是丰富创业课程理论教学，启迪大学生创业思维，培养大学生创业能力和创业心理素质的重要环节。哈尔滨工程大学的“创立方——大学生创新创业实践训练基地”就是这样一个大学生创新创业第二课堂的主阵地，目前已成为连接创新创业教育教学和创新创业企业孵化之间的关键环节和主要平台。目前创立方共有“五区一厅”，即意识普及区、创客培养区、产品研发区、创业苗圃区、创业街区及创业咖啡厅。学生可以根据自身的实际情况和创业的不同阶段在“创立方”完成创业实践的进阶，在“创立方”实践的同时，还有创业导师对其进行指导，这种指导不仅停留在创业知识和技能层面，还包括创业心理层面，帮助大学生创客顺利完成从我想创业到我能创业的转变。同时，“创立方”会对场地、资金、仪器设备、办公用品等进行支持，并且在实训过程中，定期举办诸如破冰行动、创业沙龙、创业大讲堂等活动，分享创业经验，提高创业能力。不同的团队在“创立方”这一平台上结识，寻求合作机会，达到“1 +1 >2”，提高自身竞争力，加快创业进程。

（四）大学生创业心理素质训练

高校应提供专门针对大学生创业者的心理素质训练。大学生创业心理素质训练与大学生心理健康教育密不可分，大学生不具备良好的心理素质和意志，遇到挫折垂头丧气、萎靡不振，那势必无法在创业道路上远行。成功学对于创业者来说固然重要，但是积极、健康、沉着、阳光的心理品质对创业者来说亦非常重要。因此，在大学生心理健康教育中要注重对学生气质、性格的培养，诸如学生的独立性、适应性、合作性、敢为性等，要将积极心理学的内容与大学生创业动机、行为相联系，通过创业心理剧等形式，让学生参与扮演创业活动中的角色，让学生感受心理剧中人物的内心活动和情感体验，从而认识创业、体验创业。

（五）大学生创业团体辅导

高校应积极开展创业类的团体辅导。人是创业活动的主体，大学生创业往往不是单打独斗，而是团队协作。创业团体辅导可以通过破冰、素质拓展、头脑风暴、创业游戏等形式开展。破冰活动能够让学生快速融入一个崭新的团队，迅速适应团队内的人际关系。素质拓展能够帮助学生了解相互之间的特长和不足，逐步完善团队分工和责任。头脑风暴让团队在短时间内迅速产生创意想法，汇集整理，形成思维导图，为团队的下一步行动指明方向。创业游戏通过娱乐的形式，使团队能在短时间内形成默契，提高团队执行效率，发现团队协作的问题并快速解决，享受由创业游戏成功所带来创业成功的快乐，增加团队创业信心。大学生创业团体辅导能够充分调动学生参加心理素质训练的积极性，形成良好的团队关系，缓解心理紧张、焦虑等不良情绪的影响，还可以培养学生的竞争意识和团队合作精神，非常有利于创业心理素质的培养。

四、效果评价

学校可以通过大学生创新创业训练计划的数量和质量、大学生创业计划大赛的参赛水平和质量、大学生创业企业入住“众创空间”或注册的数量评估大学生创业效果。同时，通过对创业者的持续跟踪，调查研究创业者心理对创业行为的影响，以及大学生创业企业的存活率。

参考文献

[1] 人民日报新知新觉：大力推进高校创新创业教育［EB/OL］. 人民网，2020－04－16.

高校家庭经济困难学生诚信教育方案*

内容摘要

高校家庭经济困难学生资助工作是关系到学生成长、学校发展、社会和谐的关键，在践行“不让一名学生因家庭经济困难而失学”的过程中，落实资助政策，深化育人内涵，其中涉及家庭经济困难学生资格认定、资助资金申请、国家助学贷款办理等方面的诚信教育就显得尤为重要。该方案在分析个别诚信缺失的原因的基础上，以积极心理学为理论依据，制定家庭经济困难学生诚信教育方案，以引导和教育学生诚实守信，让学生用实际行动维护个人信用记录，建立个人信用名片。

一、指导思想

高校家庭经济困难学生指的是依靠学生本人及家庭的经济收入无法或很难支付其在校期间的学费和生活费的大学生。随着教育事业的不断发展，高校学生人数不断增长，其中家庭经济困难学生人数也随之显著增加。据不完全统计，这些家庭经济困难学生占据高校学生总人数的25%左右。如此庞大的群体引起了高校的重点关注，同时也对高校的学生资助育人工作提出了更高层次的要求。“人无信不立”，因此诚信教育是资助育人工作中的重要一环，这对于培养学生健全人格和发展学生积极心理，以及营造社会正向效应都有异同寻常的重要意义，也是当前高校输出人才时应该着重培养的品格。在科学公正、阳光透明开展资助工作的基础上，建立健全诚信教育机制，佐以诚信约束机制，加强预先引导、典型示范、过程监督、效果评价，助推资助诚信氛围，同时，以乐观的、正向的、积极的心理激发人的内在的积极力量和优秀品质，培养学生诚信品格，促进学生成长成才[1]。

二、教育内容

积极心理学能提升大学生的学习兴趣、适应力与自信力，其核心是倡导用积极的心理和品质来面对问题，应分别从以下几个方面来增强学生诚信的积极

* 本文作者：刘立静，哈尔滨工程大学学生工作部（处），助理研究员。

心理教育。

（一）诚实提供贫困材料

在新生入学前，通过邮寄国家资助政策简介和建立新生微信群等方式，广泛宣讲国家资助政策，辅导员应加强与新生的密切沟通，增进相互了解和信任，建设积极心理，引导学生诚信如实填报家庭经济信息。

（二）严格遵守资助协定

资助分为无偿资助和有偿资助两种类型。助学金是典型的无偿资助，而助学贷款、勤工助学则属于有偿资助，获得资助的学生有义务遵守捐助与受助双方达成的协定。例如，一些助学项目要求获助学生参加一定时长的公益活动，知恩感恩、传递爱心；获得国家助学贷款资助的学生，要求依照贷款合同在毕业后足额按时还款；勤工助学学生需要按照用工部门岗位职责认真劳动等[2]。

（三）主动履行还款义务

加强国家助学贷款的贷前、贷中、贷后诚信教育。通过发放宣传册、开展讲座、知识竞赛等方式，让贷款学生及时了解国家助学贷款政策及相关知识，加强学生对金融及信贷政策的了解，让学生知晓助学贷款不同于助学金。在学生毕业后至还款期前，召开还款协议面签会及诚信教育大会，发放国家助学贷款还款手册，对诚信还款、个人征信及违约后果进行详细重点强调，同时通过学校贷款服务团、院系催贷专线及贷款毕业生 QQ 群，为贷款毕业生提供专业化的服务与指导。

（四）合理使用奖助学金

奖助学金的初衷是作为学费、生活费所需，激励家庭经济困难的学生勤奋学习，努力进取，自立自强。选树自强自立优秀典型，发挥榜样引领和示范作用，如评选大学生年度人物和自强之星、印发学生先进事迹宣传书籍《自强不息，崛起梦想》和《国家奖学金风采录》、召开奖助学金颁奖典礼等方式，用身边人和身边事教育、引导学生养成勤俭节约的良好品行，不铺张浪费，不奢侈消费、不相互攀比，时刻保持刻苦勤奋的学习之风，推崇勤俭节约之德。

三、形式与举措

（一）加强诚信教育，增强积极的课堂体验

为使诚信教育真正落实到行动中，让诚信教育进课堂、入书本，入脑、入心。各高校应尝试把诚信教育作为一门必修课，将诚信作为学生综合素质考评中的一个重要评价标准，将其纳入大学生思想政治教育课程的教学内容中，与专业课、选修课相结合，使学生在课堂教育中感受到诚信的重要性[3]。

实施对象：低年级本科生

依托部门：本科生院、各院系

（二）建立诚信档案，激发积极的诚信品质

诚信自古是中华民族的传统美德，学校应建立诚信档案，加强学生约束力，帮助其养成诚实守信的积极心理和良好习惯，使其受益终身。诚信档案的内容包括：学生基本情况、学习成绩、经济状况、奖惩情况、在学业、经济、生活、就业等方面的诚信行为和不诚信行为等。对于国家助学贷款的学生，还应记录其还款时间和金额，并存入网络。毕业后档案锁定，学校需将其转交给用人单位。这份诚信档案跟随学生一生，在学生不能真正自觉诚信的时候，以警戒学生诚信做人，督促学生努力完善自我。

实施对象：全体本科生

依托部门：学生工作部（处）、各院系

（三）完善诚信制度，发挥积极的制度指引

在建立诚信档案的基础上，应寻找一种科学合理的诚信评价体系，统一评价指标，利用定性和定量、自评和他评、传统和现代方法相结合，将评价结果划分为优秀、良好、合格、不合格等不同的等级。构建诚信约束和激励机制。将诚信评价结果与学生的奖励资助评定、家庭经济困难学生资格申请、推优入党、保研、就业、毕业证书发放等密切结合起来，对失信行为实行一票否决制，充分发挥约束职能，对于在诚信方面表现优秀的进行典型示范和榜样宣传，并给予一定的物质和精神奖励。

实施对象：全体在校学生

依托部门：学生工作部（处）、各院系

（四）营造诚信环境，创造积极的文化氛围

学校应利用一切宣传舆论工具，如海报、广播、网络等，坚持用诚实守信的正确舆论引导人，用诚实守信的先进榜样鼓舞人，用弄虚作假的反面教材警示人，营造和提升诚实守信的主流文化氛围。学校也可定期邀请毕业校友回校开展诚信系列讲座，让校友用自身的故事影响学生，起到表率作用。学校也可通过举办辩论赛、演讲比赛、征文比赛等，带动学生的参与热情，使诚实守信的意识深入学生内心。让广大学生在活动中更好地接受诚信教育，寓教于乐，让诚信教育渗透到日常生活的方方面面，教育孩子们在平时的生活中、学习中养成诚信的好习惯，把诚信视作自己的行为准则。

实施对象：全体在校学生

依托部门：本科生院、研究生院、科研院、宣传部、校团委、学生工作部

(处)、各院系

四、效果与评价

（一）建立诚信评价体系

在长期实践的过程中，一方面结合校院专业特点，逐步探索诚信评价考核的各项指标体系；另一方面，通过发放调查问卷、学生座谈、专家访谈等形式对评价结果进行复评，以此来修订和完善诚信评价指标，优化评价工作。在此基础上，形成了以学习诚信、经济诚信、生活诚信和工作诚信这四个指标作为对大学生诚信量度的一级指标，每个方面选择相关内容建立二级指标评估，从而建立高校学生诚信评价指标体系。

（二）建立诚信奖惩机制

建立健全科学可行的学生诚信奖惩机制。对诚信不良学生予以约束，对恶意欠费、故意拖欠助学贷款等失信行为开展教育和惩戒，让学生心生敬畏，不敢失信。在学生手册中要明确规定学生若有诚信缺失行为，在一定时期内不得参与奖优助困等一系列测评活动；取消入党、班干的评选资格，给予一定的纪律处分并记录。对于在诚信方面表现优秀的学生要给予表彰和奖励，增强学生诚信意识，自发养成诚信品质。

总之，积极心理学视角的诚信习惯的养成，诚信教育的提升是一项系统性工程，不能一蹴而就，诚信素质的培养，需要学校、社会、家庭等各方面建立有效的联动机制，合力打造积极健康的外部环境，最终通过发挥大学生的主观能动性将诚信意识内化于心、外化于行。

参考文献

[1] 周辉，吴青阳．基于“诚信教育”的高校贫困生认定体系研究［J].黑龙江教育·理论与实践，2018（7－8)：14－15.

[2] 王俐，魏晶，刘响．高校资助诚信建设路径探析［J]．黑龙江教育(高教研究与评估)，2017（1)：48－49.

[3] 郭静．高校资助工作中大学生诚信缺失及其对策［J]．新西部，2017(3)：83，135－136.

第四章 个性与品质案例

促进新生适应 帮助新生成长*

内容摘要

本案例介绍了大一新生李某，不能很好地适应大学的生活和学习。心理健康教师根据积极心理学中塞利格曼提出的“品格优势理论”，针对李某的不适应情况，进行了有针对性的帮助和心理辅导，通过持续一周的“突出品格优势”的相关活动，取得了一定的效果，明显地改善了李某的入学适应性情况，很好地解决了李某的学习、生活、人际交往等问题。

一、案例简介

李某，女，家庭情况一般，大一新生。大学之前，她从未住过校。步入大学一周了，李某感觉一切还是很陌生也不适应。本来报考的是人文类专业，却被调剂到外语专业，非常不喜欢，常常偷偷流泪想家，孤独感很强。

学习上，她很难适应大学的学习方式，不习惯教师的讲课方法和上课的形式；生活上，她感觉寝室同学和班级同学都很难相处；人际交往上，没有朋友，不能够适应大学的人际关系；专业上，她对自己的所学专业不感兴趣，甚至对自己的学院也不满意。面对大学，李某很失落，感到这完全不是自己所想象的大学，现在无所适从，经常失眠和焦虑，无法安心学习，想退学回家。

* 本文作者：张彬，哈尔滨工程大学学生工作部（处），副教授。

二、案例分析和实践

（一）案例分析

这是典型的大学适应性问题，有很多刚刚步入大学的新生都会有类似的感受。主要是表现在以下几个方面：第一是学习上的不适应。中学时的学习都是听老师的，学什么，做什么，老师说了算。大学后的学习就不同了，老师仅仅是知识的引导者和领路人，很多知识都需要学生自己利用课外的时间去学习和研究，原来的学习方法到了大学就不灵了。第二是生活上的不适应。绝大多数大学生在上大学之前是没有经历过住校生活的，衣食住行都是父母一手包办，无须自己操心，到了大学不同了，所有生活上的事情都需要自己面对和解决。第三是人际交往上，目前的大学生独生子女居多，有很强的自我意识。尤其是刚上大学阶段，一个寝室聚集天南海北的人，生活习惯、饮食习惯的差异等都可能引起矛盾，这对于步入大学的新生来说都是难以解决的问题。第四是专业的满意度问题，对于因调剂专业而来的学生来说，专业的不喜欢和不满意，是一个难以解决的问题，学校每年都会有少部分学生因为对专业的不满意而选择放弃，因此专业的满意度问题也是新生入学教育中必不可少的一环。

（二）案例实践

根据《新生入学教育方案》中各项工作的安排，针对李某的情况，对其开展各层面的入学教育工作，引导其树立良好的人生目标，做好大学计划，增强人际交往，提升幸福感等。

1. 使命感教育

安排李某参观学校的哈军工纪念馆、船舶博物馆、海洋博物馆等地，同时要求李某利用课余时间观看《揭秘哈军工》影片。并根据参观和观影感受，书写参观的感想和心得收获。引导李某树立自己的理想，并将自己的理想同国家的命运联系在一起，增强自己的使命感。

2. 适应性教育

要求李某积极参加学校组织开展的以“相识”“相处”“奋斗”和“幸福”等为主题的心理团体辅导活动，在增强李某的人际交往能力的同时，引导其尽快融入新的班级和新的集体中。在增进李某和同学之间相互了解的同时，进一步加强李某对大学生活的认识和理解。

3. 感恩教育

要求李某分别给自己的“父母、老师、同学、朋友”写一封信并邮寄出去，感谢父母的养育之恩，感谢老师的教育之恩，感谢同学和朋友在自己的人生道路上给予的帮助等，以此激发李某的感恩之心，增强其责任感。

4. 认同感教育

要求李某在一个月之内，每天都记一篇以“我的成长日记”为主题的日记，日记的内容主要为每天中积极正能量的好事情，引导李某用积极乐观的态度面对大学生活和学习中遇到的困难和问题等，从而增强其对大学的自信心、认同感和满意度。

5. 幸福感教育

本环节为重点开展环节。根据积极心理学的品格优势相关理论，品格优势对于人们的幸福感、学校适应性和职业发展具有积极的促进作用。另外，塞利格曼的实验也证实，用新的方法运用突出的品格优势，可有效地增加幸福感，降低抑郁程度等。因此，可以根据这一实验结果对来访者的品格优势进行测量之后，有针对性地开展相应的活动。

（1）要求李某根据二十四项的品格优势量表要求，如实填写相应表格，测量出李某的“突出品格优势报告”，将测量结果记录在表 2－1 中。

表 2－1　李某的二十四项品格优势得分情况

	智慧与知识						勇气			仁爱		公正			节制			超越						
品格优势	好奇心	热爱学习	开放性思维	创造力	社会智慧	洞察力	勇敢	毅力	正直/诚实	仁慈	爱与被爱	团队精神	公平	领导力	自我控制	谨慎	谦虚	美感	感恩	希望	人生目的感	宽恕	幽默	热忱
得分	6	6	5	6	10	7	6	6	10	6	9	10	4	8	6	10	6	8	10	10	6	10	9	9

通过测量和计分可以得出，李某在社会智慧、正直/诚实、爱与被爱、团队精神、领导力、谨慎、美感、感恩、希望、宽恕、幽默、热忱 12 个项目上的品格优势上具有突出性。

（2）要求并指导李某在一周内，每天使用“社会智慧、正直/诚实、爱与被爱、团队精神、领导力、谨慎、美感、感恩、希望、宽恕、幽默、热忱”这 12 个品格优势中的任意一项或几项，做一件有意义的事情，并做好相应的记录。

（3）在表 2－2 中，每行代表一种品格优势，每列代表一天。李某根据自己的实际情况，用简短的字句在相应的格子里，记录下每天自己践行的品格优势。

表 2－2　日常践行的品格优势

品格优势	星期一	星期二	星期三	星期四	星期五	星期六	星期日
好奇心							
热爱学习							
开放性思维							
创造力							
社会智慧		参加迎新晚会节目					
洞察力							
勇敢							
毅力							
正直/诚实						捡到钱包归还失主	
仁慈							
爱与被爱	陪寝室同学去医院						
团队精神		和同学排练节目	协助班长准备晚会				
公平							
领导力							
自我控制							
谨慎							结交了新的朋友
谦虚							
美感			观看一场精彩晚会				
感恩		给父母写感恩的信		给同学写感恩的信			
希望			制订大学四年计划		下定决心考研		

续表

品格优势	星期一	星期二	星期三	星期四	星期五	星期六	星期日
人生目的感							
宽恕							
幽默							
热忱							

可以看出，李某根据自己的实际情况，进行了“参加迎新晚会节目、捡到钱包归还失主、陪寝室同学去医院、和同学排练节目、协助班长准备晚会、结交了新的朋友、观看一场精彩晚会、给父母写感恩的信、给同学写感恩的信、制订大学四年计划、下定决心考研”等活动。

（4）可以看出，来访者李某能够按照要求，完成相应的任务。一个星期后，对李某进行回访，李某表示，自己焦虑的感觉有所好转，失眠的情况也好多了，大学的适应性问题得到了缓解。

三、案例思考与工作建议

每年的新生入学，大部分新生都会经历一个较长的适应期，或多或少都会出现一些不适应的情况。可以说，这种不适应的出现与大学新生所处环境的变化及自身能力的不足都有一定的关系，新生适应问题属于大学生常见的心理问题之一，一般并不严重，都能自行解决。但是也有少部分新生无法解决，如果处置不当，会给学生带来比较严重的影响。轻者紧张、焦虑、抑郁，重者悲观厌世、休学退学等，因此，对于新生个体中较为严重的适应性问题学生，应该根据学生的特点，量身定制相应的帮扶方案，帮助其尽快适应大学生活。

积极心理学中的品格优势理论，能够解决个体学生的大学适应性问题，有效地缓解大学适应性中所出现的问题，有助于新生入学教育教育效果的提升。学校各部门要高度重视新生入学教育，重点进行入学适应性教育，帮助新生尽快完成学习动力从被动到主动的转变、学习目标从模糊到清晰的转变、学习态度从消极到积极的转变、学习角色从高中生到大学生的转变。建立完善的以学校为主导，以院系为主体，以班级为核心，以寝室为基本单位，以学生个体为补充，多层次、多角度、全方位的新生入学教育体系。

七彩毕业季，领航学子梦*

内容摘要

毕业教育是毕业生工作的重要内容，也是大学生思想政治教育工作的重要组成部分。通过应用积极心理学方法，开展七彩毕业主题教育活动，进一步提升了毕业生思想品质，激发了他们的爱国热情，加深了毕业生与学校、毕业生与师长以及毕业生之间的情谊，教育和引导了毕业生文明离校。如今，七彩毕业季主题教育活动已经成为哈尔滨工程大学一种新的文化现象，一个毕业教育的重要组成部分，一张独具特色的文化名片。

一、案例简介

近年来，哈尔滨工程大学不断探索，审时度势开拓毕业文化新领域，与时俱进推出毕业文化新内容，发挥毕业文化育人化人的重要功能，使之成为弘扬社会主义核心价值观的生动载体。从2009年起，哈尔滨工程大学毕业生离校从过去强调文明离校的单一管理概念，转变为“最后一课”的全面人才培养理念，形成大学教育完整闭环。在综合考虑毕业生离校教育目的及毕业生成长需求的前提下，利用积极心理学中的科学方法，每年组织感恩留念、职前激励、毕业送别等环节十几项文化教育活动，逐渐形成特色鲜明、以“升国旗、传爱心、系丝带、植绿树、游园卡、评金榜、办典礼”为主要内容的“七彩毕业季”文化教育活动。活动自开展以来，取得了明显成效，在毕业生群体中逐渐形成“明礼、诚信、关爱、感恩”的道德风尚，使社会主义核心价值观入脑入心。

二、案例分析和实践

（一）案例分析

1. 理论指导

积极心理学是心理学一个年轻的分支，为心理学开创了另一个方向。传统的心理学，注重发现心理的异常，帮人们改正错误，而积极心理学采用科学的原则和方法来研究幸福，倡导心理学的积极取向，以研究人类的积极心理品质、

---

* 本文作者：叶紫丁，哈尔滨工程大学学生工作部（处），助理研究员。

关注人类的健康幸福与和谐发展。本案例使用积极心理学的科学方法，激发和唤醒学生的积极性与内动力，让学生用自己的力量成长，最终达到成人成才的目的。

2. 方法应用

主要应用三类积极心理学方法，开展毕业教育活动。一是在教育活动中融入感恩、留念等元素，有效加强学生幸福感。二是在教育活动中融入激励、互动等元素，有效提高学生成就感。三是在教育活动中融入提升、信念等元素，有效促进学生提升感。

积极主动开展各种毕业教育活动，使社会主义核心价值观教育真正落到实处。一种爱国、敬意、诚信、友善的毕业文化气息传递、蔓延在学校的每个角落，深深地根植于每个工程人心中。

（二）案例实践

1. 七彩毕业季之红色：升国旗，听党课，赠寄语

在临近毕业之际，以举办全体毕业生升旗仪式、听党课、发放《书记寄语》纪念卡的形式，对毕业生进行爱国主义教育和集体主义教育，即为红色毕业季。每年举行升旗仪式，通过升国旗，升校旗，唱国歌，唱校歌的形式表达他们的爱校之心、报国之志。

从2011年开始，学校开始举办“毕业生在校最后一次党课”活动，全体毕业生党员在党旗下重温誓言。党课上曾先后邀请我国水声工程学科的奠基人杨士莪院士、中国潜艇之父邓三瑞、海军工程大学原政委高学敏少将等知名校友，教授和专家为毕业生做在校最后一次党课报告。

2. 七彩毕业季之橙色：爱心传递

自2010年毕业季起，学校开始组织“爱心传递”活动，鼓励毕业生将教材和书籍捐赠给学校“爱心书屋”，将用过的自行车、学习生活用品等捐赠给贫困学生或低年级学生，以实际行动回报母校、表达对学弟学妹的关心和支持，将爱心传递下去。学校为捐赠者发放橙色感恩卡，鼓励他们的爱心善举。毕业生们表示，“爱心传递”活动给了他们一次感恩母校、报答母校的机会，离校之前能为学弟、学妹们做点什么他们觉得非常幸福。

3. 七彩毕业季之黄色：宣誓言，系丝带

“可堪国家大用，能负民族重任……”“白山黑土作证，青檐碧瓦为约，今日我以母校为骄傲，明日母校以我为自豪!”自2010年起，每年有近3000名毕业生齐聚庄严宣誓，通过毕业宣誓的自我激励，进一步树立毕业生远大报国志向和勇于担当的意识。宣誓后，毕业生们将写有自己心声誓言的黄丝带系在留

念牌上，“祝母校越来越好”，“亲爱的老师，我会回来看你的”，“兄弟们，十年后我们再相聚”……风中飘舞的黄丝带现已成为工程大学毕业季的一道亮丽风景，每年都吸引大批在校师生前往浏览。系毕业黄丝带活动，不仅增进了毕业生对母校的认同感和归属感，更成为对学弟学妹的一种无言的教育与感染，搭建了毕业生与学弟学妹交流学习心得和生活感悟的桥梁。

4. 七彩毕业季之绿色：植绿树

春季的毕业植树活动都会作为毕业生离校教育的序幕率先开启。在植树时安排如毕业誓言、上挂纪念牌、宣传条幅等形式多样的毕业生离校教育内容。毕业植树活动为校园增添了一片绿意，也使得毕业生的思念有了具体的寄托，一棵棵绿树载着各位毕业生的青春与梦想，在工程大学的校园里变得郁郁葱葱！

5. 七彩毕业季之青色：毕业游园卡

为满足毕业生校园留影需求，学校为毕业生们设计了青色的游园卡片，他们可以在校园文化景观留影的同时，在游园卡上加盖毕业游园纪念印章以作留念。游园卡包含“给母校的一封信”“给学弟学妹的真心话”“给未来自己的一封信”，其中“给母校的一封信”和“给未来自己的一封信”，由学校档案馆保存，毕业寄语部分内容由学生邀请师长、家长或朋友写寄语或签名，用于留念。青色毕业季活动的开展为毕业生提供一个表达留念之情、交流思想的平台，有效地促进了母校情、师生情、亲子情、同学情的互动。

6. 七彩毕业季之蓝色：毕业金榜，毕业星语

毕业金榜是学校为表彰应届毕业生在大学期间所获得的各项突出成绩而设立的奖励项目。学校通过评选“毕业金榜”对优秀毕业生典型进行宣传即为蓝色毕业季。例如，每年评选出“学习之星”“少数民族之星”等10余个毕业金榜，展示优秀毕业生集体和个人四年的圆满成绩单和精彩记录，低年级学生也受到极大的教育和鼓舞。

同时不断创新典型引路载体，满足学生典型外在表达需求。在毕业生离校前，开展“毕业星语”“毕业金榜”等校园路牌、展板宣传活动，宣传毕业生中的优秀典型，受到广大学生的一致欢迎。

7. 七彩毕业季之紫色：毕业典礼

毕业典礼、学位授予仪式作为七彩毕业季的最后一季，即紫色毕业季。2016年开始，学校创新毕业典礼形式，全体本科毕业生首次共同参加学校的毕业典礼暨学位授予仪式。校领导为毕业生颁发学位授予凭证、拨穗并合影留念。毕业典礼加入演讲元素（邀请毕业生代表、杰出校友代表担任演讲嘉宾）；师生情元素（进行“我最喜爱教师”“最温暖的人”评选，加入师生情元素，如谢

师礼等环节）；亲子情元素（邀请家长作为子女成长的见证人参加典礼）；同学情元素（设置各类互动展板，毕业生们在此留下难忘瞬间）。

毕业典礼和学位授予是学生成长成才过程中的重要仪式，内容丰富、形式新颖的紫色毕业季不仅可以使毕业生再次接受学校优秀传统和优秀文化的教育，而且使教育重心下移至在校学生，让他们见证毕业生的成长、收获，提升非毕业年级学生的学习预期，激发低年级学生的学习积极性，促进学风建设。

三、案例思考与工作建议

（一）问题驱动

毕业生离校之际，毕业生的心态错综复杂、情绪起伏不定。这其中，既有找到工作的欣喜，也有求职无门的焦虑；既有对外面世界的渴望，也有对踏出校园的恐惧，更有同学间复杂的情感交融和对学校的留恋不舍。2009 年之前，学校毕业离校教育只是单纯强调文明离校的单一管理概念。为确保毕业生安全、文明、有序离校，全体学生工作干部全员上阵，全天 24 小时值班。采取“看守”的办法，遏制了学生正常情感的抒发，成效事倍功半。

（二）转变思路

如何改变这种现状的问题，引起学校广大学工干部的思考和探索。学校在实践中达成共识，充分认识到毕业期间，正是开展思想政治教育的关键节点，也是培育毕业生社会主义核心价值观的重要契机。所以，学校自 2009 年开始，将毕业离校教育从单纯强调管理的理念转变为“大学最后一课”的全面人才培养理念，将其视为大学教育和大学文化的延伸，更是整个大学教育效果的反映、检验和应用。紧紧抓住了毕业生离校前的最后一次教育机会，进行生动深入的爱国、敬业、诚信、友善的社会主义核心价值观教育，形成大学教育的完整闭环。

（三）工作成效

毕业离校教育既要从形而上的高度抓好社会主义核心价值观的思想引领，也要从形而下的角度开展丰富多彩的活动贴近学生、吸引学生，两者不能偏颇，必须统筹兼顾。学校毕业教育既有弘扬社会主义核心价值观的毕业升旗、毕业宣誓等理想信念教育，又有贴近学生的毕业游园、毕业典礼等广大毕业生喜闻乐见的教育活动，这些都是学校坚持思想引领和贴近学生两条腿走路，在上下贯通中加强和改进毕业教育工作的集中表现。事实表明，只有真正让理想信念的高音和贴近学生的低音音声相和、前后相随，才能使得学校的毕业教育工作真正唱响主旋律、传递正能量。

疫情常态化管理下的就业困难毕业生指导帮扶案例*

内容摘要

文章通过学生小A的案例分析了毕业生在就业过程中所存在的问题，发现就业困难的毕业生普遍是“多困生”，可能同时存在学业困难、心理问题、家庭经济困难、自我定位不清、职业目标狭窄、生涯规划模糊等问题。通过认清自我，增加自信，提升专业功底、认清就业形势、转变就业观念，明确求职意向，提供就业信息，输送就业岗位，推荐用人单位等做法，多措并举解决就业困难毕业生的实际问题。

一、案例简介

学生小A，男，汉族，理工科，哈尔滨工程大学某学院2020届本科毕业生，原计划继续深造，但考研失败又错过了秋季就业的黄金期，加之新型冠状病毒肺炎疫情的爆发，用人单位无法进校招聘，就业形势更加严峻，小A的就业压力也进一步增加。考研失利后，小A多次参加学校组织的线上大型网络招聘会以及空中宣讲会，向家乡的用人单位投递了很多简历，但大多数都是石沉大海，很少的企业会给进一步笔试或面试的机会。在交谈的过程中，尽管是通过电话进行的交流，也明显能够感受到他的焦虑，但同时也能感受到他急于求变，希望得到指导、帮扶，尽快找到一份理想的工作。了解到小A的基本情况以及目前的困境后，就业指导服务中心教师及时与小A的辅导员取得联系，经过辅导员的介绍得知，小A的学习成绩在专业内属于中等偏下，而且到目前还有2门挂科，但是小A在大三学期突然有了学习的意识，积极准备考研，但由于学业基础并不是很好，并且对自身定位不够准确，考研目标院校定得过高，最终考研失败。同时，小A的辅导员也和就业指导服务中心教师介绍了该生的家庭经济状况并不是很理想。

二、案例分析与实践

（一）案例分析

得到关于小A更多的信息后，就业指导服务中心教师与小A进行了多次的

---

* 本文作者：柴雨萌，哈尔滨工程大学学生工作部（处），讲师。

深入交流，发现就业困难的毕业生普遍都是“多困生”，造成就业困难的原因并不是单一的，可能同时存在学业困难、心理问题、家庭经济困难、自我定位不清、职业目标狭窄、生涯规划模糊等问题。基于小A的现状，其出现焦虑情绪的主要原因是急于找到一份理想的工作，但目前小A就业困难的原因是多样的，具体有：生涯规划模糊、自我定位不清晰，小A想要改变现状找到一份理想的工作，但并不知道从何入手，不知道自己喜欢什么样的岗位，不知道自己适合什么样的工作；小A大学期间学业成绩不理想，专业功底不够扎实，很难有亮点打动用人单位；职业目标过于狭窄，将自己的工作地点限定在家乡，这样就会失去更多的就业机会；家庭经济条件并不是很好，虽然没有在显性上影响小A就业，但在隐性上造成了小A的不自信，不利于求职。

（二）案例实践

鉴于小A的情况，就业指导服务中心教师从以下四个方面对其进行指导帮扶，希望能够激发小A的内在潜能，以健康的心态鼓励自己，增加自信，提升心理承受能力，明确自身定位，合理规划职业生涯，提升自我决定和自我选择的能力，以积极的心态明确求职意向，最终解决困惑、消除焦虑、实现理想就业。

1. 认清自我，增加自信，积极就业

小A考研的失败，是对他自信心的一次打击，尽管他是一个很善于沟通、相对外向的学生，但仍然能够感受到他内心深处并不是十分自信，所以首先要帮助他增强自信。考研成绩出来后，他内心一直存在两个想法，一是准备二战再考一年，二是准备就业签订工作单位，但两个截然不同的方向，更让他在就业的路上手足无措。当向他问到为什么要考研的时候，他说其实自己也并不知道为什么要考研，看身边的同学室友都在准备考研，并且自己又不知道以后要做什么，所以也就跟着一起准备了，另外他也想通过考研来证明自己并不像学习成绩上体现的那么差。了解了他的考研动机后，就业指导服务中心教师对他说：“考研的目的并不是逃避就业，考研也并不是盲目跟风的事情，你要喜欢你所学的专业，也要热爱做科学研究，这才是考研必备的因素，你成绩差的原因是你在大一到大三期间没有认真努力地学习，但这并不代表你就比其他成绩好的同学差，成绩体现的只是你在学习上努力的回报。”另外，告诉他在与他的交流中发现了他身上很多的闪光点：“比如，你能够发现自己的问题，并直面自己的问题，同时又能积极地寻求帮扶解决问题，希望通过自己的努力走出困境；另外你的思路很清晰，能够感觉到你有较强的逻辑性，你的语言表达能力也比较突出，和你沟通起来很舒服很顺畅，其实这些都是你的长处和优势，都应该在你的学习、工作、生活中凸显出来。”在与他这次深入的沟通中，能够感觉到他心态上的变化，声音越来越洪亮、语言越来越坚定、听着他说话的声音隔着手机都能似乎能看到他的眼睛在发光。这次交谈最成功的是他放弃了不适合他的二战再考研，而选择积极面对就业。

2. 解决学业困难，提升专业功底

在树立了自信并解决了是继续考研还是积极准备工作这个核心问题后，下一步就是着重弥补小 A 在求职路上的硬伤——学业困难。就业指导服务中心教师建议他在毕业论文撰写期间，保持这种高强度的学习状态，多与自己的论文指导教师沟通，不仅是只针对毕业论文研究的问题进行请教，也能够在专业知识上进行系统的请教；帮助其巩固自己的专业知识，提升专业功底，顺利通过补考，弥补在学业方面的欠缺。

3. 认清就业形势，转变就业观念，明确求职意向

在与小 A 的再次沟通中，就业指导服务中心教师也向他传达了今年就业形势的严峻性，他也明确地表示自己对这种形势也有所了解，希望能够在这种严峻的市场环境下逆势前行。由于小 A 一直希望找到一个家乡的工作，所以建议他在这种严峻的就业环境下要转变自己的观念，不要对就业地域过于执着，仍然是把家乡作为第一就业地，但其他城市有合适自己的工作也要进行评估积极准备积极争取，小 A 也欣然接受了这个建议。就业地域问题解决后，就业指导服务中心教师又针对就业单位的问题与其进行了深入的交流，首先，他的成绩并不是很好，可能想要进入一些央企、国企就比较困难，同时由于专业基础并不是那么踏实，也不建议去找那些专业技术要求很高的单位，所以将就业单位的目标主要定位在私企以及专业技术要求较低的用人单位。

4. 提供就业信息，输送就业岗位，推荐用人单位

明确了求职意向后，建议他及时关注学校各种发布就业信息的渠道，例如，“哈尔滨工程大学就业信息网”“哈尔滨工程大学学生在线公众号”“未就业毕业生微信工作群”等。就业指导服务中心教师也主动地去搜集“东北五校”、“国防七校”、上交、天大等国内重点高校发布的就业信息，及时将适合他的用人单位信息单独推送给他，同时又多次地为小 A 修改简历。经过不断的努力和多次的尝试最终小 A 签约了一家私企，做了技术销售的工作，尽管最终没有找到家乡的工作，但小 A 对于这份工作的工作性质、工作内容、工作地点以及薪资待遇都十分满意。小 A 成功签约后，打电话和就业指导服务中心教师说：“老师，我找到了适合我自己发展的一条路，未来可期。”小 A 不仅找到了心仪的工作，最关键的是他发现了自己的能力所在，激发了自己的潜能。

三、案例思考与工作建议

（一）案例思考

就业困难帮扶案例中的小 A 是目前大多数本科就业困难毕业生的缩影。近些年我校本科毕业生考研成了一种“潮流”，准备考研的学生也越来越多，但是其中一部分学生并不是由于对专业的热爱或者对科研的热爱而考研，而是由于不知道自己毕业要做什么，也不知道自己适合做什么，其实质是对自己的职业生涯没有规划，自我定位不清晰。

本次个案中，通过与小 A 的多次沟通交流，了解了小 A 的困惑和问题所在，运用积极心理学的相关理论和方法，通过对其不断地认可、鼓励和支持，使其增强信心，提高抗压能力，激发了内在潜能，相信自己可以克服学业和求职中的困难，明确自身定位，提升自我决定和自我选择的能力，找到适合自己的发展路径，解决困惑、消除焦虑、实现理想就业。

（二）工作建议

1. 加强对学生的职业生涯规划和就业指导

通过开设就业指导和生涯规划课程帮助学生了解当前就业形势、就业市场发展态势、专业就业前景，了解如何做自身的职业生涯规划和学业规划。通过讲授简历制作、求职礼仪和面试技巧培训等方面内容对学生进行就业指导，帮助学生积极应对就业问题，顺利就业。

2. 关注学业困难学生，提高学业兴趣

重点关注学业困难学生，他们有可能是潜在的就业困难学生中的一员。专业教师应通过专业人才培养目标介绍、就业前景分析、课程目标考核要求等帮助学生更多地了解并热爱所学专业，激发学习潜能，增强学习动力，有目标地增强专业技能。对于已经出现学业困难问题的学生，辅导员应及时干预，帮助其解决学业问题，避免最终出现就业困难。

3. 成立就业工作专组，解决实际就业问题

高校毕业大学生逐年增多、就业形势越来越严峻，加之受新冠肺炎疫情的影响，毕业生的就业要较以往更加困难。为解决毕业生实际的就业问题，及时成立就业工作专组，从“资助”“心理”“学业”“生涯”“市场拓展”“网络信息”六个方面着手，从而帮助就业困难毕业生“顺利毕业、尽早就业”。

为青春做伴，为成长护航*

内容摘要

李同学是一名性格内向且家境较差的学生，在来自自身、学习、家庭、同学等多方面的压力下出现了睡眠问题以及心理问题，以至于在寝室捶墙影响到他人，且与同学之间交流也很少，甚至产生了厌学退学的想法。基于李同学的问题，我们在积极心理学指导下进行系统性帮扶，从学习帮扶、朋辈帮扶、创新创业、就业指导等方面成功帮助到了李同学。

一、案例简介

李同学，男，目前为大三学生，其双亲均在家务农，家庭经济状况较差。而李同学又十分关心他的父母，对于父母努力赚钱供自己上学而自己却无力回馈感到非常愧疚，再加上家庭经济困难，感觉自己身上的负担很重。为此，李同学在校期间学习非常刻苦努力，除了为减轻家里面的经济负担经常在学校中做一些兼职工作，剩下的时间全部都在自习室或图书馆中度过。但因为他学习方法有问题、心理负担较大以及自身性格内向而跟班级同学交流较少，他的成绩一直不是非常理想。巨大的心理压力又引发了李同学的失眠等问题，而这一系列的问题无疑加重了他厌学甚至厌世的想法。正是来自家庭、个人以及学习等多方面的压力所带来的消极思想导致了李同学现在的心理状况，而根据此状况在积极心理学指导下可以通过多种形式来激发和培养李同学内心深处的积极心态，从而消除其现有的消极心态达成心理问题的解决。

二、分析与实践

辅导员自李同学2017年入学以来就一直关注着他，一开始由于刚刚接触李同学并未察觉出这位同学有任何异样，但在与各位同学接触了一段时间后发现：李同学总喜欢独来独往，与同班级的同学都没有什么交流，而且虽然学习还算努力但是成绩并不理想，由于心理压力过大导致失眠，每日只能入睡两三个小时，长期失眠导致心情十分烦躁，经常在寝室捶墙。为此，辅导员找到了李同

* 本文作者：高明，哈尔滨工程大学航天与建筑工程学院辅导员，讲师。

学与其进行谈心谈话，通过谈话了解到了李同学基本的自身情况以及家庭情况，其他的并没有多说什么。通过多次真诚的谈话后，李同学逐渐敞开了心扉，并向辅导员说出自己内心的真实想法。李同学说，由于自己家庭经济状况非常不好，所以想通过努力学习以后找到一个好工作为家庭减少经济负担，但是自己不知道什么原因成绩始终不是特别理想，因此心里感觉压力很大认为自己不适合学习，怕学业无成，想着还不如早早出去工作提前积累工作经验赚钱补贴家用，而且由于自己性格比较内向，和同学们相处也比较困难，因此产生了厌学的心态和退学的想法。

通过与李同学的谈话以及与他的同班同学以及室友了解情况之后，推断出李同学厌学和退学的心理并不是一时就产生的，而是长期过程中的情绪积累、家庭压力、环境因素影响以及对于未来发展的迷茫性等多种因素综合导致的，具体分析如下：

（一）个人心理特点

李同学由于家庭经济状况较差，会有自卑心理，再加上本身性格内向，因此平时寡言少语，喜欢独处，只与和自己最为亲近的人交流，而且较为在意他人对于自己的看法。而通过与李同学的谈话可以看出，李同学虽然寡言少语，但是内心十分渴望与人交流。除此以外，李同学十分重视自己将来的发展方向，但是自身比较迷茫，给自己的压力较大，对于未来的就业存在焦虑。

（二）家庭环境因素

李同学家庭经济情况较差，平常生活中省吃俭用，在学校中从事了兼职工作。由于父母在家务农收入薄弱，而且年事已高十分辛苦，李同学担心父母负担太重，所以想找一个好工作以减轻家庭负担，赚取工资好好孝敬他们。

（三）同学相处因素

通过与李同学舍友们的交流辅导员了解到，李同学在寝室和室友们交流较少，由于性格内向而且缺少交流，所以与室友之间存在隔阂，他们之间也不愿意直接面对面交流，只是通过手机进行联系。而且据李同学室友们反映，李同学经常在半夜捶墙影响其他同学休息，经过与李同学之间的磋商，情况并没有得到解决。而李同学也认为这是室友在故意为难自己。

（四）学校环境因素

虽然李同学学习十分认真刻苦，但学习成绩却始终不大理想，因此李同学对于自己的未来十分迷茫，他十分担心自己辛辛苦苦学习四年到最后学不到什么东西，换来的只是学位证和毕业证，再加上自己成绩不理想，认为现在的学习对于未来的工作并没有多大的帮助，因此想早点进入社会工作，可以早赚钱早积累工作经验。加上与同学们的交流很少，缺乏集体归属感。

（五）案例处理的方法、过程

通过对于本案例的分析，在积极心理学指导下运用“共情”方法对李同学进行心理上的引导和指导。首先，从李同学自身情况出发，结合李同学的所思所想，通过自己的感同身受和亲身经历与李同学进行分享，对其进行心理上的疏导。其次，通过与李同学的同班同学以及室友进行沟通，劝说其对李同学进行充分的关心和帮助。最后，通过与李同学具有相似经历的学长、校友等对李同学进行引导，基于积极心理学思想给李同学注入积极的心理暗示，使其重新树立起对于未来生活的信心。综上所述，对于李同学的心理引导需要班级同学以及辅导员共同合作完成。具体工作内容有以下几点：

1. 促进融洽相处，进行学习帮扶

融洽的同学关系有利于李同学找回认同感以及归属感，同时融洽的同学关系有利于更好地学习交流，从而可以帮助李同学掌握更好的学习方法获得进步，进而重新获得学习的自信。为此，一方面辅导员通过与李同学的室友进行沟通，向同学们解释李同学的情况，并号召同学们主动地去关心和帮助李同学。另一方面，学院成立了以学生党员为主体的帮扶团队，对难度较大以及挂科率较高的科目进行学习方法经验分享交流，现身说法，激发李同学学习动力，帮助其树立战胜困难的决心，通过其他同学的学习经验加强对李同学学习态度的引导和学习方法的指导。

2. 进行朋辈帮扶，打破心理障碍

家庭经济负担、学习成绩没有起色以及自身性格内向导致了李同学在心理上承受着巨大压力。通过分享自己的亲身经历以及此前具有相同经历的学长和校友分享他们曾经的思想变化来对李同学进行思想上的劝导，通过“榜样”的力量引导李同学。同时，动员班级的学生干部对李同学多关怀、多鼓励、多沟通，主动组织一些欢乐的班级活动或学校活动，并热情地邀请李同学参加，如学校的雪雕大赛和学院的“疾风三十一”队伍。通过朋辈帮扶的力量，利用这些活动让李同学体会集体的温暖，进而打破其心理障碍。

3. 创新创业帮扶，培养学习兴趣

根据上述分析的多种原因，李同学目前对于学习已经失去了兴趣与动力，认为自己的学习的没有什么用还不如早一些工作。针对这种情况，我们积极鼓励李同学参加专业领域内各类创新活动，如专业领域内各类大赛活动的介绍和参赛指导。鼓励李同学结合自己的专业参加专业教师的课题、实验、项目等，使其在实践中尽快找到学习的方向和乐趣，并通过对于知识的实践和运用使之明白目前所学习的内容是用处很大的，从而加强对自己专业的学习兴趣，进而增强学习动力。

4. 指导职业规划，减轻就业焦虑

有了较为清晰和明确的职业规划或是未来规划才能更好地确立人生目标，从而明确大学阶段的学习目标。[1]通过辅导员以及专业老师对李同学进行具有专业特色的职业生涯规划与就业指导，帮助其尽早明确学习目标，熟悉考研政策以及国家的就业政策，了解社会职业信息，认清就业形势，转变择业观念，科学定位个人发展方向。将往届同专业毕业生的成功就业案例分享给他，打消他的就业焦虑。

（六）案例处理的结果

经过上述方式的心理疏导和帮扶，李同学打消了退学的念头，并找到了学习的乐趣，同时在同班同学的帮助下李同学掌握了正确的学习方法，学习成绩取得了巨大的进步。此外经过心理辅导，李同学现在变得更加阳光自信，也更愿意和同学老师们进行交流，同时与室友的关系也得到了很大的改善。据李同学父母的反映，李同学回到家后仿佛变了一个人，开朗了许多。

三、案例思考与工作建议

李同学的案例中具体体现了家庭经济困难、人际交往能力欠缺、性格内向、寝室矛盾、就业焦虑等问题。通过这次的案例处理，作为一名大学辅导员应该明确自己身上所肩负的责任，在工作过程中要善于运用多样的方式方法，在学生遇到困难时要想法设法地帮助学生解决问题，让他们重新对生活充满信心。设想如果在该案例中，辅导员没有积极地介入，那么将会产生不一样的结果。因此结合该案例，辅导员认为在今后的工作中有以下几方面的改进空间：

（一）利用“共情”走入学生

每一个学生都具有自己独一无二的性格特点和人生追求，而作为一名辅导员应该深入地了解每一个学生，分析每一个学生的具体情况。只有这样，当学生遇到困难时才可以更加有针对性地进行解决。为此，可以运用“共情”的方法增进与学生之间的距离，通过自己的亲身经历放下自己的“身段”与同学们平等交流，从而获得同学们的信任，可以敞开心扉地进行交流。

（二）重视同学关系的构建

通过本案例可以看出，班级同学关系和寝室室友关系对于李同学的重要性。因此在今后的工作中首先应该加强宿舍的管理，引导同学们打造宿舍文化、和谐共处营造和谐氛围，培养学生们积极的生活态度和较好的人际交往能力。其次，要积极引导同学们参加学校活动或是经常组织丰富的班级活动，使同学们在活动中加强交流增进感情。

（三）注重学生的职业规划指导

此案例中李同学所遇到的就业焦虑问题是目前广大在校大学生普遍会遇到的问题，因此在今后的工作中应该在管理和思想教育当中渗透有关职业规划的辅导，帮助他们做好职业规划，指定人生中的大目标和小目标，让这些目标成为学生们在大学时期的动力来源。

参考文献

[1] 房菁. “共情”与积极心理学在高校辅导员工作中的运用 [J]. 福建教育学院学报，2020，21（1）：99－101.

积极心理学视域下学优生学业发展指导案例*

内容摘要

本案例以学优生小Z典型的行为阻碍为背景，运用积极心理学的理论分析产生困惑的类别、改进措施，在案例思考中针对学优生的特点因材施教，制定个性化学业指导方案，并提出工作建议。

一、案例简介

学优生小Z自小在偏远贫困山村长大，学习成绩优异。心怀做教师的梦想，希望毕业后能够到偏远贫困地区帮助留守儿童，为贫困地区的孩子学习成长奉献自己的爱心。在校期间，受身边同学的影响，她先后加入了学校各种爱心支教类社团，这些经历和经验更进一步坚定了她毕业后想去西部支教的想法。但是这种想法，遭到父母的强烈反对。其父母认为，一方面她是女孩子，前往西部地区，怕高原气候引起身体不适应。另一方面，这种支教经历对未来事业发展没有现实帮助意义，影响日后择业。在父母的压力和阻挠下，小Z非常苦恼和焦虑，求助学校学业发展指导中心。

二、案例分析和实践

（一）案例分析

这是典型的学优生行为阻碍的情况。在中心咨询老师的帮助下，首先分析小Z的焦虑的情绪源。小Z苦恼和焦虑的情绪源自以下几个方面：一是小Z在小时候，曾因一些小事和父母沟通，总是得到负面反馈的结果。这些负面反馈的经历对小Z有较大影响，遇事不愿意与父母沟通交流，与父母的沟通存在一定的困难。二是确定小Z个人未来发展的目标，根据目前的情况，先分析小Z是否可以实现自己的既定目标，再确定支教能够给她带来的人生意义和人生价值，对小Z实现她未来的目标是否有帮助。分析小Z面临的问题主要是来自父母的压力、自己想法不坚定和对未来生活困难考量不足。

* 本文作者：郭鑫，哈尔滨工程大学学生工作部（处），副教授。

（二）案例实践

基于小Z存在的焦虑源，以及未来对个人职业发展的规划，中心咨询老师从积极心理学的视域下分析了学优生在成长过程中会面临的困惑主要分为两类：

1. 学优生的人格成长困惑

学优生通常是一些好学上进、聪明认真、学业有成、遵纪守法的好学生。然而，事实上，学优生的学业成绩和各类活动的成绩往往并不能直观反映他们的人格成长的情况。

（1）学优生是否具有独立人格；

（2）学优生缺乏勇气、好奇心和乐观精神，反而可能不会成功；

（3）部分学优生过分在意他人的评价，不能妥善处理的后果便是妒忌心理的畸形发展。

2. 学优生的发展困惑

（1）新的环境或针对新的学习对象保持其本身优秀性的适应性困惑；

（2）在已经足够优秀的情形下如何进行发展规划的发展型困惑。

针对这两类困惑，可以开展的学优生学业指导内容包括：一是一对一学业发展咨询；二是因材施教项目，将学优生学业指导团队化和项目化。

积极心理学主要开发人的积极潜能，让人们达到自己理想的幸福状态，从积极的角度去看待和解决问题。积极心理学基本的主张之一就是让人成为自己心中最幸福的人。每个人心里的目标都是不一样的，因为每个人的成长环境都不一样，内心的需求也是不一样的。教师要结合自身的具体情况，尽可能地达到内心的幸福状态。把积极心理学的思想作为理论向导，运用到具体的教育实践活动中，开发全新的“积极心理健康教育模式”，以积极的视角重新解构教育，通过积极的教育行为，营造积极的教育环境，一切以学生的“满足感”和“幸福感”为落脚点，面向全体学生，重点关注学生对现实生活的乐观与希望、真实积极的情绪体验、自我成长的内部动力，以及积极人际关系、创造性思维品质的养成，侧重于心理品质的优化与心理潜能的开发，培养学生积极的人格品质与人生态度。

基于以上积极心理学的指导思想，为小Z提出三个方面的改进措施：第一，改进与父母的沟通谈判技巧，努力得到父母的理解、认可和支持；第二，通过心理品质的优化和心理潜能的开发，培养积极的人生态度，坚定自己的人生规划；第三，为了实现自我的人生目标而努力提升自己的综合技能。

三、案例思考与工作建议

学优生的学业发展指导不同于其他学生的辅导，一方面是学优生学习成绩优异，并有一定的组织能力或个性特长，需要根据个体情况开展相关学业指导；另一方面是学优生如果指导不好或不充分，对学优生未来发展会有负面影响。要针对学优生的特点、所面临的困惑和所处在困惑的阶段，制定学业指导的具体内容。在学业指导中需要注意的要素有以下几方面。

（一）心理健康辅导是学优生学习指导的先导要素

大学阶段是一个人重新确立并发展自我的关键时期。随着社会文化与价值观越来越多元化，尤其面临我国如此激烈的就业竞争压力，当代大学生的困惑和矛盾越来越多。同时，如今当代大学生都是“90 后”，过分追求自我与个性、学习焦虑等心理问题在他们身上表现得越发显，这不仅严重影响到了当代大学生的健康成长，还日益成了严重的社会问题。要不断改革和完善传统的教育形式，以学生的心理发展规律和年龄特征为依据，针对学优生在学习和生活等方面出现的心理困扰和问题进行系统的梳理，对学优生的心理调适活动进行全方位的指导，从而使他们正确认知大学学习生活的特点，更好地融入大学生活中。

心理健康辅导通过积极的指导与调适来培养大学生健康的心理、良好的性格与和谐的社交能力，这是促进大学生全面成长成才的重要前提。因而，心理健康辅导是学优生学习指导的先导要素。

（二）学生发展指导是学优生学习指导的主体要素

高校作为培养人和教育人的核心阵地，要为国家和社会输送具备各方面专业技能的优秀人才，这是高等教育所承担的重要的使命与职责。随着高校素质教育的推进和高校行政体制改革的逐渐深入，高校学生工作逐渐有了更为丰富的内容。大学生发展指导是近年来伴随高校事务管理而出现的新内容。促进学生发展不仅是学生事务管理的核心价值和共同使命，还是顺应时代发展和服务对象的内在要求。所谓大学生发展指导，是指以学生发展理论为指导，以学生发展为目标，以关心服务学生为宗旨，针对大学生的学业、职业、就业与创业等方面的各种发展性问题，提供全方位和全过程的指导，并强化目标教育的内涵，充分挖掘大学生的内在潜能，促使其更好地发展。其中，具体指导的内容从体系上大致可以分为学业规划指导、职业规划指导、创新技能指导与就业技能指导四个主体内容。针对涉世未深的大一新生开展学业规划指导；针对全面规划大学生活的大二学生开展职业规划指导；针对专业基础知识扎实的大三学生开展创新技能指导；针对就业需求紧迫的大四学生开展就业技能指导。学生发展指导在大学生成长的各个主体阶段都占据学习指导的主体地位，其指导职能直接影响着学生的学业规划愿景、社会价值观以及个人认同感的塑造与形成，在学生全面健康成长成才的发展过程中发挥着决定性的主体影响作用。因而，大学生发展指导是大学生学习指导的主体要素。

（三）素质拓展指导是学优生学习指导的核心要素

随着当代社会科学与经济的高速发展，各高校大学生素质提高及能力拓展的重要性对未来社会的建设与发展的作用越来越凸显。近年来，大学生素质提高与能力拓展已成为全社会广泛关注的问题，如何促进大学生素质的提升，如何拓展大学生的各项能力，是当代高等教育的一个重要环节，也是高校人才培养的一个战略性问题。大学生素质拓展指导不应是一个阶段性的活动，而是一项具有长期规划、长期目标、需要常抓不懈的系统工程。它不仅要具有全员性和全程性，还应具有导向性和系统性，不断引导和帮助大学生完善智能结构，全面成长成才。大学生素质拓展指导主要包括大学生素质提升与大学生能力拓展两个方面，大学生的素质主要包括政治素质、道德素质、人文素质、科技素质、创新素质等方面，大学生需要拓展的能力主要包括表达、执行、领导、思辨、创新、创业六项。大学生素质拓展指导以提升大学生的综合素质为核心，以培养大学生的六项能力为重点，进一步整合深化教学主渠道外有助于学生提高综合素质和能力的各种活动，引导他们正确认知大学生应当具备的各项素质和能力，促进他们创新意识与实践精神的有效提升，从而全面增强大学生的核心竞争力。综上所述，素质拓展指导是大学生学习指导的核心要素。

（四）信仰价值提升是学优生学习指导的关键要素

信仰是人的精神、生命和行为的终极依据，其核心意义是指人对人生最重要的价值和追求。加强信仰价值方面的引导不仅能提升大学生的基本素质，在促进大学生树立正确的世界观、人生观和价值观，使他们形成健康完美人格的过程中也发挥了重要作用。信仰价值方面的引导应从人性出发，研究人性、本质性和本源性的关系，以此为基础，对学优生的心灵感受做相关的调研，在本质上发觉当代大学生的真正问题所在，从而达到“对症下药”的目的，这样才能收到更好的效果，从而达到真正意义上的信仰价值方面的引导。

民族融入，韧对学途*

内容摘要

少数民族预科生在由高中步入大学预科班学习的过程中，往往面临课业压力、文化和生活压力等问题。高校应当结合学生主客观方面的心理压力源，建立学生心理健康和校园生活定向引导及帮扶机制。缓解学生身心压力，锻造学生心理韧性，培养学生积极的思维方式提升幸福感。其也应当建立多层次压力缓解和积极心理引导机制，注重学生心理韧性锻造的尺度及方法，并进行长期的少数民族预科生心理健康状态跟进，建立良性的学生心理韧性管理机制。

一、案例简介

2018—2019 年，少数民族预科生中存在基于几方面因素而造成的学生心理问题，突出表现在课业压力问题、文化和生活问题[1]。结合哈尔滨工程大学辅导员反映的在少数民族预科生中具有代表性的案例进行分析和介绍。

姜某存在严重的课业压力，长期因课业压力造成焦虑情绪，影响个人正常学习及群体融入。通过对姜某的心理状态进行评估，以定性和定量相结合的方法对于其心理健康状况进行关注，认定姜某患上抑郁症。姜某在该心理问题的影响下，对日常学习内容的记忆性不佳，多次存在情绪失控现象，伴有自杀倾向。经心理疏导后，姜某进行了自我陈述，其抑郁症为外因诱发，姜某高中时约同学出门骑自行车，同学被车撞身亡，姜某受到极大精神刺激，且未及时进行心理疏导，导致其进入大学阶段后因陌生生活环境的刺激和全新生活学习阶段的压力，抑郁状况持续加深，并引发重度抑郁症。

二、案例分析和实践

（一）案例分析

获悉姜某存在的问题后，辅导员针对该学生的情况进行定向引导和帮扶。通过帮助，少数民族预科生在课业学习、人际沟通和校园生活的深度参与方面获得了进步。辅导员和心理健康教师在后续的学生心理健康状态跟进中，选取

* 本文作者：李佳，哈尔滨工程大学学生工作部（处），讲师。

普通少数民族预科生作为对照组，不断跟进该学生的心理状态。在4—5个月的跟踪期中，该学生呈现出课业进步、人际融洽、情绪和思维方式逐步积极化的转变。从思维方式及心理状态的核心转变上看，该学生面对当初陌生的环境，如今顺利由“抵触”转变为感觉“幸福”，这是积极心理学的核心追求，也是引导学生逐步提升社会认同感、环境认同感和自我认同感，发挥学校、群体和自身的能动性，最终建立良好心理状态的体现[2]。

（二）案例实践

案例学生的情绪及心理问题在少数民族预科生中十分常见且具有代表性，学校围绕该种心理问题建立了定向的引导和帮扶机制。辅导员在对该学生的客观情况进行掌握后，与课程任课教师沟通，并在心理教师的帮助下，进行如下积极心理干预：

第一，抗挫折教育。针对姜某在高中阶段与普通汉族高中课程的差异之处进行查缺补漏，针对相应预科课程随时反馈。姜某在任课教师与辅导员的帮助下，不断建设自身，自行增加10小时/周的额外学习时间，并伴随复习和预习活动，利用4个月左右时间，在基本汉语课程的学习和应试方面取得良好成果，在人际沟通方面也获得较大进步。

第二，沟通教育。哈尔滨工程大学辅导员和心理健康教师针对姜某进行长期沟通。辅导员日常跟进姜某，定期和不定期进行心理疏导和沟通，关怀姜某学习及生活，对姜某的精神状态进行日常跟踪记录。心理健康教师以专业视角与姜某进行沟通，评估姜某身心状态。辅导员和心理健康教师以“形式+实质”的方式，在外在方面表现为对姜某生活学习等方面的关怀，在内在方面挖掘姜某个人成长潜能和特长，尝试激发姜某内在心理活力，锻造心理韧性，引导姜某发挥内在精神力量，以积极的心理状态充实自身，获得内在力量。

第三，社会和文化教育。辅导员获知姜某在音乐方面非常擅长，在大型学校活动和少数民族活动中，积极鼓励姜某参与其中并发挥主导作用。在少数民族预科生文娱活动中，二次任命姜某为负责人和组织者，发挥姜某在音乐中的特长，取得了良好效果。在哈尔滨工程大学组织的元旦晚会和庆祝五四运动100周年晚会活动中，由姜某带领少数民族预科生身着民族盛装，合唱《我和我的祖国》《爱我中华》，获得了全校师生的一致认可。

哈尔滨工程大学学生工作处少数民族预科生专职辅导员和心理教师以及姜某直属任课教师在姜某精神状态恢复、学习水平提升和心理韧性培养及塑造的过程中发挥了重大作用，以学习—文娱双线并举的方式为姜某积极心理状态的塑造和身心协同发展注入了能量，为姜某治疗抑郁症，恢复自身能量，培养心理韧性，锻造积极心理状态发挥了重大作用。这也是哈尔滨工程大学在少数民族预科生心理韧性培养和积极心理品质塑造方面的突出成果，对此后引导少数民族预科生抗击抑郁症等心理疾病的侵袭具有借鉴性。

三、案例思考与工作建议

积极心理学教育作为长期的学生心理健康状态培养教育，并非一蹴而就。其需要塑造少数民族预科生正确的心理和情绪反馈路径，并将主客观心理影响因素的管理作为伴随要素。针对基于课业压力和家庭困难问题而造成少数民族预科生情绪问题的现象，应当将课业教育和学生生活困难的缓解作为伴随因素，这是进行少数民族预科生全面心理韧性跟进教育的关键。同时，以积极心理学教育提升少数民族预科生的心理韧性需要细致的对比和调整。与传统的心理治疗和干预不同，其旨在塑造学生良性的思维方式和看待问题的视角，指向内化而非外部干预，指向积极的情绪管理而非消极的问题解决[3]。高校辅导员在不断细致入微分析少数民族预科生情绪现象并进行引导时，逐步认识到了心理状态塑造的重要性，这是以“塑造”取代“治疗”，由外部的心理问题干预转向人性内在真善美因素挖掘的重要思路转变，也是在此后少数民族学生工作开展中值得借鉴的经验。据此，高校辅导员应当在如下方面进行进一步尝试：

第一，关注主客观因素对少数民族预科生身心状态的影响及塑造。少数民族预科生的心理压力来源于多方面，辅导员在针对少数民族预科生进行心理韧性建设和积极心理引导时，应当关注主客观双方面的案例，切勿局限于客观差异性，应当兼顾少数民族青年学生在思维方式和思考传统方面与汉族学生的天然差别，在文化对照和心理特征分析爱的基础上提升对少数民族预科生心理韧性建设的引导性，深入学生精神和文化的深层动因进行分析。

第二，推进少数民族预科生心理韧性提升应当注重尺度和方法。少数民族预科生处于高校预科阶段，特定的年龄层特征和学生在文化方面的差别性，使得少数民族预科生与汉族学生在心理承受能力和情绪波动阈值方面具有较大的差别。辅导员在进行少数民族预科生心理韧性提升时，注重少数民族预科生与汉族学生的参照与对比，在对比中明确少数民族预科生的情绪反馈机制和思维路径，对于正确进行少数民族预科生心理压力和情绪问题归因具有重要作用，亦即应当兼顾普通心理学的一般性和少数民族预科生的特殊性，这是提升心理健康引导教育的针对性、提升少数民族预科生心理健康问题缓解性与心理韧性锻炼效果的关键。

第三，将关注少数民族预科生的心理健康状态作为常态化的环节。积极心理健康状态的建构和积极心理学的推进逻辑与传统的心理治疗不同。其强调长期的健康心理状态塑造和情绪反馈机制建构。所以，辅导员等学生工作者应当定期与高校心理健康教育人员关注学生心理健康，针对积极心理学引导的成果和不足进行分析。在有效参照系的对照之下，及时感知少数民族预科生的心理和情绪状态，建立事前干预和缓解机制，建立全方位的高校少数民族预科生积极心理学跟进式引导机制。

参考文献

[1] 李明，龙晔生．内地高校新疆籍少数民族大学生心理健康因素分析[J]．民族教育研究，2018，29（1）：76－82.

[2] 谢中清．新“五力模型”理念下高校少数民族学生教育管理工作研究[J]．中南民族大学学报（人文社会科学版），2017，37（4）：53－55.

[3] 詹丽玉，练勤，韩布新．国内外积极心理学领域近期研究的可视化分析[J]．西南民族大学学报（人文社科版），2017，38（2）：208－213.

新形势下党员教育管理问题案例*

内容摘要

陈某某同学，两次降级到2017级学习，在学院进行新生入党启蒙教育后，递交了入党申请书，但是通过辅导员谈话，发现该生对党的认识不充分，没有明确的入党动机。据他反映，周围党员也没有起到很好的先锋模范带头作用，本案例结合工作中遇到的问题，利用积极心理学的知识，创新党员教育管理方法，推动大学生党员发展质量和水平。该生在大二下学期加入党组织，并成为学院学习指导中心拓展部副部长，成为带动大家一起努力的“领头羊”。

一、案例简介

陈某某，男，大三学生，该生曾经有多门课程考试不及格，濒临退学时，因学校教学管理制度改革，降级到2017级继续学习。随后，在学院党委对2017级学生进行新生入党启蒙教育后，陈某某递交了入党申请书，辅导员和党务干事分别与该生进行谈话。该生反映，递交入党申请书是因为看见别的同学递交了入党申请书，自己也意识到不能像以前那样混日子，才递交了入党申请书，其实自己的入党意愿不太强烈，入党动机也不太明确，并且还听说党课教育方式单一、有些学生入党前入党后行为不一致、模范引领作用不突出。

二、案例分析和实践

（一）案例分析

针对该生反映的这些情况，结合在实际工作中发现的问题，学院党委进行了调研、研讨和分析，发现在学生党员的培养教育工作中存在着以下问题：

1. 理想信念不坚定，入党动机不明确或存在功利性。目前，大部分学生是2000年左右出生的学生，多数成长于独生子女家庭，在父母的过度宠爱下，难免会形成自私自利的性格，且抗压能力较小。同时，在互联网的影响下，会受到外来文化思想的影响，在递交入党申请书的时候表现出，随大众或者入党动机存在功利性，缺乏党性修养。虽然在入党前会参加严格的入党培训，但是在

---

* 本文作者：梁艳艳，哈尔滨工程大学航天与建筑工程学院辅导员，讲师。

入党后学习党的知识的能力大大下降，没有起到模范带头作用。

2. 党员的教育培养方法单一，培养模式落后。从学生党建工作开展的情况来看，这项工作的落实途径尽管具有多样性，但党课教育始终是普遍采用的有效途径。党课教育主要采用听报告、召开座谈会等形式对上一级下发的文件及精神进行学习，存在着内容单一、方法呆板、质量不高、党员被动参与、吸引力不强、缺乏持续性等问题，在一定程度上制约着教育工作实施的有效性，对教育培养效果产生了很大的影响。

3. 党员先进性发挥不足，模范带头作用不突出。保持学生党员先进性，是发挥党员模范带头作用的基础，也是发挥党支部战斗堡垒作用的前提，因此提高大学生党员的思想觉悟，加强大学生党员的先进性实践，是近几年来高校基层党组织建设的重点工作。然而，近年来，我们发现少数学生党员入党之后在思想上出现了困惑和矛盾，部分学生党员在日常的学习生活中，并没有体现学生党员的先锋模范作用，更没有把先进性实践转化为一种自觉自愿的行动，甚至产生了一定的负面影响。

（二）案例实践

在案例中，该生提到的在同学中出现的问题，入党动机不明确、培养质量不高、党员发挥作用不明显，都是消极的方面，由此可见，常规的工作方式方法已经满足不了新时期的要求。因此，面对目前高校学生党员培养过程中出现的上述问题，提升党员的培养教育质量已经刻不容缓，本案例将积极心理学的知识和党建工作相结合，来提高学生党员的培养质量，主要有以下方法：

1. 加强思想教育，提高学生的积极情绪体验。人在积极情绪作用下倾向于探究新鲜事物，保持主动状态，更能发挥自我效能，以主观幸福感为中心的积极情绪体验，能够增强党员教育的号召力。[1]因此，我们在对学生进行入党动机思想教育时，把党的各项方针政策的知识融入实践活动中，比如，组织学生参观军工纪念馆、走访红色革命基地、三下乡等，使学生在与老百姓的接触中，真正感受到党的伟大历史、中国共产党执政的先进性和社会主义制度的优越性，使学生能够亲身感受到入党的意义，对未来充满希望，进而端正入党动机，增强内在情绪体验。

2. 改革教育模式，健全学生的积极组织系统。目前的教育模式已经适应不了新时代的要求，因此，我们以提高党员及积极分子教育质量为目的，在党课培训课上增加研讨与答辩环节，以微型讲坛教育为载体，学生由“被动听”到“主动讲”，构建党员及积极分子自我展示、互动交流、自我提高的平台，激活党员及积极分子自我教育的原动力，增强党课教育的吸引力。同时，在实际工作中，通过运用积极心理学相关的工作模式，提高党员的培养质量；为学生党员开展积极心理学相关的课程，引导学生积极面对工作、生活、学习，优化了党建组织系统。

3. 坚持以人为本，发挥学生的积极人格力量。心理学研究的积极力量在个体层面，重点研究人格中包含的积极方面和积极特质。积极心理学认为人类拥有六大美德：智慧、勇气、仁爱、公正、节制和卓越，具体包括创造性、兴趣、宽恕、爱学习、感激、勇敢等24种性格类积极力量。因此，在工作中，坚持以人为本，不断地发现学生的特点，针对优点，在日常学习生活中为每一个学生党员提供一个实践岗位，把党员的责任义务明确化、具体化，在实践中服务同学，满足了党员社会归属的心理需求，展示了党员的先进性，提高了自身素质，高效地激发了党员积极参与社会实践的内在动力，发挥了学生党员的积极人格力量。

经过把积极心理学的知识融入党员培养管理工作中，陈某某从逃课、挂科、留级、走到退学的边缘转变为核心课程拿满分或者接近满分，从一个问题少年、网瘾少年到成为专业第一的学霸。2019年6月加入党组织，成为一名预备党员，并竞选成为学院学习指导中心拓展部副部长，身为带动大家一起努力的“领头羊”，他主动关心同学们的学习，协助管理学院助教团，帮扶学习后进同学。

三、案例思考与工作建议

首先，积极心理学可以有效地创新学生党建工作模式。当代的大学生不同于以往任何一个时代的学生，他们有自己的想法和观点，追求自我实现，渴望被认可和尊重，这些需求用传统的党建工作模式已经无法满足。积极心理学尊重个体并可以帮助他们实现自身价值，提升自身成长，符合目前学生的需要。因此，积极心理学有利于创新高校党建工作模式。

其次，积极心理学可以更好地激发学生党员成长成才的主动性。传统的党建工作模式过多地强调被动学习的学习效果和学习政治理论知识的效果，而忽视了对学生心理素质的培养和学生党员个体发展需求的关注，因此学生参加党组织活动时会有不积极的情况。积极心理学的党建工作模式，可以更好地针对学生的个性化使用更加人性化的如理解、接纳、赞美等心理学的方式方法，这是一种更加开放、容易接受的形式，有利于学生党员看到身上的优点，改正缺点不足，激发他们成长成才的主动性。

最后，积极心理学可以更强地提升学生党支部的凝聚力。高校学生党支部是学生党建工作的重要载体，传统的党支部开展工作方式方法单调，缺乏生机和活力，因此，建立一个积极、和谐的党支部，对于提升党支部的凝聚力至关重要。把积极心理学引进学生党建工作，可以优化党支部的工作环境，能更加有效地为开展党建工作提供良好的政治环境，提升党支部的凝聚力。

参考文献

［1］苏丽丽．基于积极心理学理论的新时代高校学生党员培养方法研究与实践［J］．福建茶叶，2020（3）：173.

心存感恩，砥砺前行*

内容摘要

本文通过学生刘某的案例分析了当代大学生群体感恩意识缺失的现象，提出了在积极心理学视域下感恩教育的方案。以具体问题具体分析的态度，通过感性的形式带领学生回忆成长经历，使学生深刻感受到来自家庭、学校、社会和祖国的恩情在其中穿插感恩行动。同时，注重引导学生理性对待负面情绪，避免形成冷漠、自私和脆弱的人格，进行了一次较为成功的感恩教育。

一、案例简介

学生刘某，男，今年22岁，出生于一个小村庄，父母均为农民，刘某作为全家的希望考入了哈尔滨工程大学计算机专业。刘某在家有父母和两个姐姐照顾，农活儿也从来不用他去做，学习成绩优异的他认为这些都是理所应当，从未心存感恩。

在大学的学习中，刘某仅第一个学期努力便获得校三等奖学金，第二学期即产生了自负的心理，认为考试前好好复习就能搞定期末考试，便沉迷于手机游戏无法自拔，对老师的劝说置若罔闻，直接导致了在课业繁重的第二学期期末多门课程不及格。

在大学的生活中，刘某萌生了攀比的心理。因家中经济困难，一向沉默寡言的他变得自卑，平日里形单影只不爱与室友交流，不愿与室友和同学一起学习和用餐，成绩出现挂科进一步打击了他的内心，对自己渐渐失去了信心，从此更加沉溺于虚拟游戏世界，只有在游戏中才能让他找到自信和快乐。

二、案例分析和实践

（一）案例分析

刘某存在的问题主要有以下几点：

第一，在学习上，刘某并非因自身能力不足，而是对自己的未来没有清晰的规划，主观上对学习的态度发生了转变，认为大学的学习仅靠考前突击即可

* 本文作者：刘浩然，哈尔滨工程大学计算机科学与技术学院辅导员，讲师。

完成；在客观上，在手机这一新鲜事物上花费了过多时间和精力。

第二，从家庭角度讲，刘某父亲伤病在身，刘某母亲带着两个女儿辛勤劳作，本就拮据的家庭中，每月给刘某的生活费便是除去家中生活所需外的全部了。刘某本就受到父母和两个姐姐溺爱，作为家里的希望考入重点大学，更加饱受关心。这也导致他对家人缺少感恩，认为这一切理所应当。

第三，在出现攀比心理后，未能采取正确的排解方法，而是憋在心里，这也导致学习和集体生活的不自信。

（二）案例实践

1. 全面了解，设计方案

刘某问题较为明显，对这类学生进行感恩教育以全面了解情况作为出发点。于是首先与刘某母亲取得联系，从她口中听出了她因自己儿子而骄傲，更是对刘某寄予了厚望，可怜天下父母心，刘某母亲认为供养刘某读大学，付出得再多，生活过得再拮据也都是值得的。其次，在与刘某身边同学的交流中得知，刘某的攀比心理并非性格使然，而是由于通过手机观看了许多价值观消极的短视频。通过对刘某进行了全面的了解后，设计适合他的感恩教育方案并逐渐展开。

2. 直击心灵，引发思考

首先与刘某进行面对面的谈话，拉近了彼此之间的距离。从刘某的成长过程和父母的辛勤付出谈起，帮助刘某回忆成长的点点滴滴，使他明确家人为他的辛勤付出并非理所应当，这是浓浓的亲情和对刘某的疼爱。刘某虽不成熟，但心里还是挂念父母的，当想起父母这些年来为自己付出的一切，再想到现在自己的样子，流出羞愧和悔恨的泪水。在刘某心灵受到极大触动时，引导他思考“是否应当适度使用手机”。

鼓励刘某等在学习、生活中略有问题的学生参加军工纪念馆参观团，并根据参观，书写参观的感想和心灵收获，使他们通过学习、了解前辈们的事迹对国家、前辈产生感激之情。并能够思考，身为军工传人，立足自身能为中华民族伟大复兴做些什么。

3. 内外兼修，全面提升

为进一步推进感恩教育，强化刘某内在萌生的感恩意识，鼓励他参加了“走进山区校园”支教活动。在支教中，刘某面对山区的孩子们想起了自己多年以来的求学之路。他将支教视为感激社会、回报社会的方式，上好每一节课，讲好每一道题，同时他也收获了孩子们的感激之情。刘某在感恩行动和被感激中得到了全面提升。

在院系组织的中秋节活动中，安排刘某作为工作人员，为活动策划建言献策。活动当天，鼓励他承担介绍家乡特有的中秋传统，从而使他克服因来自自身乡村而产生的自卑感。

4. 跟踪调查，保证效果

刘某通过一学期有余的感恩教育，得到了成长。此时进行了一系列的跟踪调查，以保证教育的效果。通过与刘某母亲的沟通得知，刘某在暑假期间说服了母亲和两个姐姐参与到家中的农忙，并且通过自己的知识，使用互联网拓宽了家中农副产品的销路。新学期的班会中刘某主动分享了自己多年的成长经历，并讲到了父母抚养子女的含辛茹苦，以及自己接收到的学校、社会和国家资助的助学金，感激之情溢于言表。班级中其他同学亦感同身受，回想着自己成长道路上父母和他人对自己的帮助。同时他做出保证，一定以积极态度对待学习，不断提升专业能力，努力使自己成为可靠顶用的人才。

由此可见，刘某从最初的不成熟已然成长进步到今天对国家、社会、亲人满怀感激，并能够将感激之情付诸感恩行动。

三、案例思考与工作建议

感恩的缺失在目前的大学生中较为常见，大部分学生能够通过学校各项活动的推进重拾感恩之心。在学生中也不乏本案例中刘某的特殊情况，如果处置不当，不仅学生不能成才，对家庭的打击也同样重大。针对特殊情况的学生一定要找出背后原因，了解其家庭情况，让学生明白自己身后有家人付出的汗水和国家政策的扶持，让学生懂得感恩。立足于积极心理学的基本原理，通过感恩能使其感受到生活的美好，产生不断奋进的力量。

从积极心理学角度讲，感恩是一种可以练习出来的能力。感恩教育的“培养感恩意识”“强化感恩行动”两个方面同时展开、相互关联、不可分离。感恩意识使学生认识到感恩行动的意义并投身其中，感恩行动使学生在实践中深化感恩意识。只有二者有机结合，才能在有限的时间内进行较为成功的感恩教育。感恩父母，感恩学校，感恩国家，同时要去帮助更多的人，让这份感动和恩情传递下去，用知识去丰满自己的羽翼，待搏击长空之日，清晰地看清脚下的道路，做新时代中国特色社会主义事业的合格建设者和可靠接班人。

积极心理学引领来华留学生适应性教育*

内容摘要

来华留学生教育是高等学校人才培养的重要组成部分。留学生的培养质量是高校国际化办学水平的重要体现。为了培养知华亲华的高素质留学生，学校将积极心理学相关理论融入来华学生管理中，构建了以入学教育、心理筛查、帮扶计划、文化融合为基准点的“四位一体”的适应性教育体系，致力于提高来华留学生的培养质量。

一、案例简介

为了服务国家“一带一路”倡议、顺应高校“双一流”建设的新形势，推动构建人类命运共同体，哈尔滨工程大学不仅保证来华留学生规模持续增长，生源结构不断优化，而且以“提质增效”为目标，将积极心理学理论应用于留学生教育与管理来提高来华留学生的适应性，逐步形成以“入学教育、心理筛查、帮扶计划、文化融合”为基准点的适应性教育体系。第一，加强入学教育。通过提供人性化服务、发挥朋辈示范作用等方式，以情育情，营造温馨、和谐、舒适的环境，通过感情激励法减少留学生对新环境的陌生感，降低焦虑与紧张的情绪，培养留学生积极的情绪体验，为留学生塑造积极的人格特质奠定良好的开端。第二，开展心理筛查与疏导。全面掌握留学生入学的心理状况及对新环境的心理适应情况。解决个体差异化问题，有针对性地开展心理健康教育，帮助学生正确认识不良情绪，引导学生面对压力和挑战建构积极的情绪，以积极的心态克服各种困难。第三，开展学业帮扶行动。结合留学生特点和研究方向，设立科学的学习任务，制订学业规划，开展以帮促学的学业指导，充分挖掘学生学习潜能。第四，注重文化融合。以丰富多彩的文化生活体验充实留学生的课余生活，在加深留学生对中国文化的了解的同时，使留学生快速克服了跨文化障碍，并在参与活动的过程中，顺利地融入了校园文化，塑造积极的人格特质，促进学业推进。

---

* 本文作者：刘旭，哈尔滨工程大学国际合作教育学院辅导员，讲师。

二、案例分析和实践

（一）案例分析

1. 积极环境的营造

学校向留学生提供全面、周到、便捷的新生报到服务及公寓管理服务，营造温馨的服务环境；向留学生提供学业帮扶、心理咨询、营造和谐的管理环境；为留学生举办形式多样、内容丰富的文化活动，营造了多元的文化环境。正是通过营造积极的教育环境，学校突破了从问题着手开展留学生教育的传统模式，着力培养留学生的积极品质，为激发学生的积极潜能培育土壤。

2. 积极情绪的培养

学校通过心理普查把握来华留学新生入学的心理状态，有针对性地开展团体辅导及素质拓展，通过心理学手段增强留学生积极情感的体验；一对一的心理咨询服务帮助留学生克服消极情绪，以积极的心态面对挑战与困难；导师与学生建立的互动机制，在加强导师对留学生学业监督的同时，更加深了师生之间的感情；一对一学伴帮扶发挥了朋辈的引导作用，拓宽了留学生的交际圈，增进了中外学生的友谊。学校以润物无声的方式，以满足留学生需求为目标，不断培养留学生的积极情绪体验，为留学生积极潜能的萌发提供养分。

3. 积极潜能的激发

学校为留学生举办的学术活动、专业实习极大地充实了他们的专业知识，拓宽了他们的学术眼界，留学生在积极环境的熏陶下，在积极情绪的支持下，学习能力不断提升。学校还注重提高留学生的综合能力。为了激发留学生自我服务的意识，学校成立了国际学生联合会，并吸纳了来自各国的留学生。他们积极融入学校文化，参与学校国际文化节、感知中国——龙江行、新年晚会、学校运动会等活动，不仅提高了自身的实践能力，更发挥了示范引领的作用。

学校通过营造积极的学习、生活环境，培养留学生积极情绪，挖掘留学生的积极潜能，使留学生培养质量不断提高。将积极心理学应用于来华留学生的培养，转变了留学生培养的视角，革新了以解决学生问题为导向的留学生传统管理模式，从学生的需求和培养目标出发，培养留学生积极的人格情操、帮助留学生树立积极乐观的价值观，实现了留学生的自我教育以及健康成长。

（二）具体举措

1. 人文关怀培养积极心态

除了一站式入学报到外，学校开展了系列入学教育及服务。举办入学仪式，专业教师为留学生佩戴校徽，增强学生归属感。介绍中国法律和学校规章制度，强化留学生规则意识。教学院系根据学历和研究方向的不同，为留学生安排实验室、配备电脑，并开展一对一学伴帮扶计划，每一名学生均与一名中国学生结成帮扶对子。学校专门为学生开设了心理咨询室，聘请专业教师为留学生提供免费心理咨询服务，开展新生心理普查和新生适应性团体辅导，关注学生入学后心理状况，找准不同个体在情绪上的不同表现，有针对性地进行心理辅导。对于因学业、生活产生消极情绪的学生，学校进行跟踪服务，帮助学生正确认识不良情绪，对学生进行积极指导，引导学生用积极的心态看待问题。

2. 学业帮扶挖掘学习潜能

为了进一步挖掘学生学习潜能，自来华留学生入学以来，研究生导师为学生制订学习计划，定期布置学习任务，每学期进行留学研究生学业考评。学校还开展学术研讨、学术交流、学术讲座，每年5月活动月举办学术文化，为学生营造良好的学习氛围。为了提高学生对知识的应用能力和实践能力，学校搭建了校企合作平台，多次组织学生赴相关企业进行实习、参观，极大地拓宽了学生的专业视野，获得了学生的好评。留学生在浸入式的学习氛围中，不仅在学术上不断精进，而且在学习中互通有无，增进了感情，增强了学习中的积极情感体验。

3. 文化交融营造和谐环境

学校积极加强中国优秀传统文化教育，促进文化融合，开展德育教育。组织留学生参加学校运动会、国际文化节、新年晚会、新年茶话会、感知中国——龙江行、赏冰乐雪活动，在丰富的校园文化活动中，留学生感受到了中国文化的魅力、龙江的蓬勃发展。中国传统文化、龙江地域文化以及多国文化交融的环境，极大地丰富了留学生的课余生活。多文化交融的和谐氛围给学生带来福乐体验，自然、轻松的文化氛围带动留学生进入学习状态。

4. 师生携手共渡疫情难关

新冠肺炎暴发以来，学校充分运用积极心理学的相关理论，采取一系列措施，以最大程度地满足留学生疫情期间的学习和生活需要，激励他们以积极心态面对疫情，提升留学生的积极情绪体验。

一封书信，暖人心。学校发出《致哈工程全体师生的一封信》，将关爱、关切和防控要求与措施及时传达至每一位留学生。国际合作教育学院也在第一时间在微信公众号上发布防疫的注意事项和温馨提示，每天通过网络向留学生发布国内的疫情并了解学生的身体情况，使学生全面了解疫情的严峻，做好自我防护。

多项举措，解烦忧。为了保证疫情期间留学生的生活质量，学校在留学生公寓开办了“外专国际小市场”，为留学生订购生活必需品。为了解决疫情期间看病难的问题，国际合作教育学院指派专人，负责生病学生就医问题。定期为校内留学生安排心理辅导和团体活动，疏导学生因疫情产生的焦虑情绪。

严明要求，保质量。学校要求留学研究生导师关注疫情、强化责任，学院建立导师上报机制，形成综合动态监控机制。导师与学生通过微信和邮件保持密切联系，不间断学业指导和学术研究。学院整理公共课程课件并提供给留学生，对有需要的留学生予以讲解。学校图书馆电子阅览资源进行开放，方便学生下载文献资料。学校的一站式校园信息门户“智慧校园”平台，从网站到移动 App 双管齐下，帮助学生进行线上科研，满足学生的学习需要。

2020 年春季学期，在疫情的严峻考验下，很多留学生没有放松学习，在开展线上学习及科研的同时，积极响应学校的防疫要求，遵守防疫规定，宣传防疫知识。校内的留学生，有的自学汉语，有的通过个人努力积极推荐同事和朋友来校攻读硕士和博士学位，有的帮助公寓的老师开展各项工作；境外的留学研究生不仅定期与导师联络，按计划推进学业，而且加入线上的各类活动中；126 名学位生顺利毕业，其中 6 人继续在国内高校攻读硕士学位，8 人继续在国内攻读博士学位，1 人在国内攻读博士后，3 人签约国内知名企业。

三、案例思考与工作建议

（一）积极心理学应用范围有待推广

来华留学生的培养工作涉及教学、管理和服务等诸多方面。目前，积极心理学的应用局限于管理与服务环节，尚未推广至课堂教学和实践教学。未来，学校应将积极心理学推广至留学生的课堂，结合课程思政将积极心理学贯穿至来华留学生学习、生活全过程。

（二）增强积极心理学的线上效果

疫情期间，积极心理学在缓解校内留学生焦虑感方面发挥了作用。但境外学生的管理和教育工作却因时空的限制，均在网络上开展。境外学生被动地接受各种通知、消息，急切地等待着返校回国。全球疫情仍然严峻，境外留学生返校遥遥无期。因此，如何在线上有效开展留学生积极心理学教育是学校后续应关注的重点。

阳光心态助力创业成功*

内容摘要

对于当代大学生来说，“创业”已不再陌生，越来越多的学生开始尝试创业，但创业的过程绝不仅仅是掌握创业的基本理论投身的实践，本案例从积极心理学的视角讲述了一个在校大学生从创业起步到创业成长、成功的故事。作为高校教育工作者，只有将心理健康教育与创新创业教育并行，才能培养全面合格的综合型人才。

一、案例简介

随着经济的转型和发展，创新创业已经成为在校大学生的“时尚”选择，创业也逐渐成为在校大学生和毕业大学生的一种职业选择方式。大学生群体有着丰富的理论知识储备和丰富的创造力，大学生逐渐成了我国创业人群的主力军。然而，因为缺少成熟的心理准备、能力储备和实践积累，很多大学生在创业后面临着各种各样的问题和风险。中国人民大学发布的《中国大学生创业报告》指出，2016 年，有近 90% 的我国在校大学生有创业的意向，20% 有强烈的创业意向。但 2016 年自主创业的大学毕业生仅占毕业生总数的 3% 左右。在这些大学生创业企业中，创业成功率只有 2% 左右。很多大学生想去创业，然而较低的创业成功率也明确地告诉我们，机遇与挑战，成功与失败是并存的，对于大学生而言，创业全过程的心理品质是值得关注的。

哈尔滨工程大学深度科技发展有限公司的创始人是哈尔滨工程大学船舶工程学院船舶与海洋工程专业的一名本科生。他在大学二年级的时候，就产生了创业的想法，他的创业想法非常单纯，就是渴望利用所学到的知识和在科技创新中所掌握的技能去创造属于自己的公司，借此实现自身价值和职业目标，从公司初创开始，辅导员就对这名学生的创业能力、心理品质进行积极的评估和培养，并建立彼此的信任，目前，深度科技发展有限公司已成为集自主创新、教育培训、装备研发于一身的小型创业企业。

---

* 本文作者：王超，哈尔滨工程大学船舶工程学院辅导员，讲师。

二、案例实践和分析

大学生选择创业，往往是有很强烈的创业动机，绝大多数的大学生在自身掌握了知识和技术后，渴望利用技术和创新优势在当前大型企业环伺的环境下寻求突破。哈尔滨工程大学深度科技发展有限公司创始人的创业之路正是如此。当李同学拿着写着深度科技发展有限公司的创业计划书参加各种创业比赛的时候，他就已经做好了创业的准备，并将创业比赛作为自己创业活动的开始。按照创业过程研究先驱 Bruyat 的理论，他已经进入了创业的第一个阶段，即创业过程在激发因素的作用下被触发，创业者经过认真考虑决定创业，并已经开始有所行动，他的激发因素并不是外在的辍学、失业等常见因素，完全就是作为一个动手能力突出者的好奇心理、冒险心理，带有一定的冲动色彩，但是创业者行动能力强，能够坚持，能够投入。这是一个阳光心态助力大学生创业成功的一个典型案例的开始。

大学生在创业起步期有着较为强烈的创业欲望和信心，深度科技发展有限公司的创始人是从大学生科技创新中走出来的大学生，对他而言，创业并不是简单的对创新产品进行市场转化，而是通过创业实现生产要素重新组合。因此，在创业起步阶段就必须要帮助他摆正自身位置并调整心态，做好从创新到创业的思想转变和心理转变。很多想要创业的学生，在经历了大学知识学习和创业实践后，创业意愿反而大大降低。为什么会出现这样的结果？

其实，这是很多起步型大学生创业企业普遍存在的问题。一方面，在经过一定的知识积累和初期的创业实践之后，部分同学开始重新审视自己的职业规划，对创业的看法也更趋于理性认识，于是，结合自身的能力与创业的匹配度，调整了自身的职业发展方向。另一方面，创业初期的压力是巨大的，部分同学在心理方面没有得到很好的引导和调适，出现了后劲儿不足、抗压能力降低、创业意志力涣散等问题，甚至部分大学生在面临创业失败的情况下，出现认知障碍、情绪障碍等心理问题。2016 年上半年，深度科技发展有限公司开始了商业运营，但不久，李同学的团队就有学生因要准备考研复习而退出创业团队，这对于初创团队来说是一次不小的打击。刚成立没多久就遭遇核心成员的离职，创始人李同学对公司的前景也开始产生怀疑。在了解到公司的实际情况后，辅导员找到李同学，帮助他挖掘现实生活中的潜力，激发创造力。同时，也一针见血地指出他虽然在创新竞赛中颇有天赋和成绩，但是面对创业，想象得过于理想化，虽然目前核心成员离开了公司，但是，在面对压力和挫折时，一定要能够承受这样的压力，这样才能在企业未来面临“瓶颈”时，不会出现逃避、偏激、冷漠等不良情绪，让公司良性发展。

积极心理学倡导用积极关注法呼吁人们将自己的关注点转移到现实生活的积极方面，用积极乐观的心态来面对现实的世界，创业也是如此。辅导员经常与李同学交流，帮助他发掘自身的优势，解决他在创业中遇到的问题。在李同学的辅导员看来，他作为深度科技发展有限公司的创立者，专业技能丰富，实践和人际交往能力强。而且他得到了身边的家庭成员、同学以及老师的支持。在这种情况下，辅导员首先从成功学的角度坚定李同学的创业信念，邀请专业技术上的专家对他的产品和服务进行提升，通过改变大学生个体因素、创业教育因素、心理素质因素来消除消极因素，避免李同学的公司在没有外源打击的情况下半途而废。其次，积极借助外部环境因素提高大学生创业公司的生存能力，设定情景帮助李同学提高心理素质。每当李同学遇到困难的时候，辅导员都会耐心细致地为他讲解积极心理在创业过程中的作用。随着交流的增多，李同学逐渐认识到积极心态对他在创业活动中的作用，在随后的创业过程中，他开始寻找到自己在创业方面的优势元素：第一个船模教具的下线，第一次参与中国科协高校科学营，第一次与行业内研究所的合作，积极的心态助力他的公司快速发展，仅仅用了不到三年的时间，他的产品就走出国门，在中英外交三大支柱之一的中英两国人文交流机制第五次会议上进行展示。同时，李同学在中国“互联网+”大学生创新创业大赛和“创青春”全国大学生创业大赛中也分别斩获铜奖。现在，每当在发展中遇到问题，李同学都不会惧怕，因为，一颗阳光的种子已经深深地埋在了他的心里，现在，他已经将积极和乐观融入自己的企业文化中。无论在激烈的市场竞争中还是在快速的产品迭代中，他始终能够用积极的心态去面对，并用自己最擅长的技术改变自己所面对的困境，为公司赢得更广阔的发展空间。

三、案例思考与工作建议

2019年海尔创客实验室发布了《2018年大学生创业意愿调研报告》，报告中指出，在校大学生中，有七成曾考虑过创业，而且低年级的学生创业意愿高于高年级。这说明在学生刚进入大学时有较强的创业欲望。但第三方社会调查机构麦可思研究院发布的《2019年中国大学生就业报告》（就业蓝皮书）显示，2018届大学生自主创业比例仅为2.7%，2015届毕业即自主创业的大学毕业生中，三年后仍自主创业的人数为44.8%，意味着三年创业存活率为44.8%[1]。

由以上数据可以看出，随着营商环境的改善和大学生创新创业教育的普及，越来越多的大学生产生了创业的想法并付诸行动，但大部分学生手里有成熟的项目，却缺少成功的心态。积极心理学能够将积极情绪渗透到大学生心理健康教育中，因此，高校在重视学生创新创业教育的同时，需要加强积极心理学的教育，使积极心理学与高校创新创业教育相结合，从而有效促进大学生的全面健康成长。

大学生在创业的初创期、成长期往往会遇到很多问题，因此，高校教育工作者需要将积极心理学教育融入学生创业的全过程，而不能将心理健康教育停留在“创业前教育，创业后随意”的状态，这样，才能在学生创业过程中第一时间发现问题，从而第一时间解决问题。充分发挥心理健康教育在大学生创业过程中“理论+实践”的作用，使其能够以“积极心理学”为理论基础，通过“创新”方面的帮助，指导大学生创业的具体实践，为大学生创新创业保驾护航。

参考文献

[1] 陈锦. 积极心理学视角下的大学生创业心理健康教育策略探析 [J]. 创新与创业教育，2020，11（2）：93-96.

高校毕业生国家助学贷款违约案例*

内容摘要

本文由我校毕业生张某的国家助学贷款违约案例展开，陈述违约事实，从内外两个层面的六个角度分析违约原因，针对现阶段大学生自身缺乏诚信意识、学校教育中消极示例引导所占比例较重、社会中不良风气的影响等诚信问题，开辟新途径，将积极心理学用于诚信教育，引导大学生用积极的态度和思维方式看待诚信问题，创造积极的诚信教育氛围、倡导用积极的心态和品质来面对问题，提升大学生学习兴趣、自信心与适应力，同时建立相应的机制来防止与消除违约风险，从而减少大学生诚信不良行为的发生。

一、案例简介

我校毕业生张某在大学期间因家庭经济困难申请加入家庭经济困难学生信息库，从而轻易获得相关各类资助，同时为使自己在校期间生活得更加宽裕舒适，他提出国家助学贷款申请，并获得每学年 6000 元，在校期间共获得校园地国家助学贷款 24000 元。临近毕业季，在学校组织的国家助学贷款毕业生信息采集和还款协议签订时，该生为逃避学校和银行的催缴，故意将所留联系方式误填，填写非本人实际使用号码，同时该生并没有按照学校要求加入各院系贷款学生 QQ 群，这为日后恶意欠款埋下伏笔。因此，张某毕业后一年多就开始频繁出现在每月的校园地国家助学贷款欠款名单里，因其所留联系方式有误，其所在院系的贷款催缴专员无法与其取得联系并及时提醒其按时足额还款。日复一日，年复一年，张某自认为银行和学校没有联系到他，就可以侥幸继续拖欠助学贷款。四年后，已到谈婚论嫁的张某准备贷款买房，当其到银行办理按揭贷款手续时，被银行拒绝，他感到很奇怪，任何程序都符合要求，怎么会被拒贷？经询问银行，方知国家助学贷款与车贷、房贷等金融业务都属于个人信用贷款，虽然国家助学贷款数额少，但也需要承诺按期还款，如出现还贷违约行为，同样需要承担金融监管部门的法律责任，并被全国联网的中国人民银行征信系统记录在案。张某后悔莫及，主动联系学校贷款经办部门，在老师劝导下，

* 本文作者：刘立静，哈尔滨工程大学学生工作部（处），助理研究员。

张某决定结清贷款，由贷款催缴专员帮其结清所欠贷款本金及利息，静待五年后征信机构的不良记录清除后，办理其他个人信贷金融业务。

二、案例分析与实践

（一）案例分析

根据案例分析得出，本案例涉及填报虚假信息、滥用奖助资金、拖欠助学贷款三方面的诚信不良行为，而造成张某国家助学贷款征信不良的主要原因是其本人没有从思想根源上意识到诚信这一积极品质的重要性，自身心理中消极因素比重较大，加之受社会不良的奢靡攀比之风影响，其诚信意识严重缺乏，诚信不良的负面行为频频发生。

1. 自身因素

学生对信用的重要意义缺乏了解，对自身的违约情况将会带来的不良影响认识不到位，认为学校的助学贷款不会对走向社会和未来发展产生影响。学生自我约束力不强，缺乏责任心，理想目标模糊，信念不够坚定。进入大学校园，开始独自生活，懒惰散漫和追求安逸的情绪突显，很容易造成诚信缺失[1]。

2. 家庭因素

大部分家长单纯地追求孩子的成绩，而忽视了他们的积极心理和健全人格的养成。家长们尽可能地满足孩子们在物质上、学习上的要求，让他们全身心地投入到学习中，忽略了孩子们的诚信教育、感恩教育、礼仪教育等。当他们刚离开父母去独自解决一些事情的时候，涉及这些方面的潜在行为就迅速显现出来。

3. 学校因素

高校的日常教育教学和思想政治教育过程没有充分发挥育人职能，导致诚信教育活动和平台严重缺失，日常诚信教育等活动流于形式，无法起到实际作用。高校教育中消极示例引导占据主导地位，在大学的课堂上，教师只注重知识的传授，忽略了对学生诚信品质的培养。学校的教育管理，也仅仅停留在对大学生的日常行为规范要求上。对学生引导上，往往针对学生中出现的反面事例如考试作弊、不按时归还助学贷款等来告诫学生不要这样做，积极正向引导欠缺[2]。

4. 社会因素

随着经济的不断发展，尤其是在市场经济浪潮的冲击下，人们的观念发生了很大的变化，社会上物欲横流，出现了很多不诚信的现象，如：虚假广告霸占荧幕、伪劣产品充斥市场，拖欠赖账比比皆是。社会中这些不诚信现象对“90后”大学生造成了极大的影响，他们随着市场经济的成长而成长，从小就耳濡目染了各种不诚信的现象，这在很大程度上影响着当代大学生的诚信意识和行为，导致大学生对诚信认知的缺乏。在充满诱惑的社会中，明辨是非能力差，社会认知浅薄，往往很容易做出不讲诚信的举动和行为[3]。

（二）案例实践

国家助学贷款是一项利国利民的工程，但这些不诚信的行为也阻碍了各项工作的正常开展。对此我们需要深入分析当前贫困大学生诚信缺失的主要改善途径，研究具体的对策，保障各项工作的顺利实施。

1. 加强积极心理的自我强化

诚信是立身之本，诚信对于个人品德和长远发展具有重要意义，要加强道德自律，自觉遵守规范，依法行使权利和履行义务，树立良好的诚信观。学生要通过自主的学习深入了解诚信的内涵和意义，努力提升自己的道德修养，树立诚信观，将诚信意识内化于我们每个人心里、转化为诚信行为，不断实践学习，再实践学习，增强诚信的理解和认识。增强社会意识和责任感，做人做事都诚实守信。

2. 重视家庭教育的育人功能

家庭教育是中国传统教育的主要场所，任何积极心理教育都离不开家庭环境的熏陶，因此良好的家庭诚信道德环境对于人格培养具有重要的现实意义，家长应重视孩子的内心世界的建设，在积极心理疏导的过程中端正教育态度，创新教育方法，寻找恰当的机会通过实践来养成诚信习惯。

3. 营造高校诚信的教育氛围

高校作为人才培养的重要场所，其诚信氛围也影响到学生的行为。诚信教育是培养大学生道德修养的系统化工程，高校可以将其纳入思想政治理论课，注意创新诚信教育，通过案例分析的形式将内容融入其中，以亲身体验来验证理论的正确性。高校还可以通过 QQ、微信等方式与学生家长保持沟通，及时了解学生潜在的不诚信思想与行为，配合家庭教育进行改善，提升整体诚信水平。

4. 弘扬社会舆论的正面导向

优化社会的舆论环境，营造良好的诚信氛围。在全社会范围内弘扬诚信文化，将一种外在的要求逐渐变成自觉行为。加大诚信宣传力度，优化社会舆论环境。通过多种途径开展诚信宣传活动以此来提高全社会的诚信意识，如报纸、杂志、广播、电视以及实践活动等，让诚信意识渗透到生活中，增强公民对诚信的认同感，共同营造良好的诚信氛围。

三、案例思考与工作建议

为避免类似案例再次发生，以此为戒，高校思想教育工作者应追本溯源、环环相扣、层层推进，将积极心理学用于诚信教育，引导大学生用积极的态度和思维方式看待诚信问题，将诚信品质融入实际，加强正向引导树立榜样，实现大学诚信教育提升的目标。

（一）加强政策宣传

把诚信教育作为大学生思想政治教育的重点工作来抓，确保家庭经济困难学生认定申请、奖助资金划拨、国家助学贷款等工作良性循环和发展。每年新生开学季，组织宣传并学习各类资助政策广而告之，使学生及家长广泛知晓，让学生监护人或贷款担保人充分了解相关资助政策，家校齐心，家校共建，让学生安心，家长放心。

（二）加强监督管理

加强学校监督管理，主要监督学生在校的学习和生活及思想动态等情况，对于学习懈怠、奢侈浪费、消极自卑的学生，学院要及时反馈给学校资助管理部门或心理健康指导部门，及时加以正向疏导和积极引导，并对其诚信不良行为给予惩戒，例如，降低资助额度、停发或追回资助资金，取消家庭经济困难学生资格等方式，促使其诚实守信，知恩感恩。

（三）加强思想引领

在资助工作开展过程中，渗透感恩教育和诚信教育，引导大学生用积极的态度和思维方式看待诚信问题，创造积极的诚信教育氛围，使学生懂感恩，知诚信，全校上下共同努力，任课教师、班主任、辅导员多方团结，言传身教，熏陶灌输，使学生从思想根源上，自觉遵守诚信约定，维护诚信名片。

（四）加强校友联系

学生毕业后，学校可以利用微信群和各院系及地方校友会与校友保持畅通联系，通过校友平台快捷准确地传达贷款信息，及时做到还款提醒和欠款催缴，这不仅在一定程度上可以减少贷款违约的发生，还能增强校友与学校的情感沟通。

参考文献

[1] 杨洋. 积极心理学视角下学生诚信教育提升路径探讨 [J]. 高教学刊，2019（14）：176－178.

[2] 张亮. 高校受资助大学生诚信问题与对策分析 [J]. 长春教育学院学报，2019（8）：20－21.

[3] 郭静. 高校资助工作中大学生诚信缺失及其对策 [J]. 新西部，2017（30）：83，135－136.

第三篇 03

情绪与情感

大学生在学习生活中，都会面临各种各样的困难，学生常用“不可救药、糟糕至极、生无可恋、怀疑人生”等词语来描述自己的心理感受，抱怨事事不尽人意，没有达到预期的效果。学生们也懂得这种消极的思维观念解决不了问题，所以在本篇内容中，把积极心理学关于情绪情感体验的理念与学生在学习和生活中的各种问题相结合，以团体和个体辅导方案、案例提供积极情绪情感体验的内容，教导学生如何正确认知积极情绪，自己做情绪的主人。在面对压力和挫折时，学会情绪管理，善于运用积极心理调节情绪，努力保持健康的心态，调节情绪应关注与积极方面，善于从周围环境中获得积极的感官信息，面对困难要学会从积极方面入手，找到解决办法，面对问题要从积极的方面探寻解决方法；保持良好的社交关系，构建积极的社会辅助系统。

第五章　情绪与情感方案

积极心理学视域下人本主义疗法在心理咨询中的团体方案*

内容摘要

随着当代各种心理咨询的疗法诞生，传统的心理咨询疗法已经不能满足当今快速发展时代下大学生群体的心理咨询需求，本文根据人本主义疗法的精髓，提出求助者中心疗法在心理咨询中的技术，结合当代人本主义疗法的研究成果，提出对人本主义疗法的理论创新与技术应用。“求助者中心疗法”源于人本主义心理学，它的特点是以求助者为主导，通过非指导性心理辅导，促使他们去认识个人的生活意义和目的，开发创造潜力。并在该理论基础上，重新构建其认知，改变其学习分心无法集中注意力状况，最终建立新的行为模式。大学生自杀干预是高校心理健康教育一项重要的工作，人本主义疗法以其积极的人性理念，以及真诚温暖的治疗方式和态度，使来访者重燃生活希望，恢复成长动力，进而完全自救和自愈。人本主义疗法对大学生心理问题，特别是对自杀行为问题的干预具有独特效果。

一、指导思想

心理学家艾宾浩斯曾说过心理学有个很长的过去却有着很短的历史。心理咨询与治疗也同样适用于这一评价。当前精神分析、行为疗法、人本主义与后

* 本文作者：毕凤玲，哈尔滨工程大学学生发展指导中心，讲师。

来日益成熟的认知学派成为心理咨询与治疗中的四大门派，广泛影响心理咨询师的治疗技术。人本治疗法是一种应用范围很广的比较人性化的治疗模式，该模式对人性有比较积极乐观的看法，强调将案主作为治疗的中心，以开发案主的潜能、促成其自我成长为出发点和宗旨，运用共情、无条件的关怀等技巧为案主提供一个宽容、信任的范围，使其提高和转变自我认识，树立恰当的自我概念，解决困扰，达成自我实现。人本主义心理学（Humanistic Psychology）是超越科学实证主义范式而趋向于构建一种“以人为本”的心理学思潮。人本主义心理学兴起于20世纪五六十年代的美国，人本主义心理学是第二次世界大战后美国在当代西方心理学中的一种革新运动，在20世纪60至70年代得到了迅速发展，特别是60年代初美国人本主义心理学会成立后，这一运动有较大发展，1971年在荷兰举行过国际会议，影响扩及欧洲和亚洲。人本主义心理学的起源有很多方面，但主要来自两个领域。一是欧洲影响广泛的存在主义哲学，一是美国心理学家卡尔·罗杰斯和亚拉伯罕·马斯洛的研究。不少治疗师如罗杰斯、马斯洛等，都认为精神分析学派过于强调病态的行为和过于以决定论作为人的价值基础，缺乏了对行为的意义、正面的成长和发展的探索，因此决意创立一个全新的心理学取向，藉以强调正向的心理发展和个人成长的价值。

人本主义疗法（Humanistic Therapy），是通过为来访者创造无条件支持与鼓励的氛围使患者能够深化自我认识、发现自我潜能并且回归本我，患者通过改善“自知”或自我意识来充分发挥积极向上的、自我肯定地、无限地成长和自我实现的潜力，以改变自我的适应不良行为，矫正自身的心理问题。人本治疗法是一种应用范围很广的比较人性化的治疗模式，该模式对人性有比较积极乐观的看法，强调将案主作为治疗的中心，以开发案主的潜能、促成其自我成长为出发点和宗旨，运用共情、无条件的关怀等技巧为案主提供一个宽容、信任的范围，使其提高和转变自我认识，树立恰当的自我概念，解决困扰，达成自我实现。人本主义疗法认为咨询不应仅仅着眼于眼前的问题，而是在于支持来访者的成长过程，以便使他们更好地解决未来可能面临的问题。该疗法的实质就是帮助患者去掉那些用于应付生活的面具，从而恢复真实的自我。

二、教育内容

（一）人本主义疗法在团体治疗的特点

人本疗法的团体治疗特点是20世纪60年代后积极参与和推广的一种团体活动，这个称呼体现了人与人之间相会的含义。罗杰斯曾经撰写过一本介绍会心团体的书，即《卡尔·罗杰斯论会心团体》。会心团体是一种应用非常广泛的团体，让成员们在这种气氛中得到成长和治疗。

团体的非结构性：团体在开始的时候往往没有组织，领导者会用一句简单的话来做开场白："现在我们都在这，我们可以将团体的经验按照我们所希望的去进行。"有时团体的困难就表现为出现的沉默、冷场甚至攻击，有时候团体可能就困在非常表浅的交谈上，尽管如此，领导者也要把团体的信任通过一种非语言的沟通传递出去。

团体的小规模性：团体的成员大概是8—18人，在团体治疗中，人数可能会更少一些，如果超出太多，会使团体治疗速度减慢并增加留在团体外围的人数，而使其不能真正参与治疗过程。

团体领导者对团体信任的基本哲学态度：与以人为中心疗法对人信任的态度一样，团体领导要具有对团体信任的基本态度，即相信任何一个团体，只要给它一个促动气氛的环境，它的成员及团体本身就有自我发展的潜力。

促动气氛的建立：所谓促动气氛就是指领导者在团体中能够营造出一个让大家觉得安全的氛围，这种安全的气氛是通过领导者对团体的新人、接纳、无条件积极关注和尊重，以及真诚一致的标新而形成的。

（二）团体治疗的进行

本文以H大学设计的"感恩之心的团体活动"为例，像个体治疗一样，利用其团体的变化来阐述团体治疗的过程。其中前几个阶段按照顺序进行，此后变化过程则没有顺序之分，会交替出现。

1. 无目的的漫游：在团体刚刚开始时，团体领导告诉大家每个人都有非比寻常的自由，由于会心团体的领导者不会对大家给予任何指导，所以团体处于在无目的的漫游状态。

2. 对自我表达或探索的抗拒：在最初漫游的过程中，成员对自我的表达会小心谨慎。作为个体，只有真正表露或了解"隐藏的自我"后才会有自我改变的开始。

3. 对过去感受的描述：暴露过去的自我相对要更安全一些。有些成员会分享自己对过去生活的感受，但实际上"现在"依然存在，还有些成员会谈论"别人"的感受，但实际上评论的是自己

4. 对消极感受的表达：能够在"此时此地"对其他成员或者团体领导者表达真实的感受，但这种感受是消极的。

5. 对个人有意义资料的探索与表达：当成员表达出消极感受时，如果被他人接受，或者至少被团体领导者接受，他所害怕和担心的结果没有出现，他就会觉得团体存在表达的自由，对团体产生信任。

6. 在团体内能直接表达对他人的感受：这种感受中既有积极的也有消极的，但消极感受的表达不像在第四个阶段中那样带有攻击性，而且会更具体化。比如，“你不说话，让我觉得有威胁感”。

7. 在团体中日渐发展出治疗的能力及空间：团体自身会发展出治疗的能力和空间，当某个成员表现出痛苦时，其他成员会自然地对受苦的成员表示出关心、理解和包容，展现出团体所有的治疗能力，而且这种治疗能力会随着团体信任度的提高而提高。

8. 自我接受与改变的开始：人本治疗理论的一个核心观点“自我接受是改变的开始”，应该对所有的咨询师都具启发性。因为日常生活中，我们习惯去做的是改变不满意的自己，然后才会接受改变后的自己。

9. 虚伪、假象的舍弃：在这个状态中，团体成员对自我防御行为的忍耐力越来越弱，认为大家都应该取下自己的面具，真诚相待。

10. 个人接受回馈：由于团体中的防御性成分越来越少，成员能够更自由地表达自己。

11. 团体中的行为改变：团体治疗的目的就是成员有了团体经历后行为发生积极的改变。一般情况下，成员们变得“真实而不做作，可以表达更多的感受，而且会表现更多对他人的关怀和帮助”。

三、形式与举措

（一）团体的流程

次序	目标	活动内容	所需时间
1	暖身，鼓励学生向他人说出正面的感想。	热身活动：提供赞美 备选热身活动：无家可归	约 10 分钟
2	通过内观过程，可以重新了解自己、减轻烦恼、提高自信、振作人生。	主题活动：内观练习（活动一、二） 备选主题活动：内观练习（三）	30—40 分钟
3	促使本人和他人产生共鸣，在情感上取得协调，增强自己的社会责任感，从而改变心理活动中的不良状态。	大组内分享	10—20 分钟
4	促进成员领悟。	总结	约 10 分钟

（二）团体的实施

目的： 暖身，本活动是通过找对方的优点，真诚地赞美对方，使其获得自信并感受集体的温暖。在整个活动的过程中，每个人都可以经历赞美别人和被别人赞美的体验。也鼓励学生向他人说出正面的感想，学会赞美他人。 **时间：** 10 分钟 **材料：** 无 **形式：** 4 人一组 **类型：** 破冰，沟通技巧，团队建设 **场地：** 教室	热身活动——提供赞美 **操作程序** 1. 将参加者分成若干个小组，每四个人一组，先让每个学生进行自我介绍。 2. 要求每组学生写下 4—5 条有关其对另一个组员的特征评价。 3. 这些特征评价都必须是正面、积极的（如穿着整洁、好听的声音等）。 4. 几分钟后，观察者向大家说出他对其组员的描述评价（比如：面带微笑地接受，首先考虑它的可靠性，然后自己学会感觉良好地接受赞美）。 **小组分享讨论** 1. 你对这次游戏是否觉得不太自在？如果是的话，为什么？（可能的原因：给予或接受他人的赞美，对你来说可能说一个新的尝试） 2. 怎样能使我们向他人提供正面的评价？（建议：先发展一个亲密的关系，选择恰当的时机，提供有力的证据） 3. 怎样能使我们更轻松地接受他人的正面评价？（比如：面带微笑地接受，首先考虑它的可靠性，然后自己学会感觉良好地接受赞美）
目的： 通过内观，本人和他人产生共鸣，在情感上取得协调，增强自己的社会责任感，从而改变心理活动中的不良状态。通过内观过程，可以重新了解自己、减轻烦恼、提高自信、振作人生。 **团体活动：** 内观练习 **形式：** 个人体验 **类型：** 自我洞察 **时间：** 40 分钟 **材料：** 纸笔 **场地：** 教室	2. 主题活动——内观练习（活动一） **注意事项：** 进入内观练习前，需要引导学生观察自我内心、凝视内心、自我启发、自我洞察。按照内观治疗的程序，回顾对方给自己的关照，使内观者重温被爱的感情体验，唤起内观者的自信、责任感，以及感恩回报的义务感。回顾自己给对方添的麻烦会唤起羞愧感、非病理性罪疚感（在日本，这种罪疚感体验和认识是针对自己侵害了人们之间已经确立的关系准则和秩序而言的）。当这种情感被内观者找到时，就加剧了内观者的情感活动，从而为破坏原来的认知框架创造了基础。通过内观，内观者爱他人的社会性意向，重建自我形象的意向，改进人际协调的意向均会提高，这对革新自我有重大意义。把遗忘的、混乱的、杂乱无章的经历，按照题目回忆整理，达到自我洞察和对人理解，建立新的关系和新的生活。

续表

	分散内观每周进行1—2次，每次30分钟，按生命的时间轴对生命中重要的亲人、朋友进行内观，也可以对每天接触的人进行内观，以最近发生的事为主。内观对于场地的要求并不十分苛刻，在自己家中也可以进行操作，如果不能进行集中内观，还可以用日记方式进行，非常方便。只要能对自己的内心有所体察，并为之改变，那么内观的效果就会出现。内观是通过自我反思达到治疗的效果，操作比较简单，即使对于没有心理疾病的个体，也可以通过这个方法改善自己在人际关系中遇到的问题。 **操作程序** 保持放松的姿势，可以闭眼睛也可以不闭着眼睛，设定孤独地、自己静静地面对自己的情境。 要反省自己对于别人采取的行为，首先从自己的父母开始。 认真完成每一道题目，然后进入内观，渐渐回忆，出现较丰富的情感体验，然后进入洞察转换，内省产生感谢体验和报答心理。 姓名： 性别： 年龄： 班级： 完成时间：　　　　年　　月　　日 请您完成下面的话： 1. 孩子的时候，我 2. 我经常从别人那里 3. 我的生活 4. 我的爸爸 5. 至今为止的我 6. 我烦恼的事 7. 我心中真实的自我 8. 人世间 9. 我的母亲 10. 如果能够重新开始 11. 我现在的心情 12. 我不能忘记的事情是 13. 今后我 14. 今后对自己 15. 内观（总结、体会、内观感想）

续表

目的：暖身，体会团队的归属感及踏实感。“家”对我们如此重要，我们不但需要家，我们更需要一个充满温暖、包容、温馨的家。让成员有机会去改变自己的行为，积极融入团体，让成员体验有家的感觉，体验团体的支持，从而更加愿意与团体在一起。 **时间：**10 分钟 **材料：**无 **类型：**破冰，沟通技巧，团队建设 **场地：**教室	3. 备选热身活动——无家可归 **活动前奏：**所有成员围成一圈并转身，一个人在另一个人背后，相隔一定的距离，领导者说开始时，每个人给前面一个人做按摩，捶背，一分钟之后换方向，进行同样的动作。 **正式活动：**所有人任意走动，当领导者报数的时候就要按要求的人数组织在一起，进行三到五次，要求每一次都有人落单最好，但也要注意有些人因挫败而丧失信心。指导成员不是为了玩游戏而玩游戏，要认真体会游戏过程。当看到成员都在集中注意力等待数字时，可叫“1”，很多人会反应不过来，当发现时大吃一惊。最后请大家分享一个人是什么感受。 **小组分享讨论** （1）在这个游戏中，你有没有积极参与，是否处于主动地位，当听到数字时你是主动去找他人组队，还是等着别人来找你？ （2）你为什么被抛弃了，是什么感受？当第一次被抛弃之后，第二次你想到了什么策略了吗？ （3）作为组织的一员，你是否意识到家的重要性？这个游戏给你什么样的启发？
目的：通过内观，本人和他人产生共鸣，在情感上取得协调，增强自己的社会责任感，从而改变心理活动中的不良状态。通过内观过程，可以重新了解自己、减轻烦恼、提高自信、振作人生。 **团体活动：**内观练习 **形式：**个人体验 **类型：**自我洞察 **时间：**40 分钟 **材料：**纸笔 **场地：**教室	4. 主题活动——内观练习（活动二） **操作程序** 保持放松的姿势，可以闭眼睛也可以不闭着眼睛，设定孤独地、自己静静地面对自己的情境。 要反省自己对于别人采取的行为，首先从自己的父母开始。 认真完成每一道题目，然后进入内观，渐渐回忆，出现较丰富的情感体验，然后进入洞察转换，内省产生感谢体验和报答心理。 家庭成员： 父母年龄： 父母学历： （1）请您将自己生活中从小到大感到最亲近的人，按您心目中的亲近程度依次排列（如母亲、父亲、奶奶、姐姐、哥哥、某某老师、某某朋友等）。 （2）请您将自己生活中从小到大感到最反感或者最难适应、较难适应的人依次排列（如某某亲人、某某老师、某某同学、某某人等）。

续表

	（3）请您列举出现在现在或者过去最感愤怒或者经常使自己情绪变坏的事件（如父母的训斥、责骂导致的家庭关系紧张；常感到受到不公平待遇；人际关系不如意；对生活和学业没有兴趣和信心；不能抵抗诱惑等）。
目的：通过内观，本人和他人产生共鸣，在情感上取得协调，增强自己的社会责任感，从而改变心理活动中的不良状态。通过内观过程，可以重新了解自己、减轻烦恼、提高自信、振作人生。 **团体活动**：内观练习 **形式**：个人体验 **类型**：自我洞察 **时间**：40 分钟 **材料**：纸笔 **场地**：教室	5. 备选主题活动——内观练习 （1）主要苦恼 （2）苦恼原因 （3）通过训练想达到什么目标 （4）能否认真坚持完成每项内容 （5）从小到大，妈妈、爸爸都为我做过什么？ （6）从小到大，我都为父母做过什么？ （7）从小到大，我给父母添过哪些麻烦？ （8）今后将如何回报父母？如何对待自己的发展？ （9）自我生涯设计 （10）内观总结

四、效果评价

学生们在团体活动中的经历，让学生在经历团体后行为发生积极的改变。成员们变得“真实而不做作，可以表达更多的感受，而且会表现更多对他人的关怀和帮助”。这一团体过程并不是对所有的人都有如此积极的结果，有的成员可能变化并不是很大，还有一些成员经历了这种强化团体后，所发生的改变持续性较弱。“如果在团体结束后一个月，有一些成员认为这是一个无意义、不满意的经验，或是有一个人在其中受到伤害，那么对他们而言，这个团体就是不成功的。如果在一个月后，有多数或是所有的团员感觉到这是很有价值的体验，并且促进了他们自己的成长，这种团体是值得给予一个成功标签的。”经过团体的训练，成员专注于人际交往的能力，并提供一个直接的更令人满意的人际交往方式的机会。因此相对于沉默寡言的人来说，他们的压力会得到缓解；而那些较少说话的人，会从别人树立的榜样中得到勇气并开始尝试性地效仿别人的做法。还有当个体在团体中发现别人与自己具有同样的感受和经历时，其痛苦会得到极大的降低。在团体中，成员既可能成为一个帮助者，也可能成为一个受助者，这种积极合作的态度会减少治疗障碍，同时，给予他人帮助的行为本身就是一种治疗体验。当团体中建立起一种相互信任、接纳和真诚的态度时，当事人在团体环境中的治疗效果要远远比在个体治疗中显著。当事人获得被其他人，尤其是和他一样的人（这里指团体成员）的理解和接受，并真诚地相互分享彼此的一些感受，这是一些真正的同伴，正是这一点使得团体治疗法和个体治疗之间产生了质的不同。

体验式生涯教育活动的设计方案*

内容摘要

随着我国生涯规划教育的深入，高校开展生涯规划教育的形式也不再拘泥于严肃的课堂教学和简单的生涯规划比赛，而是以更强的参与性、更深的思考空间给学生带来生涯教育的成长。其中，“生涯体验活动”就是以游戏闯关的形式，将生涯理论与游戏融合，让学生在愉快的交流互动中，体验生涯发展的意义，探索个人成长的方向。

一、指导思想

当前越来越多的“00后”大学生在生涯规划方面的意识逐渐觉醒，高校原有的理论教学已经无法满足学生们的个性化需求。因此，为了进一步加强高校的大学生职业生涯规划与就业指导工作成效，引导学生树立正确的职业生涯发展意识，掌握恰当的生涯决策方法，高校应当根据学生需求将生涯规划教育升级，在课堂之上推出寓教于乐的生涯体验活动，最终实现激发学生学习动力，合理规划大学生活的教育目标。基于以上观点，诸多高校都推出了内容专业、形式有趣、操作性强的生涯体验式活动，帮助学生探索自我、探索外部工作世界，开启掌控个人生涯发展的第一步。

二、教育内容

本文以H大学设计的“生涯体验活动”为例，交流高校组织此类大型体验活动的经验与反思。生涯体验活动由学校生涯工作室教师团队研发，将职业生涯规划元素设计成7个闯关体验游戏，每个关卡背后都有生涯理论支撑，内容覆盖本科不同年级学生的成长需求，与课堂教学形成互补。活动由专业老师进行全程现场指导，带领参与学生进行个人探索。学生通过参与游戏活动完成自我探索、职业探索、目标定位、计划制订等生涯规划步骤，在娱乐中逐渐认清职业生涯规划对自身发展的实际意义，最终掌握指导自身发展的实用方法。

---

* 本文作者：陈燃，哈尔滨工程大学学生工作处，讲师。

该项体验活动共包括7个关卡，分别为：

关卡1：毕业愿景，开启大学发展成长的规划意识；

关卡2：海岛探索，探索个人兴趣与大学专业、未来职业之间的匹配度；

关卡3：能力锚定，了解个人兴趣与能力之间的关系以及行动策略；

关卡4："价值"拍卖，反思个人珍视的价值理念，找到生涯发展的动力；

关卡5：成就挑战赛，思考个人在遭遇挑战时的行为模式与改进方法；

关卡6：鱼骨行动，学会目标管理的分解原则和SMART原则；

关卡7：大学成长道路，了解我校不同成长道路特点及校内资源。

三、形式与举措

具体活动设置如下：

在关卡1"毕业愿景"游戏中，工作人员带领学生穿越到四年后的本科毕业典礼之时。通过穿戴学位服学士帽、颁发"毕业凭证"、完成导师拨穗等一系列毕业典礼流程，引导学生体验毕业时刻的真实感受，思考自己对本科四年求学历程的目标与期望，并鼓励学生将憧憬的目标和愿景记录在心愿墙上。通过这项活动激发学生思考从现在到本科结束的四年中需要实现的愿景，使他们的梦想更加清晰地呈现出来。

在关卡2"海岛探索"游戏中，6个海岛代表6种职业兴趣类型，有使用黏土制作生活用具的原始岛屿；有利用沙盘模拟城市规划的现代岛屿；有利用乐高搭建儿童学校的爱心岛屿；也有仰望星空思考未知科学的探索岛屿。学生在工作人员的引导下购买船票，选择登陆的岛屿，最后以小组合作的形式完成不同岛屿的"生存任务"，去探索符合自己内心需求的兴趣方向。通过这个活动帮助学生反思个人兴趣倾向性，了解大学期间的重要成长任务与兴趣倾向之间的关联，做好迎接大学生涯成长的准备。

关卡3"能力锚定"在承接前一个兴趣探索活动的基础上进一步开展。在前一项"海岛探索"活动的最后，学生了解了具有代表性的"大学成长任务"。这些任务因不同学生具备的能力特点不同，而呈现出各异的行动策略。因此关卡3为学生提供印有二十多项"大学成长任务"的贴纸，让学生根据自身兴趣高低和能力强弱，将贴纸中的所有任务粘贴在"能力—兴趣"四象限上。之后结合学生自身的专业发展方向以及成长目标，在指导教师的协助下，区分不同象限区间的能力培养策略。最后学生形成小组，探讨本学期最需要提升的1—2项技能以及具体提升计划，并记录下来粘贴在"能力提升计划"墙上互相激励。通过这个关卡，帮助学生将本科期间的成长任务按照兴趣与能力两个维度，划分出主次顺序，有侧重、有先后地看待个人的发展目标，找到自己当前的行动重点。

在关卡4“‘价值’拍卖”游戏中，学生一起参与一场梦寐以求的拍品争夺。游戏把抽象的价值追求转变为形象的成长需求：“一个幸福美满的家庭”，“成为热爱领域的尖端科研人员”，“拥有被接纳、被喜爱、被认可的社交圈”，“成立慈善机构，救助他人”……不同拍品代表不同的价值追求，二十余个拍品涵盖美国心理学家洛特克在专著《人类价值观的本质》中提出的13项价值追求，分别为利他主义、美感追求、智力刺激、成就感、独立性、声望地位、管理能力、经济报酬、社会交往、舒适环境、安全感、追求新意以及人际关系。竞拍游戏结束之后，工作人员组织学生们分小组围坐在一起，回顾和讨论自己在竞拍中的行为和心理。当时不惜一切代价最想获得的拍品是什么、这说明了个人最为珍视的价值追求是什么、哪些拍品让他产生了犹豫和纠结、错失了哪个拍品的竞争让他追悔莫及等，对这些问题的思考，促使学生更加深刻地认识自己的价值追求，找到对他而言最有意义成长收获，使个人发展目标与价值追求建立链接的答案。以此为学生的行动赋能，让他们看到积极行动的重要意义。

通过以上4个关卡的游戏活动，帮助学生更加深入地了解自身特质，在未来学业发展中扬长避短或是扬长补短，充分发挥个人优势，同时弥补自身不足或是规避自身弱点。之后通过下面3个关卡的游戏活动引导学生将自身特质和发展目标结合起来，落实为当前的具体行动。

第5个关卡“成就挑战赛”通过扔沙包的比赛，让学生反思自己的成就动机，总结在遭遇挑战时，个人惯常的行为模式有哪些不足，可以怎样改进。活动将2名学生组成一队进行投掷沙包比赛，每人6次机会。他们可以任意选择站在三个基准点投掷，分别是距离篮筐1米、3米、5米远。5米投进难度大，但得分高；3米投进难度适中，得分也居中；1米投进难度小，得分低。学生之间存在竞争，只有总分高的人才可以顺利过关。通过这样的竞争，让学生感受压力下他们采取的行动策略以及所取得的结果。以此引导学生思考自己生活中习惯的行动方式是稳扎稳打还是勇于冒险，是越挫越勇还是每况愈下，发现自己的行事风格并看到可以改进完善的方向。

第6个关卡“鱼骨行动”是让学生将长期的发展追求，细化为不同阶段的短期目标，找到落实行动的着力点。活动中，工作人员为学生发放由四段鱼骨组成的鱼形贴纸。学生结合前面关卡的活动思考，在“鱼头”部分的贴纸中写下大学毕业之时个人最想实现的成长追求，并粘贴在鱼形拼图的对应区域。然后将这个成长追求分解，按照时间顺序倒推，分别写下大三年级、大二年级、大一年级每个阶段应当完成的前期储备，由此构成鱼形贴纸的身体拼图。在指导学生分解任务的时候，工作人员也会提醒学生按照 SMART 原则，尽量用具体明确、可衡量、可达成、有相关性以及有明确期限的标准描述各阶段的短期目标。通过拼贴鱼骨图，帮助学生将“理想的愿景”转化为触手可及的计划方案，将长远的梦想分解成一个个小目标和行动步骤，从而更有针对性和阶段性地开展活动。

最后第 7 个关卡“大学成长道路”是一个访谈性质的活动，就业指导教师根据多年对本科毕业生成长方向的研究发现，大部分学生的生涯发展道路可以归纳为 5 种类型，分别是：学习成绩名列前茅、专业知识稳扎稳打的学术研究型；学生工作经历丰富、接人待物从容有度的复合素质型；科创作品尖端前沿、科创竞赛战无不胜的科技创新型；勇于承担创业风险、精准把握社会需求的开拓创业型；及早个人经济独立、提前适应职场风云的实习探索型。因此工作人员提前在高年级学生中筛选出 5 种类型优秀、典型的生涯榜样作为被访谈对象，在活动中组织闯关学生根据个人发展需求，寻找感兴趣类型的榜样学长进行一对一、多对一访谈，以此深入了解大学不同道路的发展历程，以及不同成长道路需要克服的难关和成长经验，了解即将面临的成长环境。

四、效果评价

以上就是生涯体验活动的设计方案，在实际的活动组织中，参与体验活动的学生认为这样的生涯教育形式既新颖又有趣，不同于以往课堂上严肃的教学氛围，学生们可以在游戏活动中自由地发挥、交流，更有助于对自身发展和需求的深入思考。通过对该项活动的问卷调研，我们也发现体验式活动能够吸引更多学生主动参与，并且更好地激发学生生涯发展意识，提高生涯教育的质量，以学生更喜爱的方式促进生涯指导工作的普及。

关心委新生入学教育实施方案*

内容摘要

新生入学教育是完成学生从高中到大学生活学习方式转变的重要手段。关心委作为学院心理健康学生组织，在积极心理学视角下，在集中教育、持续教育等不同阶段参与到新生军训及军训后的日常生活学习中，努力尝试提高新生入学教育效果。

一、指导思想

以学院关心委为主导，以大学新生为对象，以积极心理学基本理念为方针，以团体辅导等方式充分融入新生入学教育环节，提高学生适应能力，解决学生潜在心理问题，为培养可靠顶用、身心健康、全面发展的高素质人才打下坚实心理基础。

二、教育内容

新生正处于一个特殊的时期，离开家乡来到陌生的城市，面临环境的转变；高中到大学的过渡，面临思维方式的转变；刚刚步入成年，面临身份的转变……在短时间内面临如此多的转变，很容易产生较大的压力，进而出现不同程度的心理问题。积极心理学关注个体的成长，研究人类积极的品质，利用科学的方法引导大学新生发现自身的潜质，在生活中更加从容自信。学院关心委通过团体辅导、咨询、经验分享等途径，解决新生学习、生活、人际、环境等的适应性问题。

三、形式与举措

（一）关心委关于积极心理学专业知识的团队建设

本方案工作对象为学院全体新生，覆盖面大、任务强度高，要求关心委进一步对成员进行较为专业的系统培训，制定周密具体的实施方案，保证工作有序进行。由关心委各部门分工合作、共同配合保证完成工作任务。

---

* 本文作者：齐云鹤，哈尔滨工程大学机电工程学院，讲师。

选修相关课程。要求关心委成员选修《大学生心理健康教育》《朋辈心理辅导》《自我认知与情绪管理》等适应非心理学专业学生学习的选修课程，进行相对系统的学习掌握基本的心理学知识，并将课程表现纳入部门考核标准。组织专业知识讲座。邀请心理学、心理咨询名师对成员进行积极心理学相关知识的讲座，帮助成员掌握进一步提高心理学知识水平，提高解决实际问题的能力。建立工作制度。管理员定期发布学习内容，督促成员进行学习并打卡，学习内容一般为相关书籍的阅读、与新生积极互动等，打卡情况同样纳入部门考核标准。组织开展实践交流活动。成员将心理学知识的学习融入日常生活中，部门定期举行分享会，由成员分享近期学习心得，相互讨论，总结工作经验。

（二）方案制定与模拟演练

方案的制定。方案具体包括人员及工作的分配、活动时突发状况的应对办法、主持具体活动时的话语引导等，时间上分为长期方案和短期方案，长期方案针对整个学期预计达到的效果，以及需要完成的工作；短期方案指具体活动的实施，对各种情况做好预判，提出应对措施。在实施过程中，形成“一对一”的相处模式，即高年级成员分别与相对应的新生班级对接。明确对应关系后，高年级成员尽快融入新生的日常生活，增进彼此了解，尽快获取信任。这些工作有助于我们及时掌握新生动态，必要时便于采取适当行动进行干预。工作的模拟演练。在筹备阶段，对相关情景进行模拟、创作剧本，成员轮流对情景进行处理，其他成员做好记录，随后组织交流、积累经验，对常见情形做好备案以更好处理各种突发状况。

（三）部门建设

学院关心委现行部门组成包括培训部、宣传部、办公室，新生入学工作由三个部门协作完成。培训部负责新生团体辅导方案的制定、调查问卷的撰写等内容性工作，部员对专业知识的掌握要求更高，能够独立主持团体辅导，培养语言表达的能力；宣传部负责相关文案、工作成果等宣传性工作，部员对推送软件的掌握要求更高，注重书面表达的能力；办公室负责工作资料的备案、调查问卷的分析等总结性工作，部员对办公软件的掌握要求更高，注重培养文件撰写、分析与总结的能力。其他具体工作将按照部门职能进行合理分配。

（四）入学教育的具体开展

入学教育主要分为两个阶段，军训期间和开学以后。军训期间，主要通过团体辅导、经验分享会等解决新生人际交往问题，增进新生间的了解，尽快适应大学生活；通过调研，了解新生心理状态，根据结果随时调整工作重心。开学后，通过主题班会、心理健康活动月系列活动、朋辈心理咨询等方式，解决新生学习、生活、人际、环境等适应性问题，以更好的状态生活和学习。

（五）集中教育

集中教育主要针对新生军训的特殊时期，在此期间解决新生关于大学生活、学习与人际关系等方面的困惑。团体辅导活动。主要解决新生人际交往问题。关心委培训部负责团体辅导活动的策划，关心委全体成员分组对新生以军训班为单位进行辅导。团体辅导主要目的为破冰，内容与人际交往相关。“说说我的优点”“我能做好的三件事”等活动，帮助学生发掘自身优点，有助于提升自信，进而缓解陌生环境所带来的紧张、压迫感。活动结束后，做好总结工作，召开部门会议，及时反馈问题。心理状态调研。目的在于收集困扰新生的主要问题，掌握新生心理状态，问卷由培训部制定。军训时选择合适时间，组织新生填写调查问卷。问卷收集后，办公室对问卷进行分析，形成书面报告，指导部门工作。

经验分享会。主要解决新生环境适应问题。关心委邀请高年级学生来解决新生普遍存在的疑问，对大学生活进行介绍，分享自己在大学的生活经验。有序组织提问，在轻松的环境下，以学生的视角帮助新生尽快了解大学生活，缓解新生紧张、焦虑的情绪。

（六）持续教育

新生入学教育重点在帮助新生完成心理转变，这需要在较长的时间跨度中持续开展工作。

主题班会。有目的地解决新生疑问。关心委各部门协作，结合前期的调研结果，选取适当主题，以自然班为单位，开展主题班会。增加班级同学间的互动，让大家分享过往做过有成就感的事情，回忆其所带来积极愉快的情绪体验，将这种影响带入大学生活。在班会进行过程中，主持人注意观察同学们的表现，对行为或反应特殊的同学做好记录。班会主要目的在于帮助新生进一步熟悉彼此，引导学生发掘自身潜力，肯定自身能力。

心理健康月。提高新生对心理健康知识的重视，关注自身心理状态。以学校心理健康活动月为契机，关心委在结合活动主题的同时，在院系开展一系列与积极心理学相关的衍生活动，做好宣传、鼓励大家积极参与。心理剧是大家展示自我的良好机会，关心委有序组织剧本、演员的海选，既提高活动参与度，也帮助学生发掘潜力，在活动中体会成就感。

个体心理疏导。更加专业、系统地解决新生心理问题。积极心理学充分挖掘人固有的、潜在的、具有建设性的力量，目标对象是普通人，也就是每一位大学生，包括但不限于有心理问题需要解决的学生。而很多同学对心理咨询心存芥蒂，关心委通过广泛宣传以及针对性讲解，努力让每一位新生在一年级都能参与团体心理辅导。有需要的同学则针对其具体需求进行心理咨询，通过老师专业的引导，及时发现潜在问题和解决已经出现的问题。

建设积极人文环境。解决新生环境适应问题。积极心理学也重视环境对人的影响。关心委与公寓沟通，在走廊、楼梯口等地方设置一些标语、指示牌等，帮助学生建设积极的环境，形成积极的心理暗示，指导学生学会体验自己积极的情绪与情感，乐观自信地面对困难、解决问题。关心委与生活部协作，设计进行一些寝室间的互动游戏，联动不同寝室，增进彼此熟悉，放松心情。

四、效果评价

利用新生入学期间进行心理状态、困扰问题等调查，初步掌握新生的心理状态。对反映出的问题及时记录并反馈，设计针对性方案。在学期中，定期对新生各种活动参与情况及表现做好记录。在学期末，对记录数据进行汇总处理，做出评估报告，供年级辅导员参考。报告结果与往年数据进行对比，检验工作成果。

积极心理学视域下高校毕业生就业压力缓解与心理健康辅导工作的方案*

内容摘要

目前国内大学生普遍面临着前所未有的压力，而高校毕业生是高校学生中的特殊群体，面临的就业压力问题和心理健康问题即是其中的核心问题。传统学术界和教育界始终不断加强对大学生的就业指导教育和心理健康辅导，但未能重视积极心理学所提倡的“激发正向品质”和“获得积极情感体验”等理念。本文从积极心理学视域出发，提出相应解决办法和工作方案，希望为教育界解决高校毕业生就业压力与心理健康问题带去建设性思考。

一、指导思想

（一）以积极心理学理论为理论指导

积极心理学旨在借助心理学领域中成熟的量化评估方法和完善的实验手段，对个体自身以及人与人之间的幸福感、美德、宽容等积极心理力量进行研究。

积极心理学研究分三个层次：主观层面上，积极心理学着重探究了多种积极心理因素对身心健康的影响；个人层面上，积极心理学剖析了人格中的积极特质的存在性及其对人的影响；群体层面上，积极心理学揭示了人作为社会群体与外界环境的相互关系，其中职业道德、理想信念等内容与高校毕业生息息相关。

因此，积极心理学关注和研究的内容与高校毕业生群体的心理健康关系密切。

（二）以毕业生心理健康为出发点和落脚点

高校毕业生是学生群体中的一个特殊的集体，他们既具备着学生的思维方式和行为模式，又面临着前所未有的生存与职业的巨大压力。高校毕业生能否顺利渡过从学业到就业角色转换时期的关键，就在于其心理健康状况。

因此，缓解高校毕业生的就业压力以及对其进行心理辅导成了教育中的重要内容，也是值得深思的重大命题。

---

* 本文作者：崔木子，哈尔滨工程大学计算机科学与技术学院，讲师。

（三）积极心理学理论联系高校毕业生心理健康辅导工作实际

传统心理学往往只关注了毕业生群体在就业困难、择业困难等方面导致的就业心理问题。而事实上，不只是问题学生，绝大多数毕业生都需要心理健康辅导，以缓解就业压力、获得健康心态。

积极心理学，如前文所述，包含主观、个人与群体三个主要研究层面。

在主观与个人角度，可以通过积极心理学引导毕业生逐渐培养良好的正面心态，形成面对、克服并战胜困难的信心，进而激发潜能，补齐短板，构筑健康积极的心态。

在群体的层面上，积极心理学同样为大学生就业指导与心理辅导提供了理论支撑，可以引导毕业生群体调整心态、明确目标、发挥优势。同时，基于积极心理学理论指导的毕业生就业实践等环节，可以联系理论与实际，注重从实践中培养学生的正向品质，从而获得积极的应对策略和良好心理健康状况。

综上所述，积极心理学与高校毕业生就业压力缓解与心理健康辅导工作有着十分密切的天然联系，前者可为后者的理论支撑，提供方向引导；后者可为前者的实践环境和应用场景，二者相互依存不可分割。本方案旨在有效缓解毕业生的就业压力，树立正确择业从业观，以积极良好的心理健康状况顺利完成就业，实现人生价值。

二、教育内容

（一）基于积极心理学的毕业生心理健康辅导

1. 建立积极就业情绪

从积极心理学视域出发，每一个独立的个体都具有一定的积极能量实现自我心理完善，即每个人都可以完成心理上的自我调节。

本方案首先从例行就业教育中，辅导每一名即将毕业的高校学生对自身优势进行分析和发现，积极主动调整就业心态，建立良好的就业情绪。这使得毕业生分析自我时能够形成全面理性的认知；在应对挑战时，可以调动积极情绪进行行动，并对自己的行为决策负责；在面临挫折时，拥有正确的困境观，坦然自处。

2. 培养积极心理品质

积极心理的内涵丰富，它包括个体能够拥有正向的信念与理想，能够以独立健全的人格参与到社会分工中；人际关系融洽，精神生活饱满愉悦。

因此，本方案还强调注重积极心理品质的培养。通过日常心理健康教育，塑造毕业生在心理调节、信心培养等方面的重要能力。同时，真诚、宽恕、信用以及责任等积极心理品质也是心理建设过程中不容忽视的教育内容。

（二）基于积极心理学的毕业生就业规划指导

如前文所述，在积极的情绪与积极的心理的共同作用下，个体更倾向于在解决实际面临的困境时，采取积极、正向的行动，并获得成功。

因此，本方案将通过集体培训与单独辅导相结合的形式，指引毕业生冷静客观地进行自我分析与社会职业需求分析，找到毕业生在社会就业范畴中的衔接点。最终，帮助学生学会取长补短，形成就业规划，实现自我提升。

三、形式与举措

（一）建立毕业生心理健康状况动态监测机制

大学生进入毕业年级后，面临着身份的转变、对未知的担忧、人生选择的迷茫与焦虑等多种负面情绪以及心理压力，而毕业生往往心理上更加敏感脆弱，复杂易变。因此，本方案主张建立毕业生心理健康状况动态监测机制，具体举措包括如下内容。

第一，高校辅导员应当深入学生群体，综合运用积极心理学理论，用“欣赏”“鼓励”的视角对待毕业生群体，通过定期交流谈话、辅导员信箱、微信群等多种平台、多种方式建立与学生的长期稳定对话渠道。

第二，通过学生骨干深入了解、就业辅导课程主动引导、主题班会等集体活动定期交流以及个别谈话重点分析等多个维度、多个渠道，全面掌握高校毕业生在面临毕业、择业、就业选择期间的心理动态以及情绪变化。

第三，由于毕业生群体存在心理敏感多变的特点，应使得监测机制制度化、常态化开展，定期定时收集学生心理数据，及时发现潜在压力以及心理问题。

（二）建立健全毕业生就业压力及心理问题差异化分析档案

积极心理学认为，个体在成长过程中，来自教育环境、家庭环境以及社会环境的差异都会对个体产生影响。

第一，就毕业生个体而言，不同的因素会关系到个体是否能够以积极的心态和正向的情绪实现自己的目标，进而在实现人生价值的过程中产生幸福感和收获感。这需要针对性、差异化的心理健康状况分析与相应的心理健康辅导，以发现不同学生个体产生压力或焦虑情绪的成因，分析其性格特点，进而寻找挖掘突破口，用于激发毕业生的内生积极动力。

第二，在帮助学生进行就业压力及心理问题分析的过程中，高校辅导员无疑是开展相关教育工作的“排头兵”的最佳人选。大多数高校学生的在校生活鲜有家人的参与和陪伴，而年级辅导员则成了在日常学习生活中与学生沟通最多、关系最密切的长辈，既可以对学生进行有针对性的监督与分析，第一时间发现学生的就业压力及心理问题；又可以帮助学生正确合理地进行自我反思和自我定位，制订相应的就业计划和人生规划。高校辅导员可以发挥正向积极的作用，通过对不同学生、不同的心态、不同的需求进行差异化的引导与辅助，帮助学生减轻压力、走出心理健康的困境。

第三，建立分析档案有助于帮助教育者从历史的角度分析学生心理动态变化，预判趋势，便于及时采取有效的干预辅导措施。

（三）开展基于积极心理学的毕业生积极情绪建立及心理健康辅导

第一，通过主题教育活动引导、释放毕业生的积极主观感受。

这个阶段可以通过集体活动、团体辅导、主题团会、主题班会、故事分享会等形式，使毕业生在心理上初步建立对毕业、择业、就业以及人生选择等问题的积极印象，有效避免毕业生在初期就产生抵触恐惧等不良情绪。确保毕业生获得良好、正向的主观感受，顺利适应角色身份的转变、愉悦积极地接纳大学生活与社会生活的转变过程。

第二，通过专业心理辅导活动提升毕业生就业能力和心理素养。

比如，提升团队协作能力课程、提升人际交往能力讲座、职业生涯规划、就业压力缓解辅导等，可以为毕业生塑造积极正面、坚韧理性的就业观和择业观。通过培养宽容、毅力、创新、感恩等心理能力，实现健康心理与健康人格的建立。而情景模拟、体验面试、HR 对谈等多种能力提升活动则有助于在提高毕业生的就业能力的同时，锻炼他们的就业心态、培养面对考验和选择的积极心态。

第三，通过榜样与典型引导为毕业生建立乐观心态，营造正面的就业气氛。

这个阶段通过集体全面宣讲与个别重点谈话相结合的方式，让毕业生在择业与就业的最终阶段感受到良好的氛围，通过成功案例的宣讲引导、常见就业案例剖析等方式，使学生对自我评价和未来规划产生明晰的认知。通过譬如“大学生卖牛肉面创业”“大学生支教扶贫”“抗击疫情志愿活动”等案例的宣传与解读，可以拓宽毕业生的就业思路，打破对于“就业”“择职”的固有观念和刻板印象，积极鼓励学生以多种多样的方式实现各自的人生理想，并以积极的心态努力奋斗。这在当前社会一线城市人满为患的严峻就业形势下有着特殊的意义和重要性，可以引导学生找到适合自己的奋斗方向和岗位目标，依靠自己的知识和素养为国家各方面建设做出贡献。

最终帮助毕业生群体积极面对毕业、择业与就业的过程，完成就业压力缓解与心理健康辅导的教育目标。

四、效果评价

（一）毕业生就业情况调查

通过数据收集、资料分析等方法，关注高校毕业生的就业状况，包括升学率、就业率等基础指标，以及收入满意度、行业满意度、专业相关性、一年内职业变更率、就业指导与就业市场契合度等深层次考量维度。

通过分析历届毕业生就业情况以及就业市场变化情况，深入分析并逐渐把握高校毕业生就业压力缓解与心理健康辅导工作的内在规律及深刻内涵，形成长效、循环的优化调节机制，使工作常做常新，不断完善，更好地服务高校人才培养工作。

（二）毕业生心理健康状况跟踪回访

通过跟踪回访、问卷调查等多种形式，定期了解毕业生离校工作后心理健康状况和变化规律，对毕业生按照地域、专业、待遇等多个维度进行类比分析和对比分析，探究离校后持续影响毕业生心理健康的主要因素和关键时期，使高校毕业生就业压力缓解与心理健康辅导工作具有预判性和前瞻性。

关于考研学生积极心理构建的方案*

内容提要

考研深造是应届毕业生为了实现人生理想的主要选择之一。但心理素质决定着考生水平的发挥。目前的准考研学生在备考中普遍存在着盲目从众、自卑焦虑、懒惰侥幸等问题。本文通过分析其形成原因，有针对性地提出了明确考研动机、学业规划指导、培养心理承受力、建立同学互帮互助模式等进行解决问题的方案。同时通过开展考研讲座、心理疏通辅导等形式，指导考研学生正确面对考研过程中的各种压力，构建积极的心理状态。

一、指导思想

当下，高校本科毕业生逐渐增多，应届毕业生就业压力日益增大，部分高校毕业生不想过早涌入就业大潮，选择考研继续深造。而考研是检验大学生全面素质的大考，要求考研人有充足的知识储备、熟练的专业技能、优秀的战略方案以及过硬的心理素质。而心理素质是整个考研复习阶段至考试阶段的关键一环，它决定着考生水平的发挥。秉承以发现问题为前提，以深入了解为导向，以快速解决为目标的指导思想，本文将对考研学生心理构建提出方案。

（一）以发现问题为前提

现阶段考研已经成为多数本科毕业生的选择，同时各种各样的心理问题也因此而生，以发现问题为前提，方可对症下药，常见的心理问题可归结为以下三种。

1. 盲目从众问题

调查研究证明，现阶段大学生考研有以下几种原因：父母要求、盲目从众、未来规划。其中少部分学生因未来规划、自身追求科研或工作对学历的要求选择考研。而其余大部分学生都因外界因素的影响而选择了考研，这部分学生一般是在从众心理下做出的选择。因此，该问题为日后考研院校的选择，长时间备考的压力下心理素质的降低导致半途而废埋下祸根。

---

* 本文作者：芦雪松，哈尔滨工程大学水声学院，讲师。

2. 自卑与焦虑问题

自卑与焦虑问题在考研复习阶段常常是伴随产生的。在初始阶段，绝大多数人认为考研并不是一道难以跨越的鸿沟。在热度逐渐消退后，高强度的复习，让学生对考研所需的学术储备以及对专业知识的高要求产生认知，对考研的难度有了初步了解。同时对于一部分学生，其主观意识便认为自己能力较差，产生自我否定的情绪，表现为忧郁、孤僻等。而这时正处于身与心的疲惫期，面对周围学生求职、创业的形式，不免烦躁、焦虑不安。伴随着考试时间的日益临近，考生会认为自己知识储备远远不够，语气与现实偏差较大，自我怀疑情绪更甚，也愈加焦躁不安。

3. 懒惰与侥幸问题

众所周知，考研并不是一蹴而就的过程，其需要大学三年的积累，本质上与高考相类似。在考研初期，新鲜的感觉会使得考生容易进入备考状态。高强度复习一段时间后，耐心被慢慢消磨，懒惰开始浮现，诱惑时常存在身边，抗诱惑的能力明显不如刚开始复习时的，于是玩乐、休息占据每天的大部分时间，心怀侥幸，同时备考态度不端正。

（二）以深入了解为导向

产生上述问题的原因有很多种，其中包括考研动机不明确，对自己的未来没有准确的规划，认为考研只是阶段性地完成一个目标，或是迫于父母的压力，并非自主选择。其次，考研复习方法选择不正确也是问题原因之一。因此，应对问题深入了解，对同学心理状态深入了解，为解决问题的手段提供积极的导向作用。考研是一个极其漫长的过程，在这其中不会有老师像高中一样带领学习，只是自己枯燥机械地重复着每一天的生活，因此在考研方法上很容易无法准确定位，找到适合自己的学习方法。最后一种则是心理问题调节不到位，每一年的考题都在发生变化，但不管如何变化，都不能影响正常的学习计划。在心理层面，要及时调适，及时止损，切忌考研心理问题影响考研结果的情况出现。

（三）以快速解决为目标

解决问题的途径有很多种，但归根结底，其目标是让同学们能够自己调节心理问题，不被外界环境所影响。本文提到的方法有以下几种：

1. 明确考研动机，找到未来方向，树立正确的考研观；
2. 选择正确且有系统性的复习方法，进行学业规划指导；
3. 及时调节心理问题，培养心理承受力；
4. 建立同学互帮互助模式，调整心理状态，以良好的状态备考。

下面将对这四种途径一一进行分析。

二、教育内容

（一）考研观建立

何为考研观？即对考研是否有正确的认识，对考研过程是否有明确的规划，对考研结果是否有良好的承受能力。如何引导考研的学生正确对待考研，是现阶段应当做的事。一个清晰的目标是成功的考试，它就像前进路上的灯塔，不断提醒着重点的方向，照亮前行的路。

（二）学业规划指导

考研生活与大学三年的学习生活相比，考验的是学生的自律能力、自主学习能力。这个过程应使得生活节奏适应考研复习，一切以考研为主。在学业规划的知识方面，可以采用前辈指导的方式，在考研开始请本专业考研成功的学生进行学习经验传授。在他人的学习规律中总结出自己的复习节奏，为成功做好铺垫。

（三）培养心理承受力

在心理问题的处理方面，自己的调节占据很重要的部分，在面对一些心理压力时，在外界的帮助下，也要学会自己心理调节。高校教育工作者应当深入学生群体，了解每一名学生的心理状态，并针对性地开展心理健康疏导工作，帮助学生形成正确的认知、排解不良情绪、正确宣泄郁结，从而增强心理耐受能力，消除不良心理问题对考研结果的影响。

（四）建立心理健康教育措施

学校或者学院的举措对于学生心理方面问题的解决有很大的帮助，高校的教育工作者应通过调查问卷等形式，实时了解考研学生的心理动态，通过直接或者间接的方法观察其考研行为，了解考研准备动态，跟踪学生考研的进展情况。通过数据与外在表现，联合学校心理教育机构，针对不同学生开展心理辅导工作，及时止损，帮助学生合理选择适合自己成长的健康化道路，完善高校的研究生教育体制。

三、形式与举措

（一）考研辅导讲座

1. 正确考研观念的形成

大部分学生会在临近考研复习阶段选择考研，其中一多半是为了以后更好地就业，而非提高自己的知识储备和文化水平，而这种不纯正的考研动机，功利性过强，导致了扭曲的考研观念。这部分学生对于自己的人生没有明确的规划，考研也是草草应付了事。因此，有针对性地开展辅导讲座，进行就业、择业思想引导，改正学生思想上的偏差，树立正确的人生观、价值观和就业观，对未来专业的就业定位展开深入讲解，有助于学生树立正确的考研观。

2. 制订适宜的学业规划

在考研意向调查中发现，80% 的学生在大一刚入学时已经有了考研意向，然而在当时多是人云亦云、盲目从众，对未来本科学习与考研之间的关系并没有明确的认知。这就要求高校的教育工作人员在不同阶段及时做好思想政治教育，帮助不同学习阶段的学生做好本阶段学习目标。对于低年级学生，做好本科课程、研究生课程的学习规划。对于即将考研复习的学生，结合当前学习情况，邀请考研成功的学生讲解考研阶段学习方法，以便学生们自己制订好适合自己的学习规划。

（二）心理健康疏导

1. 培养大学生心理承受力

大部分学生在大学期间都没有明确的职业规划，导致在临近毕业时随波逐流进入考研的队伍，考研对于大部分学生来说是一种应激性反应。由于在考研复习后期心理压力逐渐增大，他们在外在表现上出现了焦虑、烦躁等心理不健康现象。院系可联合学校大学生心理指导中心，从考研复习开始，为每一名考研学生建立心理档案，掌握学生的心理轨迹。同时，高校辅导员可联系班干部等近距离接触人群，通过定期访谈、心理问卷填写等方式，深入到学生群体中，充分了解每一个学生的心理状态与动态，有针对性地开展心理健康与疏导工作，这可以帮助学生形成正确的考研认知，疏导不良情绪，正确宣泄情感，提高心理承受的能力，也可以消除不良的心理状态对考研学生的影响。

2. 建设多样化心理教育方式

学校、学院的多样化工作措施对于大学生心理问题的疏导非常有帮助，因此，在考研复习的不同阶段，针对性开展有效地促进考研心理健康的活动，可以帮助学生在考研路上四平八稳。适当排解压力，学院可以设立多种放松活动，例如，在每周抽出 1—3 个小时进行同学间谈心，过程中可以交流考研进度、了解最近心理的问题、分享备考过程中的歌单等，这个时间段是单纯放松的时刻，对心中郁结的排解帮助很大。另外还可以通过体育运动，如每周的慢跑打卡，在运动过程中放松身心。在备考过程中，一定要直接或者间接地关注考生的心理状况，一旦发觉心理问题，一定要及时调整，保持最良好的状态、最充足的信心，迎接即将到来的考试。

（三）定期重点排查

高校教育工作者尤其是辅导员，应与班干部、寝室长保持紧密的联系，掌握班级、寝室成员心理状态一线资料。每周或每半月开展问卷调查，其内容包括复习进度、备考过程中发现了哪些问题，能否得到有效解决等，通过问卷调查定期关注，并记入心理档案。发现明显问题者，可以通过上述几种方式进行疏导，争取能保证每一名同学都不掉队，顺利完成考试。

四、效果评价

（一）学生考研观树立情况

为掌握其考研目标，采取问卷调查方式，分别在考研观树立讲座前后，调查本学院参与考研的 152 名学生。调查结果表明，在考研辅导讲座前，选择了考研的大部分学生都是为了就业机会、自我提升，但仍然有三分之一的同学是因为父母要求或没有明确想法。因此，如何针对大部分学生及少部分学生树立正确考研观，为自己而学习便成了重中之重。因此，学院开展讲座，明确考研目的，从结果可知，卓有成效。大部分学生都有了明确的考研目标，采取正确的考研备考计划。

（二）学生考研结果

本届共有 156 名学生参加了考研，其中 132 名学生成功考到心仪的学校，另外的 21 名学生也找到了心仪的工作。由此可知，针对不同学生进行心理疏导，转变其不成熟的考研态度，帮助其抒发心理问题，有助于学生选择适合自己健康成长以及科学化发展的道路，完成考研目标，推动高校的本科生—研究生联结教育。

“人生分阶　游园惊梦”
——以提升自我意识为核心的体验式团体方案*

内容摘要

通过创设人生典型阶段的危机情境，以心理剧形式让学生将自身未被觉知的心理冲突呈现在舞台上，体验生命从开始到终止的9个环节，经过团体辅导工作，发展出解决自我困境、应对环境压力、适应社会要求的能力，形成积极持久的学习动机、发展动机，促进大学生成长成才。方案分为开启式“游园惊梦”和课程式“助力完成”两种。形式和主题适用于心理障碍学生的问题解决和普通大学生的生涯规划、生命教育。

一、指导思想

(一)“人生”

大学生自杀事件屡见报端，使大学生自杀成为比较严重的社会问题。自杀的原因往往是缺乏对生命的敬畏、看不到自身的资源、遇到心理冲突时找不到解决问题的办法。更有一些人在开启自杀行动后，感到后悔，却无法挽回后果。

本项目通过情景模拟让大学生体验生命从开始到终止的过程，从而加深对生命唯一性、不可逆性、有限性的认知，加强珍惜生命、尊重生命、爱护生命、享受生命、创造独特生命价值的态度。

(二)“分阶”

心理学家将自我意识的形成和发展分为不同阶段，如哈维格斯特的人生六阶段理论、埃里克森人生发展八阶段理论、弗洛伊德的人格发展五阶段理论等，均提出人在不同时期的心理发展主题和应该完成的心理成长任务，详细论述了发展成熟的标志。

本项目以时间为线索，分阶段进行自我意识教育，将心理调适能力的获得融入阶段任务之中。

---

* 本文作者：王俊红，哈尔滨工程大学学生发展指导中心，副教授。

（三）“游园”

《普通高等学校学生心理健康教育课程教学基本要求》提出，大学生自我意识的培养要增加体验活动。

本项目采取体现性较强的心理剧方法，创设相对真实的舞台情景，利用游园、表演、分享的形式，将自身未被觉知的心理冲突、情绪、感受逐渐呈现在舞台上，加强学生内心体验。团体辅导也是体验性非常强的一种教育手段，教师的针对性引导、团体成员之间的互动、彼此的榜样作用、对团体的承诺、团体契约的监督作用，均有助于实现认识自我资源、确立行动目标，实现目标行动化、行动习惯化，从而促进人格养成。

（四）“惊梦”

互联网时期的海量信息以令人眩晕的色彩诱惑着涉世未深的大学生，使得部分学生遭遇心理迷茫，即自我意识不清或冲突，而这正是引发各种心理问题的重要内因。自我意识是人格发展的核心，也是获得生涯规划、学习、情绪管理、人际交往、压力管理与挫折应对、危机应对等心理调适能力的基础。

大学生正处于自我意识发展的重要时期，本项目以自我意识为核心，从私我意识、公我意识两个方面，提升大学生自我意识，使大学生在“自知”的前提下达到自立、自信、自控、自强。

二、教育内容

将自我意识的探寻分为 3 篇 9 阶段：快乐童年、青春无悔、我的大学、恋爱 ing、毕业典礼、结婚典礼、成为父母、事业巅峰、临终时刻，确定每一阶段的成长主题，分析出该主题应该完成的成长任务、完成标志，依据团体辅导原理设计针对成长任务的体验活动。参与者体验生命从开始到终止的过程，思考每一阶段需要完成的心理成长任务，总结过去，展望未来，从而获得清晰的人生目标，更好地规划未来和珍惜当下。

活动内容可以根据参与群体进行相应的调整和具体化。如果参与者是临时组建的团体，可以在开始时加入相识环节。如果为了收集学生的参与体验和收获，可以在最后设计“心灵果实”环节；如果希望了解每个阶段学生的体验和收获，可以在每个环节结束后进行感受分享和撰写。

表 3-1 “人生分阶 游园惊梦”团体方案设计

阶段划分		成长主题	完成标志	活动内容示例
起源篇	快乐童年	安全与信任	可以自由支配自己的身体 对世界的敏感性和充满好奇 形成安全依恋，对环境充满信任	1. “世界，我来了” 2. 幼儿园的一堂课 ……
	青春无悔	依赖和独立	接纳身体的发育 情绪上独立于父母和其他成年人	1. “我爱我的身体” 2. “我要我的权利”
当下篇	我的大学	自主与勤奋	稳定的专业兴趣和学习动机 发展良好的友谊关系	1. “我爱我的专业” 2. 人际那点事
	恋爱 ing	爱与生命力	明确的性别认同、清晰的择偶标准 能够主动爱、接受爱、拒绝爱	1. 我喜欢这样的你 2. 搭讪、相处、分手
	我要毕业	希望与信念	对过去的自己认可 对未来充满希望	1. 散伙饭 2. 毕业典礼
展望篇	结婚典礼	亲密与坚守	稳定的情感投注 彼此尊重的相处模式	1. 结婚典礼 2. 柴米油盐
	成为父母	给予与回报	具备教养子女的知识、能力和经验 理解、照顾自己父母的退行和离去	1. 家有儿女 2. 反哺父母
	事业巅峰	自我专注	喜欢自己的职业，在职业领域有所成就，对社会有一定贡献	1. 生涯幻游
	临终时刻	完整与缺憾	接纳体力与健康的衰退，充满自信地传递智慧，相信精神的传承	1. 临终时刻 2. 我的墓志铭

三、形式与举措

（一）组织形式

1. 开启式：“游园惊梦”

初步体验自我，开启探索动机。在不同的房间，布置 9 个典型阶段的场景和道具。每个房间设置 1 名团体带领者、5—6 名助手（负责现场组织、道具准备、辅助演出等工作）。参与者凭一张游园卡，用 2—3 小时，从生命开始到终止，依次体验 9 个活动单元。完成后到工作人员区通过“爱的抱抱”和“心灵果实”，寓意带着已获得的心灵感悟重回当下，开启新的人生。

2. 课程式："助力完成"

结合个体深入分析，助力完成成熟的自我意识。设置"人生分阶"系列团体辅导课程，将参与者分成8—15人的小组，每组1—2名团体领导者。团体领导者由经过专业训练的老师或心理学专业研究生担任。在领导者的启发和鼓励下，参与者深入分析每一个任务的现状和可能完成的探索手段，助力完成清晰的自我意识。

（二）队伍建设

学生发展指导中心培训心理健康教育和学生管理一线的专业教师、辅导员担任团体领导者。通过传、帮、带培育出30名骨干教师，其中有25名为一线辅导员，且3名获评黑龙江省辅导员年度人物，促进了高校辅导员队伍专业化、职业化建设。培训心理健康教育学生骨干担任助手和观察者，每年培养100多名学生，为大学生自我教育提供了实效性参考。

四、效果评价

（一）效果评价问卷

使用"观察者调查问卷"（附件1）、"教师访谈问卷"（附件2）、"参与者调查问卷"（附件3）对活动效果进行调研，结果表明：活动气氛热闹、安全、庄严、感动、震撼，体现了学生高度的参与热情。能够全身心投入活动的参与者占被调查人数的80%，83%的观察者认为活动非常有意义。95%的参与者对活动效果满意，认为活动对"认识自我"有很大帮助。94%的参与者和93%的观察者愿意继续参加"自我探索"的活动。

（二）心灵果实

通过对参与者在每一阶段书写的活动感受和最后环节的心灵果实，可以发现参与者的自我意识得到提升。

在自我认知、自我体验方面表现为，初步意识到"自我的由来"受到过往典型事件的影响，自身性格表现为多个方面，对亲子之爱、友谊之爱、伴侣之爱更加了解，意识到自己处事策略中的不足，引发了对人生意义的思考，开启了自我探索的动机。

在自我控制方面，表现为计划制订、人生态度和处事策略的改变。如对未来有方向感，知道了这四年大学该如何过；从此刻开始，会为自己制定各种目标，合理安排自己的学习和生活；要感谢在我生命中出现的每一个人，是他们助我成长，教我如何做人；要乐观度过每一天；对朋友要更加宽容，每个人都有自己的故事，要善于倾听。

（三）社会影响

该项目自2014年创立，每年至少开展一次开启式和一次课程式活动。

2015年12月，开启式“游园惊梦”活动受到中国教育报、黑龙江晨报、新晚报、人民网、新浪网、中国日报网、网易新闻、凤凰资讯、新华网黑龙江、龙广高校台等数十家媒体的关注和报道，教育部、新华网、中国台湾网等上百家各级各类媒体进行了转载。

2016年5月，课程式“人生分阶”在大一年级家庭经济特殊困难学生中开展，这种持续性的“精准心理帮扶”受到中国新闻网、人民网、新浪网、全国学生资助管理中心等数十家媒体的关注和报道。

2017年5月，全国学生资助管理中心以“模拟人生，以心育人——哈尔滨工程大学开展‘人生分阶’团体心理辅导活动”为题，再次对哈尔滨工程大学针对家庭经济困难学生开展的课程式团体辅导进行了报道。

附件1：

观察者调查问卷

亲爱的工作人员：

为了全面了解“游园惊梦，分阶辅导”的效果，查找不足，继续改进，提升下一届活动效果，烦请您认真填写此问卷，感谢配合！

1. 您参加了哪几场体验人生的活动（多选）__________

   A. 快乐童年　B. 青春无悔　C. 我的大学　D. 恋爱ing　E. 我要毕业

   F. 结婚典礼　G. 成为父母　H. 事业巅峰　I. 临终时刻

2. 请用几个词或句子描述您所在团体的气氛：

   ____

3. 您所在团体学生的参与度如何__________

   A. 很高　B. 较高　C. 一般　D. 较低　E. 很低

4. 请描述您作为观察者，在现场的感受，或令您触动的地方：

   ____

   ____

5. 您对活动内容的设计和组织实施有什么想法与建议：

   ____

   ____

6. 如果再举行一次游园活动，您希望作为参与者参与其中吗？
   A. 希望　　B. 不希望　　C. 无所谓

附件2：

教师访谈问卷

尊敬的老师：

为了全面了解“游园惊梦，分阶辅导”的效果，查找不足，继续改进，提升下一届活动效果，我想向您了解一下问题，感谢您的配合！

1. 您带领了哪几场体验人生的活动（多选）________
   A. 快乐童年　B. 青春无悔　C. 我的大学　D. 恋爱 ing　E. 我要毕业
   F. 结婚典礼　G. 成为父母　H. 事业巅峰　I. 临终时刻
2. 请用几个词或句子描述您所带团体的气氛。
   ____
   ____
3. 您所在团体学生的参与度如何________
   A. 很高　B. 较高　C. 一般　D. 较低　E. 很低
4. 您认为这次活动的效果如何________
   A. 很好　B. 较好　C. 一般　D. 不太好　E. 很不好
5. 活动中有什么令您触动的地方吗，请简单写一写：
   ____
   ____
   ____
6. 您认为学生在活动过程中有什么样的改变，或预测学生会发生什么改变？为什么？
   ____
   ____
   ____
7. 您对活动内容的设计和组织实施有什么想法与建议：
   ____
   ____
   ____

附件3：

参与者调查问卷

亲爱的同学们：

为了全面了解“游园惊梦，分阶辅导”的效果，查找不足，继续改进，提升下一届活动效果，烦请您认真填写此问卷，感谢配合！

1. 您参加了哪几场体验人生的活动（多选）__________

   A. 快乐童年　B. 青春无悔　C. 我的大学　D. 恋爱 ing　E. 我要毕业

   F. 结婚典礼　G. 成为父母　H. 事业巅峰　I. 临终时刻

2. 您在活动中感受到的气氛如何？

   ____

   ____

3. 您在活动中的参与度如何__________

   A. 很高　B. 较高　C. 一般　D. 较低　E. 很低

4. 这项活动对您“认识自我”有多大帮助？__________

   A. 有很大帮助　B. 帮助一般　C. 没有帮助

5. 您对活动效果是否满意__________

   A. 是　B. 否

6. 如果后续组织“认识自我”的心理活动，您还愿意参加吗？

   A. 愿意　B. 不愿意　C. 无所谓

7. 参加此次游园活动，您有什么收获与改变？并请简单写一写活动中对您触动最深的地方：

   ____

   ____

8. 对于下一次团体心理辅导活动，您有什么想法与建议？

   ____

   ____

大学生人际交往团体辅导方案*

内容摘要

良好的人际交往能力是大学生身心健康的需要，通过“心理健康课堂”和“信任盲行”的游戏活动，让学生感受到朋友间信任与被信任、爱与被爱的幸福与快乐，引导学生积极参与活动，学会接纳和沟通，帮助人际交往能力差的学生解决人际交往中的心理障碍，掌握人际交往中的技巧和方法，提高学生的人际交往的能力，获得身心的健康发展，达到积极心理教育的目的。

一、指导思想

人际交往是指人们通过运用语言或非语言符号交换意见、交流思想、表达情感和需要的过程。人际交往是我们生活中重要的内容。通过人际交往我们能去更全面地认识世界，了解自我探索和发现新领域，从而满足自身的需要和精神的满足，有利于我们积极阳光地面对生活。

大学生正处于思想活跃，活力四射，好奇心强的一个青春时期，渴望通过人际交往搭起心灵沟通的桥梁。在人际交往的过程中，有同学自信阳光，从容潇洒，收获满满，但也有同学消极阴郁，烦躁忧心，人际交往异常困难。

人际交往是我们生活中的一个必要环节，没有人是座孤岛，没有人可以在社会环境下独善其身。缺乏人际交往能力会造成孤僻、自卑、自我等不良心理，甚至会引发抑郁、自闭等心理疾病，会对他们的生活产生不良影响或造成危害。

人际交往是大学生身心健康的需要。人人都具有这样一种基本需要，即需要归属于一定的社会团体，需要得到他人的爱与尊重。良好的人际关系是人生的阳光，人生事业成功的社会环境，而一个没有交际能力的人，犹如陆地上的船，是永远不会漂泊到人生大海中去的，严重影响着正常的学习和生活。为了健康地成长和人生发展的需要，我们必须去争取它和创造它。

为了帮助人际交往能力差的同学解决人际交往中的心理障碍，通过“信任盲行”活动，解决其人际交往过程中的心理障碍，增强其自信心，并让其产生积极情绪和良好的交际体验，培养学生真诚，友善宽容和信任他人的品格，从

---

* 本文作者：张金臣，哈尔滨工程大学材料科学与化学工程学院，讲师。

而让其走出交往困难，顺利健康地成长和发展。

以培养人际交往能力为主线，以积极心理学教育为核心，以“信任盲行”等活动和积极引导为载体，着力提升心理素质和克服交际障碍，进一步丰富大学生学习和生活，促进大学生心理积极健康地发展。

二、教育内容

通过心理课堂和学生沟通交流，认清学生的交往心理障碍，从而有针对性地给予建议与改善方法，让学生深刻地了解人际交往的重要性。从人际交往对大学生健康发展的作用，大学生人际交往的类型，大学生人际交往中的常见问题，人际交往的有关理论，优化人际交往的原则与方法等方面对学生进行沟通与引导，让大学生了解到人际交往是人生存和发展的社会性需要、完善自我的需要、信息交流的需要等，能够促使他们进行自我了解，在遇到问题时，通过人际交往获取他人的建议和帮助；遇到开心的事，通过和他人分享，能够使快乐加倍，有利于丰富生活、获得快乐与满足感。大学生人际交往的类型有讨好型、指责型、超理智型、打岔型、一致型等，人际交往过程中的心理有自卑、自傲、自恋、害羞、封闭、恐惧、孤僻心理等。通过案例分析让同学们提出解决方案，进行自我评价和互相评价，并对人际交往障碍原因进行分析，对不敢、不愿、不善、不易、不利、不懂交往心理的具体表现进行疏导和提出解决建议。讲述人际交往的原则方法和技巧，提高大学生人际交往的能力。

信任盲行活动，通过敞开心扉的切实实践，让学生理解朋友间他助与自助的等同重要。“盲人”看不见，“拐杖”不会说话，但是是通过盲人和拐杖的相互配合他们才能够完成高难度的任务。如果他们彼此漠视，就会面对巨大的障碍和困难。通过人际交往能够创造出自我更大的价值。在完成任务的过程中只有信任彼此，积极配合才能胜利地完成任务，让学生感受到朋友间信任与被信任、爱与被爱的幸福与快乐，使学生通过活动正确地进行人际交往。人际交往过程中体会建立信任的过程，需要方法和技巧使学生通过活动体会到信任的重要性。

三、形式与举措

“信任盲行”心理辅导方案实施过程如下所述。

（一）筛选辅导对象

通过海报等方式进行宣传，并通过人际交往调查问卷，筛选出人际交往能力较弱的部分同学，并对其进行心理帮扶。

（二）心理健康课堂初步辅导

对这部分同学安排心理健康课堂辅导，在课堂中交流互动，让同学们自我评价和互相评价，写下交往中受欢迎的品质和令人讨厌的性格，从而更正确地认知自我，初步了解性格对人际交往的影响。同时介绍人际交往中的原则、方法、技巧等，增强学生在人际交往中的自信心，帮助他们克服人际交往中的困难和障碍。

（三）“信任盲行”辅导具体流程

1. 第一阶段——游戏准备过程

指导者选择盲行路线，用室内的桌椅和工具摆出各种障碍，如跨越、下蹲等。将学生随机分组，每两人一组，一人做“盲人”，另一人做“拐杖”，并进行角色互换。介绍活动规则并说明活动注意事项，如注意安全，活动过程中应保持安静，不可以事先交流好跨越障碍的暗号等。给盲人分发眼罩，准备好后活动开始。

2. 第二阶段——游戏活动过程

首先让“盲人”蒙上眼睛，原地转三圈，使其暂时失去方向感。接着，“盲人”在拐杖的搀扶下沿着指导老师选定的路线在室内活动。期间不能讲话，“拐杖”只能用手势动作等肢体语言帮助“盲人”通过各种障碍。一组结束后互换角色重拉一遍，使每个人都能体验到两种感觉。最好在活动结束后两人相互交流当“盲人”的感觉以及“拐杖”的感觉，并在团体内交流。

（四）活动后心得体会

让学生把在游戏中的体验心境，感受及收获进行记录和总结，并有针对性地对其进行心理辅导健康教育。

四、效果评价

“心理健康课堂”和“信任盲行”的游戏活动，有利于学生更正确地认知自我，改善自我，培养良好的交往心态，引导学生积极投入参与活动，帮助提高学生的人际交往的能力。游戏中“盲人”和“拐杖”需要相互配合去克服障碍，这能使学生懂得尊重他人，尊重他人在人格、行为、习惯与价值观等方面与自己的差异，不以自己的标准去要求别人，只有首先做到自尊才能得到他人的尊重，也只有尊重他人才能得到他人的真诚对待。这也让他们学会了真诚交往，真诚交往是人际交往得以延续和深化的保证，是备受人们推崇的有益于人际交往的品质，能够让人信赖和依靠。

游戏过程是真实的交往过程，真实交往是人际关系得以巩固和发展的前提。

在交往中，只有彼此抱着心诚意善的动机和态度才能够相互理解、接纳和信任，在感情上引起共鸣，使交往关系巩固和发展。“盲人”与“拐杖”角色互换，每个人都在两个角色中收获不同的体验，培养学生的主动共情能力。共情就是能够设身处地地体验他人的处境，对他人的情绪、情感具有感受和理解的能力，能够进入对方的精神世界，能够将心比心地体会对方并对对方的情绪做出恰到好处的反应；能够进行换位思考，从而充分感受对方的思想和情绪，使人际交往中沟通的过程更加深入和顺畅。在两人共同克服障碍的过程，难免会有意见不同的地方，甚至有可能会产生冲突，要使学生形成理解宽容的处世态度。宽容表现为大度，非原则问题不斤斤计较，能够以德报怨。在人际交往中难免会遇到一些不愉快的人和事，要学会宽容、克制和忍耐。学会原谅别人是种美德，学会宽容别人也是种美德，这样的心境就会有良好的人际关系，就会使每一天都变得更快乐。

“信任盲行”中最突出地体现着互利互惠，在满足对方需要的同时又得到对方的报答，双方的交往关系能够继续发展，但如果一方只索取不给予交往就会中断。互利性越高，交往双方关系就会越稳定和密切。在游戏过程中也要注意沟通的水平。沟通注意水平高的沟通者注意自己所发出的信息的准确性，以及对方的可接受性，他们能够较好地根据反馈调节自己的沟通过程，对对方的交往沟通形成良好支持，使交往始终保持较好的彼此对应性而得以顺利延续。在这个过程中也需要表达你对同伴的认同，赞美和感激。“拐杖”有能力照顾别人，很有成就感，“盲人”则需要在信任中战胜恐惧，这项活动具有重大的教育意义。

本方案旨在提高人际交往能力较差的同学团体的人际交往能力，以心理辅导和心理趣味游戏的方式帮助他们克服交往障碍，其敞开心扉，学会接纳和沟通，掌握人际交往中的技巧和方法，以改善学生目前的交往状况，获得身心的健康发展，达到积极心理教育的目的。

来华留学生人际交往团体训练方案*

内容提要

本方案针对来华留学生在校期间存在的常见心理问题和困扰，通过开展系列人际交往团体辅导，助力解决他们的生活、学习适应问题；并促进留学生在增进多元文化背景下，相互理解、相互尊重。

一、指导思想

“一带一路”倡议的实施，为高校国际交流与合作开辟了新天地，来华留学生教育事业迎来了难得的新机遇。实现“一带一路”建设的宏伟目标，“民心相通”是基础。不同国家间、族群间的社会发展水平、政治制度、意识形态、民族心理、文化习俗等千差万别，做到“民心相通”并非易事。本方案基于积极心理学的思想，构建系列人际交往团体训练主题，助力来华留学生身心素质提升。

二、教育内容

自我价值与团队合作意识；多元文化背景下的人际交往训练；生命价值与职业愿景；主观幸福感与积极品质探索。

三、形式与举措

面向留学生自由招募。通过团体辅导的方式，每周进行一次辅导，连续 4 次。通过团体辅导帮助在华留学生在多元文化背景下学会理解与尊重，尊重别人的文化和价值观，在关系中学会信任。

团体辅导方案如下。

第一次：

主　题：认识自我、建立小组规范

参加人：来华留学生，人数 20 人

时　间：90 分钟

---

* 本文作者：王岩，哈尔滨工程大学国际合作教育学院，讲师。

流　程：

1. 热身活动

1.1 破冰热身：叉手

目的：热身，认识行为的转变需要无数次实践的积累，导入团队训练内容。

准备：教室，围圈座椅，自由活动的空间。

操作：请小组成员按照平时的习惯双手交叉握在一起，并注意看自己的拇指和各个手指是怎样交叉的（是左手大拇指在上还是右手大拇指在上）。然后请大家松开后再重新合拢。这次手指交叉的顺序要正好相反（例如，本来左手拇指在上的改为右手拇指在上）。向学员指出对于有些人来说，这个身体上的小小变动并不会引起任何问题，但是对于大多数人来讲，即使只是很轻微的身体变化，也会引起不自在的感觉。

相关讨论：当手指做出与平时不同的习惯姿势时，你们有没有觉得异样或不自在，为什么？你们是否同意“人都是不喜欢改变”的这个说法？如果同意，为什么？为了减轻这种对改变的抵触情绪，我们应当采取什么样的技巧？（征集答案）

2. 主题活动

2.1 自画像

目的：通过画自画像，相互分享自画像从而来了解小组成员。它的好处在于能在短时间里，让大家了解真实的自我，能较快地消除或减弱团队成员的防御心，建立相互信任的氛围。

时间：30 分钟（10—15 分钟画，15—20 分钟小组分享）

准备：教室，围圈座椅，自由活动的空间；材料 A4 纸一张，24 色水彩笔一盒。

操作：接下来我们进行团队建设活动。团队建设非常重要的一点就是团队成员之间的相互信任，而相互信任的前提就是相互了解。为了让大家在短时间内很好地进行相互了解，而且留下深刻印象，我们要做一个游戏，这个游戏的名称是画自画像。材料有 A4 纸一张，24 色水彩笔一盒。从现在起请大家保持安静，不要说话，在你的头脑中静静地联想关于自己的图画，想象出一个你最喜欢的状态，然后把它画在纸上，你可以挑选你喜欢的颜色来画。

分享：以小组为单位，每个人介绍自己的画和自己的情况：姓名、年龄、教育背景、主要经历、兴趣爱好。每个人介绍完后，鼓励其他人提问，以更好地了解这个人；指导老师也可以提一些问题，帮助作画者更好地了解自己。

3. 经验分享

小组成员共同分享，学会倾听与分享。

第二次：

主　题：多元文化下的人际沟通、肢体语言

参加人：来华留学生，人数 20 人

时　间：90 分钟

流　程：

1. 热身活动

1.1 破冰热身：无家可归

目的：活跃气氛，体会在人际交往中的积极主动的作用，促进在团体中的进一步开放自己，并分成小组。

操作：马兰花，马兰花，风吹雨打都不怕，勤劳的人们在说话，请开几（三、四……个人随意）朵花

注意听我的指令，我要求大家结成不同人数的小组，而结成小组的同学要拉起手，不能多，也不能少，否则就不算成功。注意听：迅速结成 3 个人一个小组（迅速结成 5 个人一个小组、迅速结成 8 个人一个小组、迅速结成 10 个人一个小组）

其中没有找到家的同学要提示他积极主动，至少不放弃两边的人。

注意事项：

叙述简练，要口语化。

指令清晰，让每一个人都听到。

活动要让每一个人都参与进来、感受体验。

注意控制学生的注意力，统领全体学生。

教师：好，这十个人就是一个小组，你们围坐在一起，我们给每一个小组编一个序号（第一小组、第二小组……）刚刚大家玩得很开心。其实可能我们在校园也彼此打过照面，但就是不知道彼此的名字，正好下面的活动能让我们熟悉一下。这个活动就是“循环沟通”！

2. 主题活动

2.1 循环沟通

目的：打开话匣子，沟通联系，尽快相识。

时间：约 30 分钟

准备：椅子每人一把

操作：成员 1、2 报数分成两组，里一圈和外一圈，里圈的同学面朝外、外圈的同学面朝内，一一对应，面对面而坐。每次交流 2—3 分钟（可各自自我介绍），然后指导者叫停，里圈不动，外圈站起来向右挪一位，坐下继续与新的朋

友交流，相互自我介绍。如此循环往复，同学们一圈下来认识了不少人。这种方法有点强制谈话的意思，变化很大且快，成员常常很兴奋。就像有的同学有时一个劲地说，对方都没有时间说了，这种情况下具有自我觉察能力者就会立即自我反省，调整自我介绍的时间，让对方有机会讲。这种快速相识的练习新奇有趣。不过人数不宜太少或太多，太少不成圈，太多时间花费多，且不易记住，一圈以 10—15 人为宜。

2.2 肢体语言

目的：引导同学了解肢体语言，理解和发现不同文化背景下的肢体语言差异。

时间：约 20 分钟

准备：椅子每人一把

操作：将同学们分为 2 人一组，让他们进行 2—3 分钟的交流，交谈的内容不限。当大家停下以后，让他们彼此说一下对方有什么非语言表现，包括肢体语言或者表情，如有人老爱眨眼，有人会不时地撩一下自己的头发。接着问这些做出无意识动作的人是否注意到了这些行为。最后让大家继续讨论 2—3 分钟，但这次注意不要有任何肢体语言，看看与前次有什么不同。

3. 经验分享

小组成员共同分享，学会倾听与分析。人与人之间的沟通交流可以通过语言和非语言进行，而非语言就是肢体语言。此游戏通过肢体语言来传递信息，肢体语言有时候传递的信息会更多更精确。生活中要用一些良好的手势、表情帮助我们进行交流，因为恰到好处的肢体语言会帮助你的沟通，不恰当的肢体语言会阻碍我们的社交。

第三次：

主　题：信任与尊重

参加人：来华留学生，人数 20 人

时　间：90 分钟

流　程：

1. 热身活动

1.1 刮大风

目的：活跃气氛——躯体的放松会带来心理的放松

准备：教室有一定的空间，以备大家能不受阻碍地活动开。

操作：先要求大家站起来，围成一个大圈，看一下自己和谁站到了一起，为什么？（大家容易和自己比较熟悉的人在一起）然后让大家注意听指令，听到和自己的特征相符的一定要改变自己原来的位置，动起来找到新的位置。注意听：

大风刮呀刮，戴眼镜的动起来！

大风刮呀刮，女同学动起来！

大风刮呀刮，1.70米以上的动起来！

大风刮呀刮，来自北方的动起来！

现在再要求同学们看一下发生了怎样的变化，你两边是谁？

2. 主题活动

2.1 信任之旅

目的：通过助人与受助的体验，增加对他人的信任与接纳

时间：约60分钟

准备：指导者事先要选择好盲行路线，最好道路不是坦途，有阻碍，如上楼、下坡、拐弯，室内室外结合。每人准备蒙眼睛用的毛巾或头巾。

操作：团体成员两人一组，一位做“盲人”，一位做帮助“盲人”的人。“盲人”蒙上眼睛，原地转3圈，暂时失去方向感，然后帮助人搀扶他，沿着指导者选定的路线，带领“盲人”绕室内外活动。其间不能讲话，只能用手势、动作帮助“盲人”体验各种感觉。活动结束后两人坐下交流当“盲人”的感觉与帮助别人的感觉，并在团体内交流。然后互换角色，再来一遍，再互相交流，并在团体内交流。交流讨论集中在以下几个方面：对于“盲人”，你看不见后是什么感觉？使你想起什么？你对你的伙伴的帮助是否满意，为什么？你对自己或他人有什么新发现？对于助人者，你怎样理解你的伙伴？你是怎样想方设法帮助他的？这使你想起什么？

2.2 生命之重

目的：澄清人生观。

操作：（注意，节奏不要太快，每一个步骤都要让大家仔细地去体验自己的感受）请大家用最放松的姿势在椅子上坐好。为了让你能够非常专心，请你闭上眼睛。

好，现在请你非常认真地想一想：在你的生命中，哪些东西是最宝贵的？如果列出五样的话，它们都是什么？现在你可以睁开眼睛了，请把你刚才想到的生命中最宝贵的五样东西写在小组长发给你的N次贴上，可以把N次贴贴在你的笔记本上。

请再仔细地看看自己写出的这最宝贵的五样东西，想想它们对你来说意味着什么。

如果现在因为一些原因，你必须去掉一样，你会去掉什么？请把它划掉。

现在，你只能保留三样东西，你会保留哪三样？

接下来，你不得不再去掉一样东西，只保留两样，你将去掉哪一个？

你只剩下两样最宝贵的东西了，你的心情如何？

请你在最后这两样东西中再做一次艰难的抉择，到底哪一样对你来说最宝贵？请把它留下。

现在在你手中的，就是你认为对你来说是最宝贵的东西，想想你为什么在舍弃了其他四样东西之后，一定要把它留下？它对你来说真的那么重要吗？如果它真的是你生命中最宝贵的东西，请你想想你为此做过什么？你是怎样去珍惜它的？请大家在小组中分享自己的感受。

3. 经验分享

帮助学生认识和尊重别人的价值观，在关系中建立信任感。

第四次：

主　题：友谊与分别

参加人：来华留学生，人数 20 人

时　间：90 分钟

流　程：

1. 热身活动

1.1 大树与松鼠

目的：活跃气氛，让学生迅速熟悉起来操作：

①事先分组，3 人一组。2 人扮大树，面对对方，伸出双手搭成一个圆圈；1 人扮松鼠，并站在圆圈中间；教师或其他没成对的学生担任临时人员。

②教师喊“松鼠”时，“大树”不动，而扮演“松鼠”的人必须离开原来的“大树”，重新选择其他的“大树”；教师或临时人员就临时扮演松鼠并选择大树，当中，落单的人应表演节目。

③教师喊“大树”时，“松鼠”不动，“大树”必须离开原先的同伴与别的同伴重新组合成一对大树，并圈住“松鼠”；教师或临时人员就应临时扮演大树，落单的人应表演节目。

④教师喊“地震”时，扮演大树和松鼠的人全部打散并重新组合，“大树”可扮演“松鼠”，“松鼠”也可扮演“大树”；教师或其他没成对的人亦插入队伍当中，落单的人表演节目。

注意事项：

要让大家都参与进来，控制学生注意力，注意安全，防止碰撞受伤。

2. 主题活动

2.1 能量手

画能量手

把不同颜色的彩纸裁成16开大小，放在活动室的中央，让同学们上来选一张自己喜欢的颜色。接着在彩纸的中央让同学们把自己的右手描画下来，在每个指尖的位置画下自己的5个优点，可以用任何形式来画，形象的、抽象的、动物形式的、植物形式的，什么都可以，只要是能代表自己优点的东西都可以，但就是不可以用文字，只能用图画的方式。

出生到现在，你们取得了很多的成绩，除了自身的努力外，还有很多外界的力量也在支持着你们，帮助你们能更好地获得成功。那么可以在掌心的位置把这些帮助自己成功的力量画出来，也是用图画的方式来描述，不能使用文字。

小组成员都画好以后，要求他们将成品放在小组的中央，小组的成员都可以看到自己小组成员的作品，但只可以欣赏，不能评价。之后，在小组内部进行分享，待小组的每个同学都分享完以后，小组的同学都可以谈谈自己的感受。

充满能量和力量的右手就是我们的能量手，这幅图画要同学保存好，下午还要用。

画负性手

也是先让小组成员选一张自己喜欢的纸，在纸的中央画下自己左手的轮廓，在每个指尖的位置画下自己的缺点或劣势，在掌心的位置画下自己曾经经历的挫折，或者是自己目前遇到的还没有解决的问题和困难（用图画表示）。小组的成员都画好以后，把成品放在小组的中央，大家先观看，但是不能发表评论。等小组的成员都画好以后，在小组内部进行分享。这里需要注意，有的同学可能不想把自己的痛苦经历分享出来，团队老师可以适当地进行引导（例如，以前做的人生曲线，所有的痛苦都代表着过去，不是未来，要用乐观的态度对面对未来的生活等）。

大家分享完以后可能会有些失落，但是小组成员也会有很多不一样的感受，例如：以前以为自己很不幸，很痛苦，但是发现小组成员的经历比自己的更曲折，但现在却很积极乐观地生活，内心受到很大的触动。对于此类问题团队老师要善于发现和总结。

画未来之手

未来的生活会充满着幸福和快乐，但不免遇到挫折和忧伤。如果遇到困难请看看我们自己的能量手，我们具有那么多的优点，还有那么多支持我们的力量，我们一定可以战胜负性的事件，更好地去面对未来的生活。现在需要大家把画的两只手从图画纸上撕下来（按手的形状撕），粘贴在一张新的白纸上面，大家想怎么粘贴就怎么粘贴。粘贴好以后，还可以在白纸的空白地方任意画画，画出对未来美好的憧憬和希望。

2.2 心愿卡、训练效果问卷与小组告别仪式

目的：每个人都怀着心愿，有愿望才有目标，才有追逐的梦想，通过团队训练，我们再一次明确了我们心中的期冀。

操作：请老师明确说明心愿卡承载着研究生期间的梦想，引导学生认真填写，并告诉学生卡片将在未来某日（或毕业）开启，到时可以看看自己是否心愿成真。

3. 经验分享

做四次过程的 VCR，和大家一起回顾、分享团体的感人瞬间。

四、效果评价

通过团体成员的自我感受评价，同学之间相互点赞反馈，团体领导者后续跟踪回访了解，全面了解团体进行效果。

第六章　情绪与情感案例

积极心理学视域下运用认知行为疗法治疗过敏性考试焦虑的个案研究*

内容摘要

以积极心理学为视角结合认知行为疗法理论前提，对考试焦虑形成心理机制进行假设性分析，在认知调整基础上采用放松训练及情感组织者技术对一例考试焦虑个案进行临床诊断与干预，短期内取得显著效果。考试焦虑是学生心理问题中最常见的一种，一直被心理学家与教育工作者所广泛关注。因考试而带来的过度焦虑情绪不仅严重影响了考生正常水平的发挥，甚至还会影响个人的行为与人格。本文以认知行为疗法为理论前提，尝试对考试焦虑问题所形成的心理机制进行假设性分析，结合认知行为疗法，运用系统脱敏疗法技术，改善学生的考试焦虑。

一、案例简介

（一）一般资料

小慧（化名），独生女，大二学生。父亲为银行经理，母亲为教师，家庭较为富裕，对小慧的学习非常关注。自小慧三四岁始，由于父亲忙于工作，经常不在家，小慧大部分时间与母亲生活在一起。母亲性格内向，不善表露情感，比较严厉，与小慧沟通较少，事事都以成绩说话，所以在这种环境中成长的她

* 本文作者：毕凤玲，哈尔滨工程大学学生发展指导中心，讲师。

性格偏于内向。她朋友并不是很多，但是很愿意结交朋友，与熟悉的朋友在一起时非常开朗、善谈，在学校里也很受老师和学生的喜爱，身体没有任何问题而且健康。

（二）主诉

当事人自诉从初中某一次考试之后的发烧开始，凡是一些较重要的考试之前都会出现不适应的生理反应，例如：胃疼、感冒、发烧和腹泻等症状，影响了考试过程中的临场发挥，进而影响考试成绩。此外，小慧在一些较重大的事情即将到来之前，也会表现出不同平常的行为，如刻意地多说话，与同学一起嬉闹，但心里感到像有块大石头压着似的难受。并且据其反映，在老师提前一周告知要考试时，她心情就很沉重。在公布后，老师见到自己并叮嘱她“好好考”之类的话时，自诉虽然当时是面带微笑的，但是心里非常难过。随着考试的一天天迫近，在考前的两三天就开始出现感冒等不适应反应。一般情况下，在考试的前一天就已经不能像平常一样看书，到了第二天也就是考试当天的早上醒来就感到心发闷，不想吃东西。走在去考场的路上时心里异常紧张，手脚发凉，心跳加快。此外在考场中等待发卷是整个过程中最紧张的时刻。在考试过程中非常害怕监考老师说话或在自己身边来回地走动，如果自己在还没答完的情况下，有人开始翻卷，就会有些发慌，影响正常答题。

二、案例实践和分析

（一）评估与诊断

根据当事人的临床表现及心理测试结果，可以充分地判断小慧所面临的是典型考试焦虑现象。考试焦虑是考生中常见的一种以担心、紧张或忧虑为特点的复杂而延续的情绪状态。在考试之前，当考生意识到考试对自己具有某种潜在威胁时，就会产生焦虑的心理体验。他们怀疑自己的能力，忧虑，紧张，不安，失望，行动刻板，记忆受阻，并伴随一系列的生理变化，例如，血压升高，心率加快，面色变白，皮肤冒汗，呼吸加深加快等症状，这种心理状态持续时间过长会出现坐立不安，食欲不振，睡眠失常，影响他们身心健康。

（二）形成心理机制的诊断性假设分析

通过小慧的临床表现来看，由于早期经验的影响，其形成比较内向敏感的性格，致使对于一些刺激过分在意，进而导致焦虑等情绪产生，所以说，小慧的考试焦虑并不是偶然一次形成的，而是与平常的焦虑联系在一起，与整个人格有关。另外，正因为身边有学习好的楷模，如表哥出国、表姐在读研，所以小慧父母对小慧的期望也很高，小慧希望能取得一个好的成绩，从而更加进了小慧对于考试成绩的过分看重。长此以往，小慧形成对考试的错误认知，认为考试成绩是对自己的一个认可，同时由于情绪过于敏感而不断扩大化了的焦虑也与考试甚至是与考试有关的事物建立了条件性的反射，表现在一遇到与考试有关的情境就自发地产生消极情绪，影响正常生理机能与日常生活，形成了潜意识条件性情绪反射，出现智慧与人格上的不适应行为。不仅如此，还会形成一种期待，一到考试之前就会出现生理上的不适应。同时在其考试过程中所出现的强迫性分心现象，如“别人已经答完这一页了，而我还没有答完，我能不能完成这张卷子呀，我这次考试一定要砸了……”等想法，实质上是程序性知识在大脑中自动运行的结果，刚开始时是在意识控制之下的，但经过长时间反复巩固，形成潜意识状态下的自动运行，既表现在一到具体的刺激情境中就会自动地、不经思考地运行消极的程序性知识，产生消极的行为反应，又伴随着消极的自我认知评价情绪，更加抑制潜能的开发，导致低效学习行为的产生，更加确定原有的消极认识，并形成一种观念，以此类推进入到“蝴蝶效应”中，形成恶性循环。

（三）咨询目标制定

具体目标即针对小慧所出现的各种行为指标进行干预，例如，在考试之前所出现的各种生理与生理不适，考试过程中所出现的害怕声音、强迫性分心等，最终达到消除对考试的过敏性情绪反应，形成积极行为甚至达到潜能开发的效果。

（四）临床干预

1. 临床症状的因素分析

小慧因为小的时候就形成了较内向的性格，一直以来不愿与人沟通，同时又希望在父母心中保持好孩子形象，所以做事比较认真、负责，这样就容易形成过于敏感的情绪，具体表现在做事时比别人更容易焦虑。又因为家庭因素的影响，在父母对考试成绩尤为在乎的情况下，来访者更易产生对考试的不正确认知，从而产生对于考试的过度焦虑的情绪反应。而一个人的情绪状态势必会影响到他的生理状况，所以在一个高焦虑的状态下，会出现机体免疫能力下降，从而导致一些生理上的不适应表现，如感冒、肠胃疾病等。在考试中遇到一些意外事情时，例如，老师在身边走动、听到别人翻卷的声音等也会出现心慌、答题受影响等反应，通过分析小慧以上的各种表现，可以诊断其不仅存在有考前情绪焦虑，还存在有应试期间的过敏性考试焦虑现象。

2. 对抗各导致状态因素的技术及其原理

要解决考试焦虑问题，也就是要消除潜意识条件性情绪反射，同时改善较高的情绪敏感问题。通过行为主义的放松训练、系统脱敏和情感先行组织者策略相结合的方法，对来访者进行临床心理训练，并在放松过程中采用后暗示技术，以消除过高的敏感情绪，最终突破成长上限，完善人格。

（五）咨询方案的制定

首先，与当事人共同探讨考试焦虑的成因，并对认知行为疗法以及错误的考试焦虑信念加以纠正。其次，在得到当事人认同的前提下，与小慧建立咨询关系。并初步确定双方所应承担的责任与义务，如每周需要进行放松训练，在干预基本结束后，小慧须将放松训练坚持下去，直到考试焦虑现象完全消失；配合咨询师完成其所留下的家庭作业，如每天进行适当的体育锻炼等。

1. 咨询过程

小慧第一次来访，咨询师根据其所提供的信息对小慧所面临的问题进行了初步的诊断与认知调整。

在了解小慧的家庭背景后，又更加详细地和她一起探讨易产生焦虑情绪的与考试有关的情境，其中包括考试前的过敏场景，还包括考试过程中潜意识状态下自动运行的对潜能开发起到阻碍作用的错误程序性知识。此外，在这次咨询中还进行了第一次的临床训练，在放松训练过程中加入了情感先行组织者策略和系统脱敏技术，消除了其对两个场景的过度焦虑反应。其具体操作过程如下：

咨询师在临床上所采用的是渐进式放松训练，在较深度放松的情况下，首先让来访者想象是来到了一处非常美丽的自然景色中（不同景色由来访者自己选择）。欣赏美丽的景色，主要是进一步加深来访者轻松、宁静的感觉，加进情绪的放松程度。站在美丽景色里回忆以前每次考试成绩很好时的情景：无论大考还是小考成绩都很高的时候，同学们用羡慕的眼光看着自己，老师用既欣赏又赞同的眼神表示鼓励，父母也感到非常的欣慰，这时想象自己充满成就感和成功的喜悦，对自己更加具有信心……此时想象回到了校园中（为了使新的条件反射建立得更加牢固，对于所描述的情境一定要形象生动），指导其仔细地想象一下在自己的班级里，坐在自己的座位上时周围的情境与声音，想象得越具体越好。此时，老师在教室里宣布还有几天就要考试了。

接下来采用系统脱敏的技术，问来访者此时是否有不舒适的感觉？针对这一场景，咨询师用了三次场景的脱敏完全地消除了其过敏的情绪。在接下来的场景想象中，仍然采用情感组织者策略，让来访者站在海边想象着自己的成功经验，给出积极的后暗示，“得到老师的赞赏、同学的崇拜、敬仰，父母的认同，现在对自己充满了信心，已经成为自己理想中的人物，能够应付各种困难与挑战，消除了对考试的畏惧感觉……”此时回到教室里，想象有同学在一起议论这次考试的情境，问来访者这时还会不会有不舒服的感觉？针对这一场景，也用了三次的场景进行脱敏，成功消除过敏情绪。对于其应试期间所产生的强迫性分心等不适应行为，主要从认知调整以及在放松过程中的正确程序性知识的输入进行临床保健。在第一天临床训练之后，一谈到考试就很紧张的小慧当场表示对刚刚面对想象的与考试有关的场景已经不恐惧了。在第二次临床训练之前小慧反映说昨天放松之后学习效率很高。在第四次放松训练前，小慧告诉咨询师她在英语的考试中成绩很好，感觉自己又好像回到了原来的正常水平，而且这次只有在考试时有一点紧张，“以前还没等考试呢，早就不行了。”自己表示很满意。

小慧反映最近情况较为稳定，对于所进行的其他考试也没有太大的情绪反应，以前经常出现的生理不适在这段时间也没有出现。

2. 咨询过程中的截取对话

以下为在咨询诊断过程中的对话。（C 为当事人，T 为咨询师）

T：在考试之前有什么与平时不一样的经历或感受吗？

C：一般在比较重要的考试前两三天就开始得病，要么肚子疼，要么就是感冒或是胃疼。考完试后也就自然而然地好了。

T：考试前的睡眠与食欲怎么样？

C：如果是重要考试的话，考试前一天的晚上会很长时间才能睡着，心里特别紧张。有的时候吃饭也不知道什么味道。

T：在考试过程中呢？

C：走在考场的路上是最紧张的时候，心都要跳出来的感觉。手脚都在冒冷汗。考试的过程中特别害怕监考老师说话或是在自己的身边走动。如果在考试过程中遇到自己不会的题就更糟糕了，会严重影响接下来的答题；还有在答题过程中，一听到别人翻卷子纸的声音或是笔在纸上写字的声音，就会着急，怕自己答不完，影响正常发挥。

T：在考试前和考试的过程中，生理与心理上都出现了过度紧张的现象，从而影响了考试的结果，是吗？

C：是的，一到重大的考试，结果总是没有平时好。我也不知道什么原因，可能就是因为害怕考试吧！

T：那我们现在试着把引起你对考试产生恐惧或焦虑情绪的场景一一找出来，并按严重程度来进行排序好吗？例如，最让你感觉紧张的场景我们放在第一位，然后让你感觉恐惧程度最轻的场景，我们放到最后一位，再把其余的场景逐一填进去，好吗？

C：好的。最让我紧张的场景就是马上要发考卷的时候；最不紧张的应该是离考试还有快半个月或一个星期，老师宣布考试日期的时候，那时候只是有点紧张，但不太严重。

T：很好，那我们再继续把所有让你对考试感到害怕的场景找出来。然后逐一排序……

三、案例思考与工作建议

在小慧期末结束后联系她，得知其在期末考试的这几天状态一直很好，并没有出现感冒等生理上的不适，而且在考试过程中心态调整得也很好，就是以前特别担心的监考老师来回走动的问题，在真的出现时也没有引起其强烈的反应，仍然能够像想象中的那样以平静的心情答题。整个考试的过程进行得很顺利。

目前，国内外关于考试焦虑的研究多为考试焦虑状况及形成原因的报告，而较少对内在心理机制进行系统而深入的分析；在研究方法上多采用问卷调查而少个案研究；临床干预中多采用渐进性放松及系统脱敏疗法，所需训练次数过多难以让人满意。在运用认知行为疗法的基础上，以认知行为疗法为理论前提，配合系统脱敏疗法的治疗技术，尝试对考试焦虑问题所形成的心理机制进行假设性分析，通过临床实践证实其有效性。

以生涯教练方式激发学生自主成长动力的个体咨询案例*

内容摘要

生涯个体咨询面对的来访者是追求更好人生品质的心理健康的群体。因此生涯个体咨询的特色是面向未来的积极引导，积极心理学在这里需要得到充分的运用。本文所采用的生涯教练方式的个体咨询就是帮助来访者不断循环澄清个人的问题焦点，在找到解决问题的本质之后，对来访者赋予最大的信任和鼓励，陪伴他们积极行动，找到解决问题的钥匙。

一、案例简介

嘉熙（化名），女，21 岁，工科专业，大四年级本科生。在别人的眼中，嘉熙是一个乖巧、刻苦、努力的学生。她以优异的高考成绩进入大学的优势专业。嘉熙家庭幸福、稳定，父母是普通的企业职工，对她的学习成绩、人际交往等能力非常认可，平常并没有过多的干涉。

进入大学专业学习之后，嘉熙依旧保持着中学时期的刻苦和努力，但逐渐她发现所学专业并不是自己喜欢的领域，工科深奥的专业原理也不是通过努力就能够攻克的。当前即将进入大四年级，嘉熙身边的同学都开始着手研究生考试的复习，而且她的男朋友已经考取同城市另一所高校的研究生，因此，嘉熙对考研还是就业这个成长选择产生了困惑。

嘉熙的问题是一个生涯发展困惑的问题，她性格活泼外向，又愿意积极思考个人发展问题，并且她对自己的特质、资源有一定的认知，能够认真完成自己的各项计划，因此我认为她的问题能够通过教练技术得到解决。

二、案例实践和分析

（一）确定目标

嘉熙是一个外向、擅于表达的学生，因此从我们第一次教练开始，她就向我述说了产生困扰的原因。

嘉熙："我当时高考成绩很高分，想着不能浪费分数，所以报考了学校里最

* 本文作者：陈燃，哈尔滨工程大学学生工作处，讲师。

好的专业。但其实我不喜欢物理，高中时是靠刷题才取得好成绩的。进入大学之后，我发现别人上课一听就能理解，我课后付出好多努力，却还是达不到他们的水平。现在我身边的同学都在准备考研，老师也说，我们专业想要有长远的发展，的确需要更加深入的学习，况且我男朋友已经在读研了，我们这几年还是希望在一起，所以我觉得自己也需要准备考研。但我实在不喜欢这个专业，觉得学习专业知识对我而言难度很大。可是若找工作，以本科生的学历难以进入高端的研究所或企业，我担心工作几年后又会后悔，回过头还得重新考研，我现在不知道该考研还是就业……”

嘉熙叙述了很多她的困惑，为了一开始能够充分了解她的情况，并且让她自己也整理一下思路，我并没有打断她的叙述，而是通过倾听和提问“还有吗?”引导她将相关情况描述完整。

在嘉熙认为将所有问题都描述清楚之后，我问她：“我感受到你关于选择考研还是就业的困惑，那么对于这个问题，你最终想要的结果究竟是什么呢?”

嘉熙听到这个问题停下来思考了一会，然后不太确定地说：“应该是一个选择吧，我想知道，我究竟应该选择哪项，然后才知道自己下一步该做什么准备。”

我问她：“看来这个目标对你而言很重要，它对你而言的重要意义在哪里呢?”

嘉熙：“知道目标我才能不浪费我的精力和时间，选择对我而言最重要的事情，让我未来的生活能更好，也不会有遗憾和后悔。”

我：“你认为做事情要不浪费精力和时间，对你而言最重要的事情是什么呢?”

嘉熙听了这句话，立刻充满神采，脸上带着微笑，她说：“我觉得最重要的事情有两个，一个是和我的男朋友在一起，我们认识已经很久了，我希望在毕业之后，还能够和他在一个城市。另一个对我而言重要的事情是做我比较擅长和喜欢的工作……”

听了嘉熙的话，我按照她的描述进行了总结：“听你的描述，我感觉到你提起这两个话题非常的幸福和兴奋，我可以理解为爱情和未来的工作内容对你而言很重要对吗?”

嘉熙：“是的。”

我：“那么这个重要的事情和我们今天讨论的问题有什么样的联系呢?”

嘉熙简单思考了一下，说：“问题就是我想要的这两个产生了矛盾。”

我：“产生了矛盾?”

嘉熙："对，我想要这几年和男朋友在一起，就必须考研，继续在学校读书；而我又不适合所学专业，想到要继续学那些专业知识就很痛苦。"

我："你认为什么样子是满足、愉悦的呢？"

嘉熙："不再接触我的专业吧，我刚开始学习专业知识的时候还会努力想要搞懂，考更高的分数，但现在我学习的目标就是及格，能够顺利毕业就可以了。如果读研未来几年我天天都那样生活简直太折磨了。"

我："我听到你对专业学习感到很强的排斥。"

嘉熙："对，我真的不想再学习专业了，这样说来，我忽然感觉我对放弃考研的想法更加坚定了。我最开始，内心也是不太愿意考研的，但是又不知道怎么协调和男朋友在一起的办法。"

我："那么我们要讨论的话题更应该聚焦在哪里呢？"

嘉熙："是我不考研究生，怎样协调和男朋友相处，并且能够对未来职业做准备的方法上面吧。"

我："这个问题对你而言的重要意义在哪里呢？"

嘉熙："第一，我可以将精力都投入到重要的人身上；第二，我想为自己规划一个更适合的工作；第三，让我觉得有成就感，每天的生活都充实、快乐、有意义。"

我："对于这个问题，你和你的男朋友以及家人讨论过吗？"

嘉熙："讨论过，我的男朋友知道我对专业的态度，不会勉强我。我和父母也聊过，他们更尊重我的选择。"

我："这样看来，对你而言重要的他人都尊重支持你的选择，并且在这个问题上，你有绝对的自主选择权，是这样吗？"

嘉熙："是的，老师。"

我："简单回顾一下我们之前讨论的内容，你希望解决的具体问题是，放弃考研之后，你应该怎么样应对你和男朋友相处的问题，同时要顾及你未来的职业选择，是这样吗？"

嘉熙听了我的总结，很确定地点头，告诉我，是的，这是她想要解决的问题。

接着我又问她："那么你通过什么来衡量，你对问题找到了解决的方案了吗？"

嘉熙说："现在是假期，我能够根据下一步的目标制定具体的行动方案，在下学期开学我应该会准备就业，我能够明确自己的就业方向，这样我觉得就可以解决当前的困惑了。"

（二）寻找资源

在我们确定了具体的教练目标之后，开始寻找行动的资源。我问嘉熙，她能够通过哪些渠道探索适合自己的职业类型、了解有意向的职业岗位。嘉熙说，她认识的一些学长和学姐已经工作，可以通过他们对一些职业岗位进行了解，也能请他们帮忙介绍工作经验丰富的人，更全面地了解她感兴趣的几个岗位信息。

看到嘉熙能够越来越自信地自己找到解决问题的资源，我特别高兴，也把自己的这个感受反馈给她，并鼓励她克服困难，多向他人了解职业信息。最后嘉熙联系访谈了4位学长，并且通过学长对5位其他职业人士进行了电话或微信的访谈。

（三）达成行动

通过两次的教练，每个阶段的后期嘉熙都能够对接下来的行动制订一些计划，并且每次她都能够保质保量地完成，这为我们后续的教练工作带来很大的促进。在第三次教练中，嘉熙对她接下来的就业目标已经非常明确了，她打算跨专业应聘人力资源方面的工作。我们一起梳理了成功应聘需要具备的能力素质，并区分哪些是她已经具备的能力，哪些是她需要提高或是寻找证据证明的能力。嘉熙根据这些能力制订了行动计划，决定利用假期寻找一份与意向岗位相关的实习工作，通过实习证明自己的工作能力，也学习、提升其他专业技能。

最后，我们的谈话在嘉熙自信而又坚定的状态中结束，嘉熙认为通过三次教练，她解决了自己的问题。

三、案例思考与工作建议

（一）案例思考

在嘉熙先提出希望解决的问题时，她表示希望确定选择考研还是就业，我认为她的问题是一个选择性问题，她对自己的教练目标比较清晰。但因为牢记教练初期一定要多次、反复地与学生沟通，发掘他们真正需要解决的目标，所以我还是让自己再耐心地多了解一些嘉熙的观点，经过多次沟通之后，我很庆幸按照教练规则的建议和嘉熙进行了循环确认，最后我和嘉熙都发现，其实她内心对放弃考研这个选项是有倾向的，她更多的是想要知道确定这个选项之后可以采取的行动方法。因此在澄清这个目标之后，我们后续的交流过程都比较顺畅，收获也比较多。

（二）工作建议

信任。信任就是要接纳、尊重我们的学生，从学生的角度和情感去看待问题，思考问题，只有我们接纳学生，尊重他们的观点、看法和情感，才能抛掉自己在不了解全面信息时产生的那些自以为是的结论和想法。

聚焦。只有聚焦之后，我们才能深入地和学生展开探讨，而不是泛泛而谈，也只有这时我们才能发现分析问题的切入点，也才能够帮助学生把问题具体化、清晰化，也许随着问题的聚焦，学生自己就可以找到答案。

好奇。通过教练中的好奇，我们才能够看到学生内心的真正需要和价值所在，也才能够让自己始终跟随学生的思想而前进，帮助他们找到那些他们自己也忽略的地方。

正向。就是在整个教练过程中让学生保持积极、向上的情绪体验，尤其是当他们表述负面情绪时，也应该将负面情绪转化为正向的动力，我们要注意控制自己，不被学生的负向情绪影响，从负向的角度思考问题。

零建议。就是相信学生自己可以找到资源、解决问题，尊重学生自己的观点，不要试图用个人的认知和经验影响学生。教师在教练过程中，要有意识地控制自己，不擅自给学生建议，而是通过发掘学生自身的能力，找到解决问题的途径。

积极心理学视角下寝室矛盾处理案例*

内容摘要

本文首先阐述了一个发生于某高校女生寝室间，由学生不良情绪及生活习惯引发寝室矛盾问题的案例。其次，介绍了辅导员教师如何从积极心理的视角出发对该问题进行分析，将理论应用于学生问题解决的实践中。最后，对案例进行了思考与总结，并提出相应的工作建议。

一、案例简介

近几年来，由学生心理问题引发的人际关系紧张案例逐年增多。在下述一起案例中涉及的是，负面情绪引起学生心理问题发生，导致其寝室室友间人际关系紧张，最后造成寝室关系破裂。

某高校的某女生寝室中共同居住 3 人，大一及大二学年时寝室人际关系都比较融洽。大三上学期开始，A 同学与一高年级男同学交往密切，并确定恋爱关系。随后，由于感情交往中产生的诸多负面情绪，A 同学与室友们的关系渐渐疏远。其深夜与男友或家人电话交谈，影响室友们的正常休息。同时，A 同学生活习惯不佳，忽略了对寝室公共环境卫生的维护，导致 B、C 两位同学对其的意见逐渐加深。大三上学期的期末，B、C 两位同学认为实在无法忍受，来到学院辅导员办公室提出更换寝室的诉求。

二、案例实践与分析

（一）案例实践

得知以上情况后，辅导员在第一时间对事件进行了干预。首先，逐一单独地与上述三位同学进行谈话，以了解相关情况。通过沟通了解到，B 与 C 对 A 的意见基本一致，对 A 在日常生活中的种种行为表示无法理解、不能忍受，两位同学进而同时提出更换寝室的诉求。得知上述情况后，辅导员首先与 A 同学家长进行沟通，以判断是否因家中经济条件存在困难，影响其日常生活从而产生负面情绪；是否近期与家人发生矛盾，导致负面情绪日益积累。其次，与其

* 本文作者：刘峰，哈尔滨工程大学信息与通信工程学院，讲师。

男友积极沟通，侧面了解学生的日常状态，了解其是否由于学业压力过重精神压力较大。最后，辅导员邀请A、B、C同学共同来到学院辅导员办公室，对寝室矛盾进行调节。

积极心理学主张挖掘人性中的真、善、美等优秀美德，以促进个人及社会的良好、和谐发展。在本案例中，三位学生的辅导员将积极心理学的理论践行于实际工作中，分别对A、B、C同学进行了沟通及心理疏导。此后，A同学意识到自己过去一些行为的问题所在，例如：将情感问题引致的负面情绪带回寝室、懒散的生活习惯不利于寝室卫生环境的维护，也意识到了这些问题的确给室友们增添了麻烦。B与C同学在日常的交流沟通中，放大了彼此对A的不满情绪，对激化寝室矛盾也有一定的责任。通过辅导员积极的沟通与调解，B与C两位同学达成一致意见——愿意给A同学改正的机会。该寝室矛盾问题在辅导员积极的干预下得到了解决。

（二）案例分析

及时解决学生在学业与日常生活中遇到的各种问题，是思想政治辅导员教师的一项重要工作职责。找出问题原因并以较适宜的方法对症下药，以免对当事人及其室友造成其他不良影响。尤其对于大三在读学生而言，他们面临着毕业、就业、升学、职业生涯规划迷茫等多重压力，不良的人际关系易使学生产生诸多负面情绪。寝室关系作为大学生人际关系中极其重要的一个方面，室友间的矛盾更容易导致学生情绪恶化，进而导致非常严重的学生心理及行为问题发生。

辅导员教师可以通过积极心理学的视角，结合自身工作的特殊性质，将该理论应用于解决学生问题的实践中。引导学生践行积极心理学中阐释的优秀美德，教导学生应与家人、同学、朋友等彼此之间支持、理解与宽容，设身处地地为他人着想。对学生的负面情绪进行积极的干预，帮助学生缓解不良情绪。

三、案例思考与工作建议

针对以上案例中出现的情况，通过积极心理学的视角，辅导员的工作应主要从以下几个层面开展：

（一）创建和谐的寝室环境

在大学校园中，学生生活于多人寝室，学习于百人课堂。作为集体生活中的一分子，同学之间应相互理解、帮助、支持，以共同营造和谐的寝室与学习氛围。寝室环境的特点是总体空间较小、人均面积小、居住人员较多且固定等，上述特点给寝室内部人际关系紧张等问题频发埋下了隐患。当室友彼此之间产生意见分歧等矛盾摩擦时，其应选取一个适当的情境将自己的诉求和意见较委婉地阐述表达给同寝室的伙伴，这样就可以及时避免矛盾与误解的加剧。女同学在拥有情感伴侣后，其生活重心会或多或少地倾斜于情感伴侣，对室友的关心程度可能小于以往，有时在不经意间会忽略室友的感受，由此导致寝室内部矛盾问题的产生或者加剧。特别地，当女同学与自己的情感伴侣间产生情感问题时，更容易将自己的负面情绪带回寝室，与室友间产生人际关系矛盾问题的可能性也因此上升。

积极心理学认为，合作、沟通、互动有助于在集体中营造和谐、积极的人际关系。基于此，学校、学院、辅导员、任课教师应定期组织学生活动，促进学生之间的良好沟通、积极竞争、合作互助，使其在学习与娱乐中增进对室友、同学的认同、理解与关怀。

（二）改变人际交往过程中的不良定位和自我认知

人生在世，挫折与不良情绪等问题的出现在所难免。学校与教师在教会学生知识的同时，亦应帮助其树立乐观积极的心态与人格，教会其遇事冷静，换位思考，推己及人，宽容他人，爱惜自身，使学生了解到，在困难与问题面前一味地谴责自己，恶化情绪只会伤人伤己，应与家人、老师、同学及时沟通，客观冷静地分析并解决问题。

依据积极心理学理论，自我肯定与积极的暗示有助于人们消除不良情绪，保持良好心理状态。心理辅导教师、思想政治辅导教师及任课教师应适时引导学生，消除消极的、负面的、不良的自我认知，以自我肯定、自我鼓励取而代之。让学生了解到，努力进取的同时，更要爱惜自己，发现自己在学业、能力等方面的进步之处，不给自己过多的压力，用积极的心理暗示帮助自己树立信心。

（三）利用积极情绪进行心理引导

积极心理学理论支持者认为，正面的、向上的情绪有助于人们缓解心理压力，排除心理问题。负面、消极的情绪加剧了大学生人际关系紧张问题，时刻观察学生情绪状态，及时对其进行积极情绪引导，帮助其走出负面情绪，有助于降低大学生心理问题发生的可能性。学校与学院建立的心理咨询工作室应设置情绪调节咨询服务，聘请专业的教师线上及线下与存在情绪问题的学生保持良好沟通，对其进行正确引导，帮助其消除负面情绪。心理咨询工作室应定期开展情绪调节相关课程，辅导员教师负责组织学生参加。学院与学校亦可组织读书会、朋辈交流会等活动，为学生推荐情绪管理、如何保持良好心理状态等方面的书籍，利用朋辈沟通、交流为学生诉说迷惘困惑、释放心理压力提供平台。

（四）建立较完备的支持系统

1. 家庭方面的支持

当代大学生在就业、升学等方面都面临着前所未有的巨大社会压力。学校能为学生提供的帮助非常有限，且大多集中于学业方面，为其拥有良好的学习资源提供了保障，但在情绪、心理、情感等个人问题解决方面能力较为有限。依据积极心理学理论，上述学生个人问题的解决主要依靠其家人的积极沟通、关心与心理疏导。家长们作为当代快节奏社会引发的巨大压力背负者之一，也同样需要每天处理大量的工作与家庭方面的诸多问题。忙碌的工作与生活使其给予孩子的关注较少，对求学于大学校园的孩子的关心大多停留于物质方面，忽略了孩子在精神及心理方面的诉求与遇到的问题。作为学生的“心灵港湾”与寄托，家长应以平和的心态与孩子勤沟通，倾听孩子诉说在校园里遇到的困难，与孩子共同分享喜悦与悲伤，用鼓励、安慰、欣赏、劝说替代贬低、指责、忽视，帮助其树立信心，塑造宽容、包容、积极健康的良好性格与品德，使孩子能包容其他同学的不足，更好地习惯并融入集体生活。

2. 学校与社会方面的支持

大学校园是一个多元化的平台，学生们来自全国各地，在性格和习惯等方面也有着很多的不同之处。特别是对于外省学生而言，远离家乡、亲朋与父母，他们更需要学校、教师及身边同学们的照顾与关怀。许多重大学生问题的发生与学校教师发现较晚、处理不及时、处理不当，室友与同学的排斥、冷漠、不理解不无联系。

基于积极心理学理论，健康、良好的人际关系源于人与人之间的互相帮助、认同与关爱。学校应建立心理咨询工作室，聘请经验丰富的专业心理咨询教师，通过线上及线下等多个平台积极为学生提供心理疏导服务，帮助其解决问题、缓解负面情绪。辅导员应在班委成员中设置心理联络员一职，联络员与班级同学勤沟通，关注其心理及情绪状态，将心理状态不佳学生名单及时上报辅导员教师。辅导员教师要以同理心、关爱之心倾听学生遇到的各种问题，并积极帮助其排除困难。

当代优秀大学生不仅要具备丰富的知识，亦应拥有良好的性格与品德。在新生教育方面，学校与教师应加大对寝室关系与同学间人际关系的宣传与教育力度。教会学生爱人爱己，关心、理解、包容自己的室友、同学，在积极良好的寝室氛围中更好地摄取知识。

一例网络依赖学生学风建设的思考*

内容摘要

进入21世纪以来，互联网已成为现代人工作、学习与生活不可或缺的重要工具。但是过度的使用和依赖又使人类面临着一个新的问题，即网络成瘾。本案例通过对一例网络依赖学生的干预，进一步提出在积极心理学理念下，加强大学生学风建设途径和必要性。

一、案例简介

Z同学是哈尔滨工程大学某学院大四学生，男性，留级2年，西北某省农村学生，父母务农，独生子女。主动联系学校心理咨询中心求助解决长时间上网问题。该生在交流中，情绪激动，不断搓手，担心还有3个月时间面临毕业设计不能如期毕业。自述最初上网是2016年暑假到大学同学家玩，一起玩网络游戏开始的。2016年年底至2018年4月中旬，在网吧里度过了400多个通宵。典型的一天就是，上午在寝室睡觉，下午休息，傍晚开始到网吧玩竞技类游戏，如“吃鸡”类游戏（他在谈游戏体验时俨然是个专家，滔滔不绝，情绪兴奋）。说玩竞技类游戏最好从15岁开始，自己目前的年龄偏大，反应不是很好，但从玩家等级看，自己感觉在学校中应该是万里挑一等级。自己能认识到长时间上网的坏处，但是无法控制，每天上网12小时以上，每次上网结束后都下决心不再上网，在内心无数次骂过自己，也多次注销过网游账号，但是没有效果，无法控制自己，说上网给自己带来的快感比友谊、谈恋爱的感觉还好。由于自己长时间上网，把生活费和学费都用在交网费上了，目前还欠学校财务学费；自己穿的衣服和鞋子也是几年前买的。已经有两年没回家过年了，生活中的朋友很少，也不上实验室。最近东北五校招聘，自己投了8个简历，但是只有1个单位给了他回复，用人单位问了学科几个专业名词，没能答出来，最大的愿望是能完成毕业设计，顺利毕业。

---

* 本文作者：夏宝慧，哈尔滨工程大学马克思主义学院，副教授。

二、案例分析与处理

“网络成瘾”概念最早由 I. Goldberg 于 1990 年提出，随着临床案例的不断增加，研究者的关注也越来越大，美国心理学会（American Psychological Association，缩写为 APA）于 1997 年正式承认“网络成瘾”研究的学术价值。网络成瘾又称“网络成瘾综合征”（Internet Addiction Disorder，IAD），根据临床表现网络成瘾可以定义为病理性网络使用（Pathological Internet Use，PIU）和网络行为依赖（Internet Behavior Dependence，IBD），病理性网络使用会引发一系列的症状，主要包括心境改变，体验到内疚和强烈的上网欲望，网络行为依赖带来的并发症主要包括意志消沉、较低的自尊。

（一）网络成瘾者的心理画像

智能手机普及和互联网的发展为生活带来便捷的同时，在大学校园里也“生产”了网络成瘾学生。在同样的生活圈，面临同样的各类信息刺激，为什么有的学生没有成瘾？笔者总结有以下几方面原因。

1. 自我控制力薄弱，情绪易于冲动

在使用功能性磁共振技术对网络游戏成瘾者进行脑部扫描时发现，网络游戏成瘾者和非网络成瘾者在观看网络游戏录像时平均脑激活图发现的反应是不同的。因此，笔者认为网络成瘾是一种行为冲动障碍，或者至少与冲动控制障碍相关。

2. 内心孤独，低自尊

网络成瘾者，生活中朋友较少，个性内向，独来独往，很难融入集体生活。以自体心理学视角看，网络游戏为网络成瘾者提供了一个很好的自体客体，自体客体在游戏中滋养了生活中虚弱的自体，提升了网络成瘾者的自尊。网络成瘾者只有在游戏中才能体会到自己的强大和力量，体会到自我实现的欣快感。但问题在于游戏中的自体客体在现实生活中找不到。

3. 游戏中情绪和情感的宣泄

对于原生家庭或学习生活中长期累积的精神压力，成瘾者由于个性方面原因，在现实生活中找不到情绪发泄的途径或突破口，而网络虚拟环境为他们提供了很好的实现途径，从这个角度讲，有积极的意义。但问题在于网络成瘾者缺乏自我控制能力，不能建立高级成熟的心理防御模式，长期使用这一模式解决内心压力，以至于不能自拔。

4. 原生家庭带来问题的延续

北京大学徐凯文曾经提出在大学生中存在一类患有“空心”病的学生群体，

在互联网中引起广泛的讨论。这类学生一般学习较好成绩较好，但是找不到生活的意义，找不到自我的价值感，不知为什么而学习，甚至质疑自己存在的价值。以自体心理学视角看，这类学生在成长过程中受到原生家庭的影响较大。很多留守儿童、单亲家庭、父母关系不良的孩子在成长过程中，自体的发展是有缺陷的，他们的攻击性较强，原因在于没有发展出自我的价值感、掌控感。亲子之间缺少共情，他们的努力与成绩没有得到自体客体的积极回应，无法将自体客体与自体很好融合导致低自尊。

（二）网络成瘾干预模式

网络成瘾者干预目前主要是在医学、心理、社会整合模式视角下进行干预的。

在高校心理健康教育工作者视角下，笔者认为主要有以下几种模式。

一是传统医学矫正模式。长期沉迷网络的成瘾者，在某种程度上存在着冲动控制障碍，这一点已经得到了循证医学的证实。单独依靠心理辅导和思想教育很难发挥作用，笔者建议需要借助药物治疗辅助心理辅导。在实际操作过程中，可能会存在一定难度，网络成瘾者会对药物治疗产生阻抗，内心的隐喻是吃了药就可能是精神疾病。因此，辅导员和学校专职心理教师在转介过程中存在一定程度的阻力。同时，学生家长对孩子问题认识不足，转介专科医院和服药治疗也存在沟通上的问题。

二是精准个体心理帮扶。网络成瘾者大多存在人格发展的问题，低自尊，控制力薄弱。网络成瘾已经不是心理问题范畴，而是人格完善层面的问题。因此，需要长程心理咨询，方能见到改善。目前校内网络成瘾者大致可以分为两类，一类是能主动寻求咨询帮助，一类是还没有咨询动机的学生。对于主动寻求帮助的学生，有改变的可能。但是网络成瘾需要长程心理辅导，这需要学生有一定的自我控制能力，需要能定期主动咨询，但这一点已经成为他们改变的一个不小的障碍。而在辅导员被动要求下，前来咨询的学生，很难坚持长程咨询。

三是积极开展团体心理辅导。目前学术界对于网络成瘾以个体咨询较多，团体心理辅导较少。在咨询方法上多以行为主义、认知主义为主，少有游戏疗法、艺术疗法等让网络成瘾患者身心愉悦的治疗方法。多用团体心理辅导、素质拓展训练等让患者积极投入的治疗方法是否效果会更好？清华大学樊富珉等（2005）采用团体心理学理论对于大学生网络成瘾的特点和成因进行分析后，提出了一系列干预网络成瘾大学生的方法。笔者认为，团体辅导方式对于干预网络成瘾是可供选择的良好途径。这一工作需要在学工处层面统一部署，在院系辅导员的积极配合下开展，定期开展，在方案设计上贯穿学期始终，对成瘾学生进行考勤，具有强制化色彩。

三、案例思考和工作建议

（一）生活上加强对成瘾学生的监督管理

案例中的Z同学跟笔者说，他们宿舍成员都是一个院系的降级学生，和他有着一样的情形，沉迷网络。其中一个学生已经找好工作了，其余两个人连招聘会都没有参加。Z说，有个学生比上网还要更规律，上午睡觉，下午玩手游，晚上到网吧玩固定的网络游戏。我们生活在一个嵌套式的多系统环境中，按照生态学和栖息地理论，可以分为微观系统、中观系统和宏观系统。其中，微观系统和中观系统对人的行为影响非常大，比如，寝室和班级的环境。如果学生不能很好地融入寝室和班集体，那么他（她）将会变得没有归属感，环境对其影响将变小。如果环境不友好或者环境不利于学生发展，必然会影响自控能力差的学生。因此，加强寝风和班风建设，加强学风建设非常重要。

（二）充分发挥学生组织的自我教育、自我管理作用

对于作为学校专业心理人员的有益补充，具有一定咨询技能的大学生朋辈心理咨询对促进大学生间形成助人自助的良好氛围具有重要意义。有调查表明，心理危机发生时，向同学朋友求助占经历心理危机人群的39.9%，向教师求助的占4.9%，向学校心理咨询中心求助的占7.3%。朋辈咨询过程中，相互间在年龄、生活背景、学习内容等方面具有相近性，对相关问题易于感同身受，能快速建立关系，因此，搭建朋辈心理咨询平台，发挥学生自助，互助的力量对学生渡过心理危机具有重要意义。

积极心理学视角下学业帮扶案例*

内容摘要

针对高校大学生普遍出现的学习懈怠情况，通过问卷调查总结他们遇到的问题，在积极心理学的视角下进行班级学业帮扶，充分调动学生的积极心理和积极行为，引导学生建立学习的积极情绪体验、发掘潜在的积极心理品质，实现对班级整体和学困生的学业帮扶。

一、案例简介

大一第一学期，某班期末考试挂科 13 人次，年级最多，部分同学挂科课程多于 1 门。该班 Y 同学，军训期间表现优秀，积极完成教官和指导员布置的各项任务，有很好的组织能力，被选为班长。开学不久，逐渐放松对自己的要求，上课、自习时经常早退、走神，期末考试两门数学必修课挂科。假期无法做到有效地自我学习，后期看书发现已经跟不上学习进度，产生很大的学业压力。

根据该班级的情况，要运用积极心理学方法引导学生塑造积极的心理特质，增强他们的积极体验，利用线上线下多种方式营造积极环境，提升班级整体的学习氛围。同时加强家校沟通，形成教育合力。针对学业困难学生，要建立学业档案，通过定期的信息反馈，适时调整帮扶策略，有效开展 1 对 1 学业帮扶。

二、案例实践与分析

（一）案例实践

在了解班级学习情况后，首先跟班长、寝室长等学生干部谈话，发现班级整体的学习氛围很差，有些同学由于不能很好地自我管理，存在长时间玩游戏而不学习的情况。同学之间交流很少，班级没有凝聚力。

跟 Y 同学单独谈话了解情况。Y 同学性格外向，高中成绩不错，上大学一开始没有像高中那么认真学习，排斥那种固定在书桌前的生活，后来发现自己落后得太多，尤其是高数课学习压力很大，逐渐对数学产生了排斥心理，等到要追赶的时候，已经没有方向和目标，进入不了学习状态。我分析主要有以下两个问题：

---

* 本文作者：张晨琦，哈尔滨工程大学信息与通信工程学院，讲师。

一是自信心缺失，对大学的学习还没完全适应；二是学习兴趣不足，缺少学习目标。

首先，我肯定他的积极表现，军训期间有锐意进取的态度。有了良好的开始，应该进一步努力。其次，告诉他不要因为第一学期的失利而消极，应该用积极的方式面对现在的困难，学会接纳和行动，并让他知道，我会一直关注他，相信他会做好。再次，我向他介绍本专业的实际情况，以及未来的发展空间，介绍往届毕业生的情况，鼓励他找到自己的兴趣，发展自己的特长。最后，了解到 Y 同学喜爱打篮球，和他一起建立了每周的学习规划，并将打篮球融入到了计划中，既享受到运动的乐趣，又明确了学习目标。联系班委，要求他们与这名学生多沟通，帮他走出认识误区，有情况及时跟我联系，力争第一时间解决问题。

我和 Y 同学的父母进行了沟通，上大学后，父母对他的关注比高中时少了很多，父母并不了解他的真实情况。通过与家长的沟通，我建议家长与学生多进行交流，帮助他重拾信心，鼓励他努力学习，积极参加学业帮扶活动。

每周和 Y 同学等学业困难学生进行交谈，经了解，发现情况较之前有很大改善，他们逐渐能够以积极的心态去学习。在最新的调查中，该班级 96% 的学生感觉上述的帮助起到了明显作用，能够在学业小组之外每天再花 2—4 个小时进行学习。

（二）案例分析

为切实有效地提高帮扶效果，要及时了解学困生自身存在的问题，掌握到实际情况后，再进行有针对性的学业帮扶。

第一，营造积极学习环境。在跟学生谈话中发现，良好的学习环境能有效地提高整体学风。为了解学生的实际情况，我对全年级学生开展一次问卷调查，分析结果发现：超过 85% 的学生每天的学习时间小于 4 个小时，其中 14.5% 的学生每天学习时间不足 1 个小时；近 65% 的学生表示想学习，但学习注意力不集中，事倍功半；11.7% 的学生不想学习，8.9% 的学生想学习，但是自己看书学不会，容易放弃。造成压力的主要因素中，学业产生的压力占 78%。由此得出结论，现在大部分学生自我管理能力较差，在没有好的学习氛围时，不能进行有效的学习，由此引发学业压力，现阶段学业已成为引起大学生心理压力的重要来源。

鉴于以上情况，我组织召开了一场大四优秀学生的经验交流会，从体系整理、方法指导、理念分享、经历展示等 6 个方面，分享了他们的大学心得体会。通过优秀学长的成长成才经历，引导大一学生更有效地规划大学生活。

第二，组建班级学业帮扶小组。让班级品学兼优的学生担任组长，为类似的学困生讲解答疑，每天开展自习，由组长规划每天的学习安排，统一带领同学们复习，对课程中的难题进行讲解，每周开展测试对阶段性的学习成果进行测验。号召几名优秀学生整理各门课程的笔记和知识点，并发布在年级群里，供有需要的同学自行学习。

第三，积极参与学生活动。当学生体验到积极乐观的情绪时，自然减少消极情绪的产生。为丰富学生的积极心理体验，我组织开展各项活动，并积极地参与到他们的活动当中，比如，篮球赛、合唱比赛、心理健康月等。定期开展主题班会、组会，及时了解他们的困惑和问题，让他们感受到，有人一直在关注他们。对学生出现的共性问题进行集体解答，对个别学生遇到的个性问题单独进行帮扶。通过塑造积极心理特质，逐渐培养起学困生自我学习的能力。

三、案例思考与工作建议

在班级管理中，都会遇到一些问题，如学生出现迟到、早退，甚至旷课。面对这些问题，都要在积极心理学的视角下去寻找背后的原因。对学生在事件发生时的积极因素给予肯定，同时要引导学生正视自身遇到的问题，在问题中得到成长，这才是积极心理学在班级管理中的核心部分。

（一）塑造积极的心理特质

在积极心理学视角下，对学困生进行帮扶，要培养他们积极的心理特质，在生活和学习中提升其参与感和获得感，让学生感受到正能量，增强他们的积极体验，帮助他们仔细品味学习和生活的乐趣，进而培养出积极、健康的人格。为了达到这些目的，可以从以下几个方面开展辅导。

第一，积极有效的沟通。积极心理学强调良好的沟通会感染他人，给人以力量和希望。沟通时要注重倾听和共情，先要认真倾听学生遇到了哪些问题，然后用共情的策略，感受和理解对方的情感，改变学生消极的自我意识，引导他们认识自我，学会欣赏和接纳，帮助学生塑造积极的人生观。

第二，提供榜样示范。通过优秀学生的交流会、经验分享会等形式，让学困生意识到自己内在的潜力，并以此为动力主动培养积极的人格特质。当学生看到自己的远方和目标时，将极大提升他们的认同感，激发其内在动力。

第三，和谐的人际关系。通过主题班会、团体训练等形式，帮助学生改善人际关系。同时让班级的学生干部、室友对这些学生多关注，让他们感受到归属感，产生积极体验，提高心理健康水平。

（二）营造积极环境

积极心理学研究指出，积极的环境有助于增强个体的积极体验，而增强个体的积极体验又是促进个体积极品质、积极力量发展最为有效的途径。学生在一个具有良好班风的班级中成长，可以培养责任感、幸福感以及归属感。

辅导员和班主任应该采取多种学业帮扶形式提高学生在学习中的积极体验，

营造良好的学习环境。在学院内部招募品学兼优的志愿者，成立学业帮扶小组，对学困生采取 1 对 1 或帮扶小组等方式进行辅导，主要采用线上线下两种方式为需要学业支持和帮扶的学生提供帮助。

线上：通过调查问卷等方式提前了解每一名学生遇到的问题和困难，以及想获得学业帮扶和支持的方式。针对学生遇到的共性问题，辅导员可以集体解答，针对个别学生遇到的个性问题，要单独帮助他们解决。开展线上自习、线上答疑等活动，营造积极的学习环境，帮助自我管理能力差的学生有效学习。充分发挥线上教育的优势，通过整理任课教师的上课视频、优秀学生的笔记，供有需要的学生自行观看学习，随时随地为需要帮助的学生解答困惑。

线下：积极参与到学生的各项活动中，用爱心温暖学生，用行动引导学生，建立起师生间的情感信任。定期开展班会、帮扶小组会议，及时发现并解决学生遇到的问题。对于每门课程的重难点，辅导员要邀请任课教师进行统一的知识点串联，帮助学生巩固所学知识。

通过线上和线下两种方式为学生营造积极的氛围，帮助他们解决在学习中遇到的实际困难，提高他们的学业获得感，增强他们的积极体验。

（三）促进家校沟通，形成教育合力

积极心理学研究表明，家长为子女树立积极的榜样，能极大地提升教育的力度和有效性。辅导员和班主任要重视和家长的联系沟通，要引导家长认识到大学后依然要多关注孩子，并及时了解他们的想法，多给予支持和鼓励，帮助学生树立积极心理健康观念。

（四）建立学业档案

如果学生刚上大学时就出现了学业问题，并没有得到及时关注和解决，这将使得他们在之后的学习目标、态度等方面产生诸多困扰，甚至产生其他心理问题，导致恶性循环。我认为，建立个人学业档案，能有效避免上述问题发生。

第一，学业情况调查。通过月考、期末考试、问卷调查、谈心谈话等方式，对于学业不适应的学生及时进行相关的辅导，同时重视学生的第一次考试情况，分析原因，做到积极预防。例如，学习方法不当，可以通过优秀同学的经验分享来提升；学习兴趣不足，要多鼓励，多赞赏，激发其主动学习的动力。

第二，建立学业档案。了解到学生遇到学业问题后，需要对他们建立学业档案，采取一对一或互助小组的帮扶措施，然后通过指导和督促来实现有效的学业帮扶。

第三，定期信息反馈。积极心理的转变是一项长期工作，为保证学业帮扶计划顺利开展，要定期和学业困难学生进行沟通交谈，及时了解他们的近况，以及遇到的新问题，并根据信息反馈情况调整帮扶方案。

留学生积极情绪与情感体验的建设管理案例*

内容摘要

本文首先介绍了一位哈工程学子的案例，并通过对这位留学生的案例进行分析，确定大部分学生共同心理问题。其次为案例实践和分析，通过案例里对这种问题进行的解决效果归纳出具体的解决流程。通过案例里对象的表现，了解处理方式的优势与不足，制定合理的有效的应对处理方案。最后为案例思考与工作建议。对案例里的方法和对象表现进行联系思考，构想合理化工作方式与工作方法，并依此提出行之有效的格式化工作建议。

一、案例简介

在海外留学的王同学，本是一名学习成绩极其优异的学生，却在出国留学期间由于没有及时地将自己的心理问题进行疏导，原本优秀的他每天都不敢面对生活。缺少朋友是他遇到的十分棘手的问题。中国学生结交美国朋友很难，在课堂上能说几句，下课以后从来不多说话。据美国本土同学介绍，王同学从来不尝试和美国同学交朋友。“他喜欢在自己的小圈子里混，不太喜欢结交新朋友。我见过的中国学生只和中国人交朋友。”美国学生也承认不知道如何同国际生王同学交往。这就造成了他的孤僻心理的形成。由于他不敢主动迈出那一步和美国同学接触，他越发觉得孤单、缺少朋友。

作为出国留学的学生他的成绩都十分的优秀，这本是一件好事，但对位于异国他乡的学生来说，却成了一个严重的心理负担。国外的教育和国内的教育在一定程度上有很大的不同，他们的成绩并不纯粹以考试成绩来界定。而且王同学会每天担心自己学业完成得不够出色，怕家长和老师不满意，怕同学嘲笑。久而久之，他的睡眠状况和心理状况都大不如前，出现了注意力无法集中、情绪低落的现象，学习成绩大幅下降，并出现了抑郁的现象。正是由于这样的状况，王同学的心理负担和压力与日俱增，本是由于缺少朋友孤单的他，又受到了学习压力的压迫，心理负担日益严重。

* 本文作者：王茜，哈尔滨工程大学机电工程学院，讲师。

二、案例实践和分析

（一）案例分析

正是王同学一次又一次地遭受打击，一次又一次地经历着心理上的折磨，导致了他的心理上的不健康，以至于一步一步放弃了自己美好的年华，从一个学习成绩优异的学生变成了一个终日不思进取的学生。由于很难与其他的海外学生接触与结交，王同学内心的压力没有倾诉的对象，变得日益孤单。他更是自觉无颜面对自己的父母，为了让父母放心，不告诉父母自己心理压力大这一问题，积劳成疾更加重了自己的心理问题。

（二）案例实践

这时候我们通过调整自我期望、适当发泄情绪、自我暗示来引导他，让他适当地运动或读读书、看看报放松自己，起到舒缓情绪的效果。并且鼓励他多参加社团之类的活动，主动参与学习之外的校园活动，丰富自己的课余生活。这不仅有利于抑郁情绪的疏解，还能交到很多朋友，能更好地理解当地文化。这就极大地丰富了他的积极心理，并引导他的孤僻心理情感向积极心理情感全面转化，效果十分成功。并且丰富的课余生活，和逐渐扩大的交际圈还培养了他乐于助人、懂得理解并宽慰他人的优秀积极心理品质。

他也听从建议并寻找了哈工程校友，他说这给予了他非常大的帮助，不仅从学习经验，还有生活经验上都学到了很多。他学会了如何交朋友，了解了风土人情，他也觉得自己更受欢迎了。而且，在同为哈工程学子的情况下，王同学逐渐发现与校友有很多共同语言，共同爱好，并且发现对方十分理解也十分希望帮助自己。这使他获得极大的安全感。而伸出援手的那位哈工程校友也因自己的亲身经历十分了解王同学现在的心理处境，其所给出的帮助和对某些问题的解决方法都恰到好处，这十分迅速地解决了王同学很多的眼前难题。王同学也因此逐渐地打开了自己的心结，积极向上、不再颓唐。

三、案例思考与工作建议

对于以上案例，发现出国留学生的心理问题并不复杂，一般情况下，经过良好的沟通和妥善的处理，都能得到较大的改观。因此，我们应该准备良好的、可推广的处理方案，面对大部分求助或发现其心理状态不佳的同学，都能高效迅速地开始处理，提供帮助，尽快解决哈工程学子的问题。在多次的成功案例中，我将同学们的问题汇总，发现大家的心理问题通病是消极心理，也就是自暴自弃。有的同学是在多次努力尝试后，仍然没能找到问题的突破口，于是故步自封，放弃自己。另一部分同学是面对突如其来的困难，束手无策，无所适从，根本无法做出正确的判断和有效地处理自己的问题，而后放弃、沉沦。

不仅这个案例中的留学生，大部分出国留学的学生都会遇到学业、社交圈融入、原有的心理、新环境适应、压力问题。这些都是普遍遇见的问题，可能语言适应上会需要一段时间；会因为实际与自己期望的生活不同而产生厌学现象；因为目前的表现比以往的自己差而陷入裹足不前的状态；生病了没有人照顾，想寻求安慰的时候因为时差而无法得到及时回应；自尊问题、家庭关系冲突问题又发生；晚上失眠，宿醉助睡；无法面对学业压力，靠购物来缓解；不懂处理人际关系而倍感压力，暴饮暴食，发胖或是暴瘦。而且这都是消极心理带来的负面影响。

这些问题的通病就是缺乏沟通，的确不排除有些学生内向等心理问题，但是占主导因素的还是严重缺乏沟通。那么我们就要找到良好沟通的方法，对症下药，培养积极心理情感，逐渐养成积极心理品质。

一大部分学生是无法与父母进行良好沟通的。面对这部分学生，老师要作为长辈引导，要亲切，给予对方足够的安全感，让对方逐渐敞开心扉，这样才能消除消极心理状态。另一部分学生是十分要强，因为自己不够优秀或者自己没能达到预期的水平，给自己带来了心理压力，觉得愧对家长，无法交流。面对这样的学生，我们要作为老师，从学习的方向上给予引导，让孩子去寻找适合自己的方法，我们做得更多的是探讨和辅助分析，让学生感觉到我们在一起共同努力解决问题，减小压力。从而培养积极心理情感，引导向其乐观健谈等优秀积极心理品质发展。还有一部分，是放纵自己后及时醒悟，既后悔又害怕，怕父母生气，又觉得自己无颜面对父母的培养。面对这样的学生，老师要作为朋友，积极向上地鼓励学生，让其有动力、敢于去追赶，快速培养积极心理情感、让学生逐渐自己消化，再慢慢养成积极心理品质。这时候千万不要有责备的言语或是诘问。不仅没有意义，还会增加学生心理负担，更加不敢去面对父母。

在这个案例中，我们也有不足：缺乏细化到个人的任务分配，对每个学生的个人情况没有一套快速的应对方法。这是我们急需改进的。

另外在这个案例中，哈工程校友发挥了极大的作用。在案例中，都由于留学在外，学生很难独自在国外调节自己的心理状态，并且即便有一同学习的中国同学，也会有由于个人问题难以相处或是难以敞开心扉。而哈工程校友就很好地处理了这个问题。在同为哈工程学子的情况下，被帮助者能够发现与校友有很多共同语言，并且发现对方十分理解也十分希望帮助自己，能够获得安全感。而伸出援手的哈工程校友也因自己的亲身经历十分了解求助者的心理处境，所给到的帮助都契合问题，精确高效。这个发现给了我很大的启迪。由于哈工程校友帮助的作用突出，效果良好，因此我认为应该将其纳入留学生心理问题处理的流程中。因此有以下工作建议：

第一，加强沟通，增强语言能力，更好地建立信任，了解信息。

第二，严格按照流程，分组管理、记录备案、定时跟进、专人沟通，缺一不可。

第三，增加校友帮助，寻找各地有意向帮助他人的哈工程学子，记录信息，如有需求，适当联系。此项可加深。由于大部分哈工程学子是同龄人，沟通起来更加方便，可减少顾虑，所以有时能达到意想不到的效果。

第四，分析案例，增加经验，改进方法。

人际交往之“信任盲行”辅导案例*

内容摘要

针对案例中新入学的大一学生人际交往较差的现状和原因进行具体分析，采取信任盲行游戏活动的团体心理辅导方式使学生在体验“盲人”和“拐杖”角色的过程中，真实地体验人际交往中的相互沟通、信任和帮助带来的愉悦和幸福。在实践中学习人际交往的技巧，并对指导学生解决人际交往问题，提高人际交往能力提供了有力的工作建议和积极的借鉴意义。

一、案例简介

小程是哈尔滨工程大学材料科学与化学工程学院一名新入学的大一学生，进入大学生活两个月以来，不能与身边的人进行良好的沟通交流，在人际交往上面临困难：和室友发生矛盾，感到压抑；在班级中不愿与人交往，感到孤独；在师长面前，紧张担忧，感到自卑。人际交往的困扰，也同时影响到小程的学习和生活。

针对小程这样的情况，学院老师组织了小程和其他同学一起参加“信任盲行”游戏，也是一种团体心理辅导的方式。活动中老师让同学们分别扮演“盲人”与“拐杖”，共同完成事先安排好的障碍路线，奖励最先到达的“盲人”以激励同学们认真参与到活动中，并在游戏结束时让参与者发表活动体会和感悟。小程在游戏中分别扮演了“盲人”和“拐杖”，与组队的同学愉快地完成了盲行体验，活动结束时勇敢表达了自己在游戏中心理的变化历程和对结伴同学的感激。

在信任盲行活动中，小程以及同学们通过体验“盲人”和“拐杖”角色，真实地体验和感受在交往中如何相互沟通，如何信任和帮助彼此，享受到交往中的愉快和幸福。通过此次活动以及在老师的热心指导下，小程慢慢打开心扉，尝试与身边的室友、同学和师长沟通交流，克服自卑孤僻的心理，逐渐走出人际交往的困扰。

---

* 本文作者：张金臣，哈尔滨工程大学材料科学与化学工程学院，讲师。

二、案例分析和处理

（一）案例分析

新入学的小程在人际交往中遇到的问题是很多大学生经常会面临的困扰，严重影响到同学们的身心健康。案例中小程在人际交往中的困难主要表现为：小程在寝室中与室友因作息时间和生活习惯的不同发生摩擦，与室友之间的矛盾使得小程情绪不安，产生压抑的心理；因性格内向，在班级中觉得同学不认可自己、不喜欢自己，常常独来独往，没有朋友而感觉孤独；在面对老师和学长学姐时过于自卑，因紧张、担心和害怕，不能充分表达自己的思想和感情，事后又极度懊悔。

像小程一样，一般情况下，刚入学新生人际交往较差的原因主要是：(1) 面对大学生活的不适应时在人际交往过程中产生渴望又抵触的矛盾心理。新生离家求学远离亲人朋友，在大学陌生的环境、全新的学习生活氛围里会产生明显的不适应，对温暖友善的人际关系产生强烈需求，但又容易产生失落和挫败感；(2) 新生在人际交往中缺乏相应的技巧和经验，比如，与不同性格的人交往经验不足，不知道如何表现自己以及关心别人，更不会协调复杂的人际关系；在语言表达方面不懂技巧，话不得体，词不达意，容易使别人产生误解甚至给别人带来伤害。

（二）实践处理

针对新生人际交往较差的问题，学校和学院老师们会积极引导同学们进行正确认识并提供专业的指导。其中，团体心理辅导就是一项非常有效的方式，通过游戏活动，使参与学生切身体验人际交往中的情绪和行为，在愉悦的实践中学习人际交往的技巧。针对小程在人际交往中存在的自卑、孤独以及沟通能力较差的情况，特意开展的盲行活动帮助小程有效拉近了与同学们的距离，让其深刻地认识到互相信任的重要意义，在相互扶持中体会到交流沟通与周围同学建立良好的人际关系的愉悦和满足。

信任盲行活动中参与学生被平均分成两大组，其中一组学生用丝巾把眼睛蒙住，扮成“盲人”，另外一组学生扮成“向导”。“盲人”与“向导”任意两两组合，“向导”带领“盲人”穿越一切“障碍”，由“起点”走向“终点”。活动结束后，学生们交流彼此的感受。小程分享自己在参与活动中的感受时说：“蒙上眼睛，独自站在那里的一瞬间，感到害怕和无助，非常渴望得到帮助，当一双温暖的大手握住我时，我一下子感到非常安心。而当他带领我向前走穿越障碍时，我尝试着相信他，他给了我支持和力量，让我更坚定地走接下来的路，走向终点的过程中我们是相互信任的，心与心的距离非常近，这样信任一个人并且互帮互助的感觉非常好，我对我的‘向导’充满了感激。如果让我当‘向导’的话，我也一定会尽自己的能力帮助别人，让别人感到安心和力量。”

信任盲行活动是通过创设一定的心理情境，引导学生亲自参与活动，在活动中进行体会和感受，思考和成长。如小程一样的很多同学通过信任盲行活动发现真诚、全身心地投入和他人的交流时同样能够感受到来自他人的关爱，在生活中更容易敞开心扉接纳他人，同时也培养了正确的集体观念和团体意识，提高了人际交往能力。个人的亲身感悟和直接体验，能留下更深刻的记忆，同时因为心灵的震撼，相应的观念和行为也会主动应用到真实的生活中，这样会起到更好的心理教育效果。

三、案例思考与工作建议

小程的案例反映了大学生在人际交往中常常遇到的问题，有研究表明人际交往问题已经成为影响大学生身心健康的首要问题。重视大学生人际交往问题，关注人际交往较差的学生团体，为学生提供专业的心理指导，不仅有利于像小程一样的学生的身心得到健康成长，而且这也是高校心理健康教育工作需要关注的。

马克思在《关于费尔巴哈的提纲》中提出，“人的本质并不是单个人所固有的抽象物，在其现实性上是一切社会关系的总和”。人在社会中生活不可避免地与社会中的其他人进行着交往活动，人际交往不仅是维持人与人之间关系的纽带，而且也是每一个社会人正常发展的基础和必要条件。对于大学生来说，人际交往是不可缺少的“必修课”，培养良好的人际关系是大学生活的需要，更是大学生走向社会的需要。与身边的同学和师长在生活中交流感情，切磋学问，探讨人生，建立良好的人际关系，让大学生活愉悦充实，同时积累和训练人际交往的经验和技巧，为以后进入社会进行进一步的交往奠定了基础。大学生的人际关系直接影响着他们的学习生活、心理健康和成长发展，也影响着高校教育目标的实现，因此，培养大学生建立和谐的人际关系是高校心理健康教育工作的一项重要内容。

在通过信任盲行活动帮助学生解决人际交往问题，提高人际交往能力过程中，认真思考和总结了工作中需要重视的方面：

第一，重视学生人际交往问题，要准确掌握学生人际交往的现状，了解其特点，深入分析学生人际交往过程中会遇到的困难和遇到困难的原因，尤其是人际交往较差的学生团体。比如，刚入学的新生因对大学环境的不适应和缺乏人际交往技巧，不能很好地处理生活中的人际关系；一些贫困大学生因自卑心理与人沟通相处的能力较差，对他人的言行过分敏感、多疑，常会担心被歧视而感到苦恼；另外少数民族学生因与同学们在生活习惯上的差异，会和身边的同学产生矛盾，影响人际交往。只有充分认识和把握大学生人际交往的特点，才能有针对性地制定切实有效的解决对策。

第二，积极引导学生正确处理人际关系，采用有效的方式方法进行心理辅导和帮助。学校和学院可以定期组织一些以人际交往为主题的形式多样、为学生所喜欢的校园活动，如艺术节、辩论会、礼仪大赛等，为大学生提供和周围更多人交流沟通的机会；还可以开展“和谐班级”和“和谐宿舍”的建设，让学生在建设和谐氛围的过程中增进同学间的友谊，建立良好的人际关系。辅导员和心理老师也可以根据学生人际交往的特点选择一定的背景和场景设计团体心理辅导方案，在方案中设计具体的解决问题，创造沟通交流的机会，让学生深入实践之中。如开展“信任盲行”活动，让同学们在游戏中感受人际交往中的信任和互助，提升实际人际交往能力。

第三，做好正确认识和处理人际交往的宣传教育工作，以及在学生中开展专业的心理咨询。在学生群体中宣传人际交往的重要性以及正确的人际交往态度和方法，帮助学生掌握人际交往的技巧，让学生能够在生活中树立集体观念，敞开心扉，真切感受到周围同学和朋友的友好和善意，同时能够做到善待他人和胸襟宽广，沉着应对不同方面的人际问题，提高人际交往能力。通过专门的心理咨询，学生能够帮助自己进一步了解自己，预防因心理障碍而产生的人际交往问题；能够帮助自己认真分析自己的心理和行为原因，解决在人际交往中可能碰到的心理问题。

参考文献

[1] 孙沐辉，郑艳. 团体辅导在大学生心理健康教育中的应用研究 [J]. 科技资讯，2019 (30)：236－238.

[2] 袁锦芳. 心理训练——让学生在体验中成长——“盲行”游戏收获 [J]. 沧州师范专科学校学报，2009，25 (3)：62－63.

向阳花开总是春*

内容摘要

你是欣欣向荣，还是衰败凋零？这完全取决于你内心由衷的积极情绪。芭芭拉·弗雷德里克森在《积极情绪的力量》中写到，积极情绪让我们充满希望地看待挫折和失败，给我们从困难中恢复的力量，使我们更加坚韧和坚强。高校肩负着“立德树人”的重要使命，在日常工作中应该通过积极情绪的视角不断开展生命关怀，让学生在迷茫的生活中找到自我，懂得生命的宝贵，更加珍惜生命。

一、案例简介

小A，男，入学成绩偏低，学习基础薄弱，在日常学习中不太用功，上课爱迟到，自控力较差，学习成绩处于班级下游。在日常的教育管理中我对他格外关注。一天，我去查寝时发现班里其他同学都去上课了，小A却还在床上呼呼大睡。我把他叫醒后，询问他为什么没去上课。一开始他支支吾吾，不愿意讲。我感觉背后应该还有其他事情，在我一再询问下，他终于说出了心里话。

小A开口第一句话就吓了我一跳，他说：“老师，我觉得自己活不了多久了。”我内心一惊，意识到事情没那么简单，立即高度重视了起来。他说道：“老师，我怀疑自己得了性病。在高中复读的那一年，我和班里的一名女同学谈恋爱了，由于年轻不懂事，在没有做好防护措施的情况下发生了性关系。后来发现自己的生殖器不舒服，有轻微炎症。女朋友告诉我之前患过性病，但已经治好了。”这个事情对小A打击很大，他既不敢让别人知道，自己内心又比较恐惧，遂去了小诊所治疗。屋漏偏逢连夜雨，小诊所的医生为了多挣钱，把病情说得比较严重和玄乎，要求小A分阶段长期治疗，准备不少钱。但是最后，小A花费了很大一笔钱也没有把病治愈。

小A内心充满了无助感，也不敢把此事告诉父母，感到愧疚，情绪极度不稳定。为了治疗，他编造了各种理由向亲朋好友借了钱，但还是不够用，在走投无路的境况下，选择了网络贷款。

---

* 本文作者：赵永峰，哈尔滨工程大学材料科学与化学工程学院，讲师。

为了偿还各种借款，小 A 就做起了兼职，甚至有时候通宵工作，这样一来，就更没有时间去学习了。久而久之，他对学习失去兴趣，对生活前景失去信心，无颜面对父母，愈加觉得生活没有意义。

二、案例分析和处理

（一）问题的关键点

1. 小 A 对生活丧失了信心，意志自制力下降。该案例中，学生自认为得了性病，但由于对医学知识的不了解，遭遇了不良医生的欺骗，生活的信心被摧毁，自我掌控能力不足。

2. 小 A 涉足了网络贷款，背负了较大压力。父母提供的生活费不能满足医疗开销，为了看病，除了向亲友借款以外，还选择了网络贷款，但自身还款能力的严重不足让小 A 背负了巨大精神压力和经济压力。

3. 小 A 的兼职工作影响了学业。一方面，小 A 本身学习基础薄弱，对专业学习兴趣不高，自律性较差。另一方面，为了偿还借贷，需要花费大量的时间做兼职工作，甚至通宵工作，精力消耗太大，日常学习的时间空间严重挤压。

4. 小 A 的心理建设亟须调整，自我认知缺乏。自身的身体原因、巨大的还款压力、学业的严重倒退、内心的愧疚感和无助感的相互交错让小 A 处在崩溃的边缘。

（二）案例实践过程

1. 稳定学生情绪，发掘内驱动力，提高学生的生活信念感。在听完学生的倾诉以后，我知晓了整个事情原委，了解了学生心中的所思所想，特别是感受到了学生的无助和迷茫。在过程中，我第一步做的是帮助学生树立勇敢生活的信心，让他认识到不管遇到多大的困难，都不是非要自己一个人去扛，身边还有很多人在爱他，关心他；不管情况多么糟糕，父母都是爱你的，老师都是愿意帮助你的；在人生路上会遇到各种各样的挫折和困难，但我们都要保持积极的情绪、健康的心态去面对，建立强大的信念去战胜困难。通过积极情绪影响，不断促进自己的身体康复和心理健康。

2. 寻求外界支持，发挥积极情绪作用，形成合力。积极情绪中包括“爱与被爱”，它是在目标实现过程中取得进步或得到他人积极评价时所产生的感受。我在开导学生的过程中了解了小 A 父母的情况，为了让学生更加强烈地感受到父母的爱，我鼓励小 A 先主动向父母告知此事。为了尊重学生，保护学生隐私，我选择给他一个单独的空间与父母联系。果然，打过电话以后，小 A 感受到了父母的积极回应，情绪稳定了很多。

离开小A以后，我也再次和小A的爸爸通了电话，向家长详细地说明了小A现在的状态以及他所经历的事情。告知家长要尽快到学校来看望学生，带领学生去正规医院进行诊疗，尽早地把疾病治愈。后来小A的诊断结果仅仅是一点轻微的炎症，并不是所谓的“性病”，大家悬着的一颗心终于落了地。

然后我和家长沟通了几个问题。一是要尽快把网络贷款、亲友借款进行一个妥善处理；二是要在精神层面更加关心学生，体谅学生，除了要求学生在学习上进步以外，更重要的是要让学生做一个健康开朗、积极进取的人。另外，我还让小A的室友多帮助小A，一起学习生活，让小A尽快地融进集体中来，感受到集体的温暖。

3. 持续关注，加强心理疏导和人文关怀，不断地让学生感到满意、快乐、自豪和爱。经过诊断后，小A排除了最大的忧虑，同时也不再做兼职工作了，把更多的精力放到了自身健康和学业上来。现在小A精神头足了，性格变得开朗了，学习的兴趣也慢慢恢复，对自己的成绩重视了，这次期末考试一次性全部通过。看到学生的改变，我很欣慰。

三、案例思考与工作建议

（一）案例思考

1. 具备良好的意志品质意义重大。意志品质是指人在行动中所表现出来的较为稳定的意志特性和倾向。它包括意志自觉性、果断性、坚毅性、自制性。意志与克服行动中的困难相联系。坚强的意志力能够帮助人们为达到既定目的而自觉努力，它相对稳定，是个性的重要组成部分。

2. 影响意志品质形成的因素多样。一般包括生理因素，如个人身体条件；心理因素，如个人的理想、信念、价值观；社会因素，如社会支持；个人经历，如经历的挫折事件。在本案例中小A的意志品质受到严重影响就是因为其身体情况出现问题，学习成绩不断下降，又承担着借款的压力，背负了巨大的精神压力和心理压力，丧失生活信念。

3. 提高学生的挫折承受力极为关键。挫折承受力，又称耐挫能力，指个体适应、忍耐、抗衡和对付挫折的能力，即个体对挫折可忍耐、可接受程度的大小。影响挫折承受力的因素包括生理因素、心理因素、个人因素、社会因素等。小A初入大学，离开父母独立生活，社会阅历不足，自我认知出现了偏差，遇到困难和挫折，得不到理解和帮助，变得日渐消瘦，难以承受。

4. 建立健全危机干预机制十分关键。危机干预，是指一种通过调动处于危机之中的个体自身潜能来重新建立或恢复危机爆发前的心理平衡状态的模式。

当小 A 向我倾诉这些事情时，自己已经处在了危机边缘，随时都可能发生意外。如何能够及时地化解危机，转危为安是面对学生工作的重要问题。

（二）工作建议

1. 增强意志力的认知培养。对大学生开展意志品质教育，通过树立远大理想目标，为人生奋斗提供源源不断的学习动力；通过设置清晰的目标，明确行动的方向，不贪多，精力聚焦。为每一个确定的目标明确下一步的行动计划，提高执行力，增强意志力。

2. 学会自我激励、主动作为。一个人当面对特定需求的时候，会充满力量地去为了达到确定目的而不断努力，争取取得理想的实现，而一旦到达目的地满足了自身需求以后就会获得极大的满足感和幸福感。周而复始，这样就会形成一个良性循环，通过自我激励，主动作为实现更远大的人生理想。

3. 丰富意志品质的调节方法。通过优化自己的个性，养成良好的生活习惯，尽量克服性格弱点，甚至将劣势转为优势，会产生意想不到的效果。做出一个行动，你将收获一种习惯；养成一种习惯，你将获得一种性格；具有一种性格，你将获得一种命运。

新冠疫情下一例惊恐发作来华留学生心理干预探索与实践*

内容摘要

疫情突发，不仅威胁着公众的身体健康，也影响到人们的心理健康。加强心理疏导，做好人文关怀，是打赢这场疫情防控阻击战的重要一环，对于深入贯彻落实科学防治要求，坚定信心打赢疫情防控的人民战争具有重要指导意义。本文总结疫情防控期间留学生心理危机干预工作实践，不断改进和加强留学生心理健康教育工作，对于高校战疫大局、维护师生身心健康和校园安全稳定具有重要意义。

一、案例简介

严格管控是防控疫情的有效途径。封闭式管控的时间持续增长，势必造成包括留学生在内的公众出现紧张、恐惧、焦虑、烦躁等不良情绪甚至严重的心理危机。心理危机是指由于突然遭受严重灾难、重大生活事件或精神压力，生活状态发生明显的变化，尤其是出现了用现有的生活条件和经验难以克服的困难，以致当事人陷入痛苦、不安状态，常伴有绝望、麻木不仁、焦虑，以及植物性神经症状和行为障碍。

本案中小 A 同学为来华留学硕士研究生，疫情期间鉴于防控需要，与同学集体在校留学生公寓居住，平时性格开朗，与周围同学的人际关系良好。疫情期间，为了加强留学生防控心理疏导，国际合作学院建立了远程网络心理大讲堂和网络咨询热线。小 A 主动联系了热线值班咨询师，主诉近两周睡眠质量较差，睡眠较浅，精神疲劳；网络学习积极性不够，很难集中注意力；总是感觉身体出了毛病，怀疑心脏出现问题；已到校医院检查，排查身体疾病；近一两天感觉心前区有压迫感，呼吸困难，心跳厉害，心慌；紧张、头晕、手心出汗，有濒死体验，二十分钟后自动缓解，总是担心出事。同学反映小 A 神情恍惚。

二、案例实践和分析

新冠肺炎突发不仅是重大的公共卫生事件，而且是重大的心理危机事件。

---

* 本文作者：王岩，哈尔滨工程大学国际合作教育学院，讲师。

当面对新冠肺炎这种重大公共卫生事件时，每个人都会不同程度地产生应激反应，这也是个体在面临重大变化或威胁时产生的一种适应性反应。适度的应激反应有利于我们保持警觉、调动资源并增强适应能力来应对疫情危机，但是过度的情感反应，则会导致一系列心理、行为问题甚至疾病。疫情下的恐慌情绪实质是较严重心理应激反应的表现特点。恐慌心理可以分为个体和群体两个方面。而对于个体方面，有的人因为担心传染病的问题，会出现注意力不集中，对身体的异常感觉特别关注，会把身体的不舒服以及其他异常感受跟新冠肺炎联系起来，处在一种被传染威胁的感觉当中，情绪方面，可能会出现紧张、担心、焦虑、恐慌，或者表现为疑病症特点，总希望检查身体，个别人会出现惊恐发作和濒死感；躯体方面，会出现一些不舒服的感觉，比如，心慌、头痛、全身出汗，疲劳、精力不足、食欲不振等表现。究其发生原因，笔者认为主要有以下几方面。

（一）人际因素

严格管控是防控疫情的有效途径，疫情严重期间高校采取封闭式管理，对于在华留学生更是加强了集中统一管理。而来华留学生来自全球各地，身处异国他乡学习和生活，在面对突发的疫情带来的身心问题时，常常得不到家庭和社会及时的心理支持，更加容易产生情绪问题甚至危机事件。个体和群体的心理状态跟社会行动密切相关，离开社会支持谈心理支持是苍白的，两者应密切结合。有效的家庭和社会支持系统是个体面对困境、挫折的积极影响因素。

（二）心理因素

人格是个体比较稳定的心理特征，如相对稳定的世界观和人生观都体现在人格特征中。面对压力、突发事件时，如何对待、理解和处理事件都会受到人格特征的影响。心理学中，将人格分为外控型人格和内控型人格。外控型人格认为个人生活中的主导力量是外部因素，常常表现为被动、从众、敏感个性，情绪易焦虑、易激惹；内控型人格认为在生活中发生的事件根源在自身，成功是个人努力的结果，常常表现为控制欲望强烈、主动、积极。因此，对个人相关事件的发生有不同的归因，就必然对事件有不同的态度，不同的态度影响对压力强度的体验。内控型人格者在遭遇压力事件后，很少抱怨，所以体验到的压力强度就比外控型人格者低。在疫情期间，内向、敏感，人际沟通少，社会支持少的留学生相对比较容易出现心理情绪问题。

（三）现实应激因素

马斯洛需求层次理论将人的需求从低到高依次分为生理需求、安全需求、爱和归属需求、尊重需求和自我实现需求。安全需要是基本需要，也是最现实的共性需要。在疫情防控期间，心理安全感的建立有赖于获取可靠的疫情相关信息和有效的自我防护行为。目前对于新型冠状病毒所致疾病没有特异治疗方法，且新冠肺炎病毒具有传染性、危险性、隐蔽性和尚未被完全认识的特点，这是群体恐惧的现实性根源。一方面，由于人类面对疾病的威胁，疾病本身即是心理应激的刺激因素；另一方面，疫情期间的谣言、流言也是造成公众恐慌，影响心理健康的重要影响因素。

疫情下留学生心理健康教育工作暨危机预防与干预机制显然不同于以往高校心理危机干预体系运行的机制和运转状态，只有持续查摆问题和不足，不断优化工作环节和流程，进一步整合各类资源，才能满足战时留学生心理危机干预工作的需要，切实维护师生身心健康和校园安全稳定。

针对小 A 存在的心理问题，国际合作学院第一时间联系了院系心理教师进行心理干预。首先，积极稳定学生的情绪状态，建立情绪状态监控小组，确保学生生命安全。疫情影响下的留学生群体成员之间通过情绪暗示、认同等心理机制，焦虑情绪普遍提升。在不稳定因素影响下群体舆情事件极易被诱发，威胁高校战疫工作大局。根据素质—应激模型，个别心理抗压能力差，存在心理困扰的留学生，在疫情影响下更容易出现心理应激问题甚至心理危机。

其次，积极稳定学生情绪状态，引导学生自我放松。心理老师在沟通过程中，采用蝴蝶拍来稳定情绪和处理恐惧画面。蝴蝶拍，顾名思义，就是像蝴蝶一样，拍打着翅膀，又好像我们自己在拥抱、安慰自己，可以促进心理和躯体恢复和进入一种“稳定”的状态。从生理学的角度讲，这个练习，是对身体进行双侧刺激，促进信息加工，激活副交感神经，从而使我们的情绪稳定，获得安全感、愉悦感。1998 年，“蝴蝶拍”由墨西哥心理学家在干预墨西哥飓风幸存者的过程中发展起来的，并曾用于巴勒斯坦难民营的儿童，结果表明其可以增强遭受持续战争创伤的儿童的适应能力。“蝴蝶拍”，虽然简单，但却是经过专家认真研究、探索出来的，是眼动脱敏加工 EMDR 心理治疗方法中的一种稳定化技术。在稳定情绪基础上，开展了多次心理咨询，进一步改善小 A 同学的灾难化思维，使其调整认知。

最后，积极给予心理社会支持，构建人际情感纽带，稳定心理状态；采取各类举措改善学生睡眠情况；开展疫情防控团体辅导和文体活动，化解群体恐慌情绪，提升留学生战胜疫情的积极动力。

三、案例思考与工作建议

来华留学工作承载着架起民心相通桥梁的现实重任，担负着培养知华友华国际使者的历史使命。习近平总书记疫情期间给巴基斯坦留学生的回信为来华留学工作指明了方向，各高校、全体留管工作者要以疫情防控为契机，总结梳理成功的经验和做法，坚持底线思维、创新思维，共同研究、相互交流，做好留学生群体心理健康这一极其重要的基础性工作。

应对疫情影响，需要整合多方资源，构建有效能的社会支持系统。一是要充分调动学校、院系、社会资源，疫情期间对在华留学生给予物质、经济、学习生活方面必要的支持和服务，协助解决留学生安全需要、生活需要、学习需要，让在华留学生安全、安心。二是要积极构建心理情感支持系统，组织学校专兼职心理教师队伍积极开展留学生线上、线下心理咨询，心理知识宣讲教育等服务。三是及时发布疫情信息，战疫相关举措、要求，积极引导留学生群体社会情绪，避免出现极端舆情事件。四是积极组建在华留学生朋辈队伍，强化疫情心理知识培训，倡导留学生朋辈小组充分发挥助人自助作用。

“从心出发，助梦成长”新生入学教育案例*

内容摘要

本案例以关心委某学院2019级新生入学教育为主要内容，在积极心理学的视角下，在集中教育和持续教育两个入学教育阶段中施行一系列举措，帮助新生更好地完成从高中生到大学生的重要转变，为新生大学生活打下良好基础做出积极的尝试。

一、案例简介

关爱心灵委员会（以下简称关心委），是由校学生工作部（处）大学生发展指导中心指导建立的校级学生社团。在二级学院分别设置有院级关心委，受学院党委和校关心委双重领导。机电工程学院关心委设置在学院学生工作办公室下，由学院心理健康方向辅导员指导开展工作。机电工程学院关心委于2019年上半年重新改组建设，下设培训部、宣传部和办公室。

机电工程学院2019级新生300余人，包括机械设计制造及其自动化（中英）、机械设计制造及其自动化以及工业设计3个专业共13个自然班。刚刚步入大学生活的新生正处于人生的重要节点，从中学生到大学生的转变主要有以下四方面：一是独立生活模式的转变，二是自主学习模式的转变，三是多元的课外活动的转变，四是复杂的人际关系的转变。

关心委在积极心理学视角下的新生入学教育中以新生的心理发展为目标、积极的正向引导为手段，配合学院团委学生会各部门参与到新生入学教育当中，在军训期间及后续的一个学期内开展了大量工作，帮助2019级新生更好地完成从中学生到大学生的心理转变。

二、案例分析和处理

（一）团体辅导帮助新生放下戒心

新生入学的第一堂必修课就是军训。此时此刻从五湖四海聚到一起的年轻人需要共同面对人生的一道难题。艰苦的训练时间正是同学们为人际关系打下

---

* 本文作者：齐云鹤，哈尔滨工程大学机电工程学院，讲师。

良好基础的黄金时期，为抓住这个宝贵的机会，关心委首先要完成的工作目标就是人际破冰。根据军训团安排，关心委选择了军训期间某一个晚饭后的时间，在室外操场以军训班为单位开展了第一次团体辅导活动。但此时刚刚成立的关心委只有 14 名成员，均为 2018 级各班级心理委员，面对十余个军训班还包括女生队伍显得人力不足。为保证每个军训班配置 2—3 名团体辅导员的基本要求，关心委联合了刚刚换届的团委学生会干部，组成了合计 30 人的新生团体辅导工作小组。由关心委培训部提供团体辅导方案，并对全体工作人员进行了短程团体辅导培训。在团体辅导的具体实施中，由关心委成员作为团体辅导主持人，团委学生会干事作为团体辅导助手，通过“滚雪球”“击鼓传花”等经典团体心理辅导项目，使军训新生们增强互相了解，完成人际破冰。军训的后期，关心委又开展了一次团体辅导，强化同学们的集体意识，帮助同学们更好地适应新的人际关系。

（二）经验分享使新生放心

为帮助刚刚结束军训准备步入正常的大学生活的同学，关心委邀请团委学生会干部与各班开展了经验分享会。学习成绩优异又身兼重要学生干部职务的学长们非常受欢迎，这些优秀的学生代表们工作经验丰富，在经验分享中展现出的积极的心态使新生在校园文化、自主学习、课外活动、科技创新等方面大获裨益。很多新生对于大学生活、学习等各方面有很多顾虑，有的同学听说大学的学习进度非常快，也没有固定的教室，担心学习跟不上。学习部部长针对这类问题给予了细致的解答，分析了大学和高中学习模式的区别，也介绍了学院学习部帮助新生做好适应性转变的举措，比如，学子论坛、模拟考试、集中自习等，帮助同学们解决后顾之忧。还有一部分同学对于大学生活的课外活动尤其是科技创新非常感兴趣，为此，团委科技部部长专门介绍了学院科技创新的基本情况，向大家分享了目前学校的科技创新竞赛体系，点燃了同学们参与科技创新的热情。

（三）主题班会让同学定心

经过了军训及开学的集中教育期，各自然班级走到了一起，完成了班级干部的选拔并进入了正常的生活学习节奏。在以学风建设为主线的前提下，关心委以凝聚力量、设定目标为主题组织开展了一批主题班会，并按照设定的工作方案指导各班级心理委员开展工作。主题班会的主要内容为确定班级本学期乃至大学四年的学习目标，同时要求设计切实可行的学期学习方案。在班会开展之前，很多新生对于大学生活是非常迷茫的。有的同学以为终于走出竞争残酷的高中生活来到了放松的时刻，心里偷偷地盘算着要如何开展自己“精彩”的大学生活；有的同学来到这个学校和专业是意外，失利的高考让他们处于怅然若失的状态无法自拔；还有的同学虽然知道大学应该努力，不辜负自己的青春时光，但面对丰富的大学生活不知该做何选择。主题班会的召开帮助同学们明确了学习任务，将模糊的目标具体化，具体有效的学习辅导方案也让大家在学习计划的实施上吃了一颗定心丸。

（四）心理健康活动月为新生解决担心

心理健康活动月为校心理健康指导中心主办的一年两次的心理健康主题系统活动。一般上半年定在5月，配合“5·25”心理健康日开展活动；下半年定在9月。2019年9月开展的全校心理剧比赛，是心理健康活动月的重头戏。为充分发挥心理健康活动月的效果，调动更多同学的积极性，关心委充分调动2019级各班级同学的积极性，在学院内部积极开展剧本大比拼。本次比赛的剧本都是同学们根据自身切实存在的困惑总结归纳来的，同学们每天在晚自习后都自发地集合在一起讨论剧本、排练剧情。经过投票产生的两个最优剧本分别由宣传部与培训部带领参加校级决赛，最终取得了全校第三名的好成绩。这次心理健康月活动所取得的成绩很难得，但最重要的是经过这次比赛，新生对于在大学期间发生的各种常见困惑有了新的认识，也学习到了更佳的解决办法，解决了同学们很多担心的问题。

（五）个体心理辅导使新生感受爱心

崭新的大学生活会有很多问题出现在新生面前。学院关心委鼓励有能力的心理委员积极开展朋辈心理辅导工作，同时将必要问题上报给学院。对于重大心理问题，新生会在校心理健康指导中心接受个体心理辅导，学院关心委会指导心理委员开展支持性工作，让受困新生感受到同学的关怀与爱心。同时学院积极组织关心委成员、各班级心理委员选修《大学生心理健康教育》《朋辈心理辅导》《自我认知与情绪管理》等心理健康方面课程，以提高心理健康知识水平与朋辈辅导能力。

（六）积极人文环境使新生体味温馨

环境对于人的影响是至关重要的。关心委配合学院学生会生活部，积极开展寝室美化大赛，营造温馨舒适的生活环境，形成积极的心理暗示，帮助同学们乐观自信地面对大学生的生活学习。在寝室美化大赛中，关心委提供积极的口号、标语供大家参考使用，帮助同学们打造专属自己的充满积极氛围的生活环境。有的同学把激励的标语贴在了床头，有的同学将自己的作息表挂在了自己面对的墙头，还有的寝室将寝室规定贴在了门上。一个个正面的标语、响亮的口号帮助同学们随时提醒自己不忘初心。

三、案例思考与工作建议

（一）适当调整计划，注重效果导向

军训时期的军训班与之后的自然班成员存在大量交叉错位，军训时期的人际关系破冰工作实绩在后期以自然班为单位的生活学习中效果有折扣。因此，初期的人际关系破冰辅导可根据实际情况延长至军训结束后一段时间，在自然班为单位的主题班会中可以适当增加破冰内容，以更好地发挥团体辅导的积极作用，促进班集体团结。

（二）结合专业特色，加强教育针对性

入学教育与专业教育是紧密不可分割的。本案例涉及专业教育的内容较少，可适当结合专业特色，制定更具有针对性的专业教育模块，与新生的四个转换教育相结合，使新生入学体系更加立体，内容更加丰满，效果更加明显；也可以考虑在同一年级内增加对照组以对各项内容实施效果进行对照测试，这有利于方案迭代改进。

保持积极心态走出考研焦虑的困境*

内容摘要

本文是一个考研焦虑学生的案例，通过对案例的分析，用积极心理学的视角去帮助来访者走出困境。采取的咨询方法及辅导策略有：放松训练法、自信训练法、合理情绪疗法、积极资源取向寻找支持系统，用积极的心态去应对和战胜考研焦虑。通过对案例的思考，针对心理健康教育工作提出几点建议，以促进学生身心健康发展。

一、案例简介

李某，男，24 岁，大四学生，预约心理咨询，寻求帮助，想要缓解考研焦虑。李某报考外校重点大学的研究生，最近一周，考研的焦虑情绪越来越严重，学不进去，入睡困难、睡眠不好，没有食欲，对自己信心不足。总是担心考研失败后怎么办？如果失败了，父母失望怎么办？如果失败了，是二战考研，还是找工作？

二、案例分析与实践

李某，独生子女，父母均受过高等教育，父亲是工程师，母亲是公务员，家族无精神疾病史。从小到大，父母对他要求严格，期望值比较高，看重学习成绩。受父母教育方式的影响，李某对自己要求严格，有完美主义倾向。李某在学习方面刻苦努力，学习成绩在班级一直名列前茅，顺利考入当地重点高中，但在高考时却发挥失常，没有考上心目中的目标学校。李某觉得很受打击，难以接受，同时感觉父母对自己的高考成绩比较失望，曾经想复读一年，但经过权衡利弊，最终还是决定到录取的重点大学读本科。在读本科期间，大一时，受高考失利的影响，学习缺乏主动性和积极性，学习成绩一般。到大二时，确立了新的目标：考研。调整学习状态，在大二和大三时，学习成绩不断进步，多次获得了奖学金。大三下学期结束后开始备考研究生考试，但近期考研焦虑越来越严重，担心像高考一样发挥失常……不能安心学习，寻求帮助。

---

* 本文作者：高明慧，哈尔滨工程大学学生发展指导中心，讲师。

综合分析收集到的资料，根据来访者问题持续的时间、强度与行为表现的性质和严重程度进行分析评估，李某的心理及行为异常表现属于心理问题范畴。李某在复习考研的过程中，主要问题表现为：焦虑情绪、自信心不足、完美主义倾向，这都属于常见的考试焦虑问题。该生心理问题形成的主要原因有以下四方面。

第一，个人成长经历。在成长的过程中，该生父母对其要求严格，看重学习成绩。该生内化了父母的一些规则和要求，对自己要求严格，做事总是力求完美，有完美主义倾向。他在他人的眼中是学习成绩优秀的学生，但他却对自己的学习水平、能力估计不足，缺乏自信。

第二，负性事件的影响。在学习生涯中，高考发挥失常，对其心理造成很大影响。这个负性事件随着时间的推移，表面看起来逐渐淡化了，但实际这个心结一直还在，他尚未释怀。在考研备考的过程中，这段经历对其的影响又显现出来，加剧了该生的焦虑情绪。

第三，不合理的认知。该生存在一些不合理的信念，如："我必须要考上研究生，否则我就是个失败者""如果考不上研究生，那简直是太糟糕的一件事了""高考时我失利了，研究生考试会再出现失利吗?""我绝对要考上研究生，否则父母会对我失望"等，这些非理性的信念，导致其考研焦虑越来越严重。

第四，学习动机过强。该生学习动机过强，把分数看得太重，对考试结果期望高，成就动机高，担心考试结果失败，在复习的过程中学习强度过大、心理负担重。他还经常与其他考研的学习成绩好的同学比较复习的进度，即使自己的进度快于他人，仍觉得不够满意，总是觉得时间不够用，还可以做得更好。随着考试临近，焦虑情绪严重，无法专心学习，影响复习状态及进度，内心焦急，想尽快调整好状态。

针对该生的情况，采取的咨询方法与辅导策略有如下几个。

（一）放松训练法

在积极心理学中，自我调节可以通过积极的应对策略得以实现，促进人们的健康和幸福，比如，冥想、运动、放松、寻求社会支持等。下面简要介绍放松训练法：放松训练法又称放松疗法、松弛疗法，它是一种通过按一定的练习程序训练、有意识地控制自身的生理、心理活动，降低机体唤醒水平，改善调整机体因紧张刺激而紊乱功能的心理治疗方法。放松训练法可以帮助人们缓解紧张情绪，减小心理压力；提高肌肉的感觉能力，使头脑清晰敏感，消除疲劳，加快恢复过程；增强自我调控情绪的能力，集中注意力。常用的放松训练方法有渐进式肌肉放松、呼吸放松、想象放松、音乐放松等。

（二）自信训练法

该生产生焦虑的原因之一就是缺乏自信，可以帮助其加强自信训练，用积极思维的方式去思考和寻找解决问题的方法，增强自信心。

1. 自信想象法。指导学生在放松训练的基础上，去想象在考试的情景中自己期待的理想中的考试状态、如何顺利发挥自己的水平完成考试，强化积极正向的体验，在想象中帮助其提升自信，这是一种积极的心理暗示。

2. 关注自己的优势性格。在积极心理学领域，关注积极特质和优势对美好生活的促进作用。研究者们提出了 6 种美德和 24 个性格优势。咨询师可以通过问卷的方式，让来访者进一步了解自己的性格优势。通过布置家庭作业的方式，让来访者去运用自己的性格优势完成一些任务，强化自己的优势特征。在日常生活中缺乏自信的学生，总是会习惯于关注自己做得不够好的方面。我们要用积极的视角去帮助学生关注自身的优点、做得好的方面有哪些？可以让学生自己去挖掘并写下自己的优点、具有哪方面的能力，也可以让其与家人、朋友、同学交流，发现在他们的眼中自己有哪些优点，哪些方面做得比较好。这能让学生用不同的视角去重新认识自己，客观地对自我进行评价，提高自信心。

3. 模拟训练法。自信心不足的学生在遇到问题和困难的时候，往往在想法上就给自己做了预设，太难了、很难成功……在行动上会退缩。可以通过模拟情景，让自信心不足的学生进行现场练习，以提高应对能力，增加自信。

（三）合理情绪疗法

合理情绪疗法是美国心理学家艾利斯在 20 世纪 50 年代提出的心理治疗方法。合理情绪疗法的基本理论是情绪 ABC 理论，A：诱发性事件；B：由于经历这一事件的个体对这一事件的认知解释和评价，即信念；C：情绪和行为结果。艾利斯的情绪 ABC 理论认为 A 只是 C 的间接原因，人的情绪和行为障碍不是由于 A 直接所引起的，B（由于经受这一事件的个体对 A 不正确的认知和评价而产生的信念）才是在特定情景下的情绪和行为后果 C 的直接原因。

“人不是被事情本身所困扰，而是被他对事情的看法所困扰。”来访者一些非理性的信念可导致不良情绪的出现，纠正这些信念就可以改善患者的不良情绪。不合理的信念的特征主要表现为“绝对化的要求”“过分概括化”“糟糕至极”。帮助来访者去识别不合理信念，用理性思维的方式来替代非理性思维的方式，能够最大程度地减少由非理性信念所带来的情绪困扰的不良影响。通过调整认知，调节消极的情绪，培养积极的情绪，提高身体的免疫力。

（四）积极资源取向，寻找支持系统

共情来访者考研的焦虑，倾听来访者想要的是什么？什么人或事情对来访者很重要，来访者具有什么样的能力、资源、优势？咨询师在陪伴、共情、探索的基础上，将视角重点放在成功的美好的过去、过往生命中的成功之道，挖掘探索成功的经验和优势资源。寻找社会支持，增强幸福感。社会支持即来自核心家庭、大家庭以及更广的社会网络的支持。来自家人和朋友之间的支持关系，有助于调节压力情境下所引发的消极情绪。得到亲人、朋友的安慰，提供一些看问题的不同视角和解决方法建议，能够使其主动调整心态，积极地面对、迎接未来的挑战。

三、案例思考和工作建议

（一）深化个体咨询及团体辅导服务体系建设

构建学业指导—生涯引导—心理辅导三个资源融合共享的个体咨询体系，为大学生提供心理援助、学业指导、生涯规划指导等服务，并不断加强心理咨询服务体系的规范化、专业化建设。坚持“有需求就有服务”的原则，开展个体咨询与团体辅导工作。开展多种形式心理咨询服务，如线下个体咨询、热线电话咨询、网络咨询等形式。开展多种形式的团体心理辅导活动，将团体心理辅导、团体心理训练、团体心理活动结合起来，不断深化咨询服务体系建设。

（二）加强心理健康教育宣传活动体系建设

1. 开展系列活动，加强普及宣传。开展丰富多彩的心理健康教育月系列活动，如心理情景剧大赛、心理健康知识竞赛等，不断增强实效性和覆盖面、受益面，打造特色项目和品牌活动。

2. 拓展传播渠道，创新教育方式。充分利用心理健康教育网络平台建设、微信公众号、展板、橱窗等传播形式，拓展心理健康宣传教育渠道。积极开展线上、线下相结合的心理健康讲座活动，宣传普及心理健康知识，倡导健康生活方式，提高学生心理保健能力。

（三）加强心理健康教育培训工作

开展专兼职心理健康教育教师的培训工作，不断提高心理健康教育教师的专业技能和业务水平，为广大学生提供专业的咨询服务。开展辅导员心理健康教育培训，重点开展有关大学生常见心理问题的表现、症状识别、沟通技巧、干预方法等培训内容的活动，提高辅导员心理健康教育工作的能力。共同开展大学生的心理健康教育工作，及时有效地做好学生心理危机预防与干预工作。

跨越自卑做最好的自己*

内容摘要

自卑感是指在和别人比较时，由于低估自己而产生的情绪体验，长时间的自卑，不但会造成心理上的不健康，也会导致生理上出现亚健康状态。自卑感会使人情绪低沉，郁郁寡欢，常因害怕别人看不起自己而不愿与人来往，只想与人疏远，因而缺少人际社会支持。本文介绍的是一例自卑感强烈导致寝室人际关系疏离的干预案例。

一、案例简介

佟某，男，大三学生，某省农村籍学生，父亲在建筑工地打工，母亲在家务农。家中有两个姐姐都已成家。个性内向，不善交流，寝室里很少主动说话，感觉被孤立。高中期间在县高中学习成绩优异，来到大学后感觉遇到了“真实的自我”，觉得自己只是一个不能再普通的普通人。学习没有动力，成绩一直下滑。最近总怀疑身体出了问题，脖子疼，腹部难受，去哈尔滨医大一院检查，未发现器质性问题，医生建议前往心理或精神科咨询，遂到学校心理咨询中心咨询。

二、案例分析与实践

自述有两个姐姐，现已都成家在邻县。自进入大学后性格变得内向，不爱跟人说话，对学校的各种社团活动也都提不起兴趣。有一种被孤立的无助感，就怕被人误解，感觉自己像是不能跟人沟通了，非常在乎别人的评价。课堂上不敢回答问题，怕语言组织不当被同学嘲笑。因学习问题、睡眠问题困扰休学一年。现阶段，感到理论力学、材料力学有点跟不上。休学期间没有服药治疗经历。问及休学的原因，表示：源于学习压力。高中时是优等生，到大学后成为中下等学生，心理落差大，大一学习不重视，对考试结果不满意；大二时爆发了，上课听不懂，英语口语不好。由于个性原因，与寝室室友的关系一直不好，在小组做实验和报告的时候总感觉被排斥，索性不参加。由于是家里最小

* 本文作者：张忠宇，哈尔滨工程大学学生发展指导中心，副教授。

的男孩子，感觉父母总是在偏向自己，小时候两个姐姐并不喜欢自己。另外，因为赶上计划生育，自己总有种偷偷摸摸见不得人的感觉，觉得自己是多余的。

（一）案例分析

1. 原生家庭中的“超生情结”

案例中的小佟同学是家中的第三个孩子（父母希望能要个男孩所致），因此他的出生实际上是不符合当时的国家计划生育政策的。该同学小的时候被父母安排寄养在姑姑家，到了上小学的时候才被接回到父母身边，他不敢当着外人面叫“爸爸”“妈妈”。另外，出于躲避超生罚款，该同学父母带着全家到外地打工，直到高中时候才回到老家安定下来。

佟某在内心始终觉得自己是多余的，是全家的负担，是自己让家人有家不能回，因此一直有种内疚感，经常幻想着自己将来有一天能出人头地，帮着父母和姐姐过上体面的生活。这种报恩和救赎式的心态成了最初的学习动力，但也成为后来到大学时的心理负担。

2. 大学生活中的嫉妒自卑情结

自卑是一种普遍的心理现象，自卑的大学生最大的特征就是自信心缺乏。大学生活是青年人生重要的转折期，心理生理都会产生很大变化，心理脆弱敏感，心理环境很容易因为外界境况的变化而变化，如果没有及时发现并进行干预，就容易产生自卑感，进而出现自卑心理问题。过度的自卑心理会使人与现实脱节，难以融入社会群体生活，阻碍健康人格的发展，极大损害学生身心健康，也不利于素质教育的实施和合格人才的培养。佟某进入大学后，发现自己在班级中并不是最优秀的，“人中龙凤”的愿望并不能实现，更不能给父母和姐姐体面的生活，久而久之，产生了自卑感，和寝室同学关系也越来越不融洽，不会管理好自己的人际关系和情绪状态。

（二）案例实践

1. 解构问题故事，超越自卑情结

在咨询中与该生积极建立良好的咨询关系，以后现代叙事的观点帮助其看自己成长的故事，从家庭的关系脉络帮助其看自己的故事。引导个案从问题故事转向资源故事；解构和外化问题故事，构建行动蓝图和意义蓝图，发现生活中的不容易和闪光时刻，不断丰厚自我概念；在生活实践中实现自卑情结的超越。

佟某在咨询中重新解构了休学的故事和意义。他说他利用休学时间，在老家的县城找了一个兼职工作，上班一个月，其余时间都是在自己家，有时候给姐姐照看孩子。上班是打小工。搬运的工作找过，体力不行干不了；计算机又不精，被工作单位要文凭或是有工作经验的标准难住。从积极的角度看待休学期间的工作给了他新的认识：

（1）找工作需要文凭，要有资格证书，高中毕业证书不行，需要大学文凭；

（2）英语要好一点；

（3）业务员要有工作经验，计算机要有操作技术；

（4）休学不值得，浪费了一年的时间。

2. 克服情绪，强化行为训练

行为训练原理指的是，个体如果情绪焦虑，其肌肉一定是紧张的；如果情绪平稳，其肌肉一定是放松的。反之自然。因此，可采取放松法进行自我训练，过程是训练使求助者掌握放松法，使自己处于放松状态，以克服消除焦虑状态。

在这里采用先紧张、再放松的方法来训练求助者掌握放松技术。

让求助者坐在沙发上，微闭双眼，全身放松，按下列步骤进行训练：

○紧握拳头→放松；伸直五指→放松。

○收紧小臂→放松；收紧大臂→放松。

○耸肩向后→放松；提肩向前→放松。

○保持肩部平直转头向右→放松；保持肩部平直转头向左→放松。

○屈颈使下颏接触胸部→放松。

○张大嘴巴→放松；闭口咬紧牙齿→放松。

○用力伸长舌头→放松；卷起舌头→放松。

○舌头使劲顶住上腭→放松；然后再顶住下腭→放松。

○用力睁大双眼→放松；紧闭双眼→放松。

○深吸一口气→放松。

○肩胛顶住沙发，拱背→放松。

○收紧臀部肌肉→放松；臀部肌肉用力顶住沙发→放松。

○伸腿并抬高 15—20 厘米→放松。

○尽力收缩腹部→放松；绷紧并挺腹→放松。

○伸直双腿、脚趾上翘→放松；脚趾伸直→屈趾→放松。

○屈趾→放松；翘趾→放松。

休息两三分钟，再做一遍。放松技术有的求助者几遍之后就可以掌握，而有的求助者则需要较长时间才能掌握。该求助者学习得较快，练习了五遍就已经基本掌握了放松技术，但还不熟练。

3. 拓展社会交往技能

联系院系辅导员，根据佟某出现的问题，展开寝室关系团体辅导以及人际训练。

（1）开展以修复寝室关系为目标的团体沙盘咨询。

参加人：寝室成员 6 人

咨询设置：一次 90 分钟；团体沙盘；共计 4 次。

咨询过程：不设置主题，自由探索。首先，介绍沙盘的规则，活动中按照顺序轮流拿取沙盘物件，过程中要求禁止言语交流，遵守不指责不批判原则。其次，观察活动中的肢体语言信息和记录沙盘工作过程。最后，交流表达沙盘咨询带来的心理感受、体验。

（2）开展以提升表达能力的人际交往

人际关系训练是心理训练的一种，是为提高工作效率采用的一种以改善团体内部关系为内容的行为训练方法。训练重点是：群体内个人对自己影响他人的自我认识；群体动力性关系，包括群体发展过程，群体的作用、任务和职能及群际关系问题。训练方法有头脑风暴、角色扮演、无领导小组谈论等。

4. 情绪自我管理

（1）情绪日记

情绪日记不是一般的日记，主要以记录一天的情绪为主。每天自己的情绪如何，在记录过程中需要专注地、不加批判地觉察并记录下来，在此过程中可以附以绘画、涂鸦表达情绪。

（2）传统减压

相对于其他健身方法，八段锦柔和连绵、动静相宜、简单易学、强度适中，通过“调身”“调息”“调心”，疏通经络，保证气血畅通。一方面可以稳定情绪、改善焦虑紧张；另一方面可使全身肌肉张力下降，达到脏腑组织功能协调统一的状态。

（3）音乐疗法

音乐疗法是最古老的治病方法之一。人处在优美悦耳的音乐环境之中，可以改善神经系统、心血管系统、内分泌系统和消化系统的功能，促使人体分泌一种有利于身体健康的活性物质，可以调节体内血管的流量和神经传导。良性的音乐能提高大脑皮层的兴奋性，可以改善人们的情绪，激发人们的感情，振奋人们的精神；同时有助于消除心理、社会因素所造成的紧张、焦虑、忧郁、恐怖等不良心理状态，提高应激能力。

三、案例思考和工作建议

自卑在心理学上，是指一种自我否定，主要是低估自己的能力，觉得自己各方面不如人，可以说这是一种性格的缺陷。主要表现为对于自己的能力、品质评价过低，还会有一些特殊的情绪体现，如害羞、不安、内疚、忧郁、失望等。大学生中最普遍的心理问题是人际交往过程中的自卑情结问题，这在寝室关系中尤为突出。处理好寝室人际关系问题，关系到每个大学生的身心健康。

（一）从家庭关系角度看自卑情结

自卑情结，不单单是要从个体自身因素中找线索，找原因，更要从原生家庭关系中，寻找背后的问题形成脉络。家庭关系不良常常是大学生出现心理问题的根本原因。因此，作为学生工作干部、辅导员和班主任，要学会从家庭视角看待问题和解决问题。

（二）从寝室关系角度发展社交能力

大学生寝室是大学生生活、学习和交往的最小单元，也是人际矛盾最集中的地方。个人成长经历、生活习惯、价值观、性格和气质差异等一些因素导致容易发生矛盾冲突。积极开展寝室关系团体辅导有助于解决人际矛盾，提升大学生社会交往的技巧和能力。

（三）从发展的角度看待心理问题

问题本身并不能促进人的成长，问题是问题，人不等于问题。只有从发展的角度看待问题，看到问题背后的脉络，将人与问题分开，解构问题，问题外化，人才能获得真正的内生动力。因此，作为学生工作干部，要习惯从积极的角度、发展的角度看待当前大学生的心理问题和困惑。